编委会

普通高等院校旅游管理专业类"十三五"规划教材
教育部旅游管理专业本科综合改革试点项目配套规划教材

总主编

马 勇　教育部高等学校旅游管理类专业教学指导委员会副主任
　　　　中国旅游协会教育分会副会长
　　　　中组部国家"万人计划"教学名师
　　　　湖北大学旅游发展研究院院长，教授、博士生导师

编 委（排名不分先后）

田 里　教育部高等学校旅游管理类专业教学指导委员会主任
　　　　云南大学工商管理与旅游管理学院原院长，教授、博士生导师
高 峻　教育部高等学校旅游管理类专业教学指导委员会副主任
　　　　上海师范大学环境与地理学院院长，教授、博士生导师
韩玉灵　全国旅游职业教育教学指导委员会秘书长
　　　　北京第二外国语学院旅游管理学院教授
罗兹柏　中国旅游未来研究会副会长，重庆旅游发展研究中心主任，教授
郑耀星　中国旅游协会理事，福建师范大学旅游学院教授、博士生导师
董观志　暨南大学旅游规划设计研究院副院长，教授、博士生导师
薛兵旺　武汉商学院旅游与酒店管理学院院长，教授
姜 红　上海商学院酒店管理学院院长，教授
舒伯阳　中南财经政法大学工商管理学院教授、博士生导师
朱运海　湖北文理学院资源环境与旅游学院副院长
罗伊玲　昆明学院旅游管理专业副教授
杨振之　四川大学中国休闲与旅游研究中心主任，四川大学旅游学院教授、博士生导师
黄安民　华侨大学城市建设与经济发展研究院常务副院长，教授
张胜男　首都师范大学资源环境与旅游学院教授
魏 卫　华南理工大学经济与贸易学院教授、博士生导师
毕斗斗　华南理工大学经济与贸易学院副教授
史万震　常熟理工学院商学院营销与旅游系副教授
黄光文　南昌大学旅游学院副教授
窦志萍　昆明学院旅游学院教授，《旅游研究》杂志主编
李 玺　澳门城市大学国际旅游与管理学院院长，教授、博士生导师
王春雷　上海对外经贸大学会展与旅游学院院长，教授
朱 伟　天津农学院人文学院副教授
邓爱民　中南财经政法大学旅游发展研究院院长，教授、博士生导师
程丛喜　武汉轻工大学旅游管理系主任，教授
周 霄　武汉轻工大学旅游研究中心主任，副教授
黄其新　江汉大学商学院副院长，副教授
何 彪　海南大学旅游学院副院长，副教授

普通高等院校旅游管理专业类"十三五"规划教材
教育部旅游管理专业本科综合改革试点项目配套规划教材
教育部高校旅游旅游管理类专业教学指导委员会推荐教材

总主编 ◎ 马 勇

服务运营管理
Service Operation Management

主 编 ◎ 舒伯阳　徐 静

华中科技大学出版社
http://press.hust.edu.cn
中国·武汉

图书在版编目(CIP)数据

服务运营管理/舒伯阳,徐静主编. —武汉:华中科技大学出版社,2016.8(2025.7重印)
ISBN 978-7-5680-1801-2

Ⅰ.①服… Ⅱ.①舒… ②徐… Ⅲ.①服务业-运营管理-高等学校-教材 Ⅳ.①F719

中国版本图书馆 CIP 数据核字(2016)第 103110 号

服务运营管理　　　　　　　　　　　　　　　　　　舒伯阳　徐　静　主编
Fuwu Yunying Guanli

策划编辑：李　欢	
责任编辑：李家乐	
封面设计：原色设计	
责任校对：曾　婷	
责任监印：周治超	
出版发行：华中科技大学出版社(中国•武汉)	电话：(027)81321913
武汉市东湖新技术开发区华工科技园	邮编：430223
录　　排：华中科技大学惠友文印中心	
印　　刷：武汉市籍缘印刷厂	
开　　本：787mm×1092mm　1/16	
印　　张：19	
字　　数：460 千字	
版　　次：2025 年 7 月第 1 版第 9 次印刷	
定　　价：48.00 元	

本书若有印装质量问题,请向出版社营销中心调换
全国免费服务热线：400-6679-118　竭诚为您服务
版权所有　侵权必究

Abstract 内容提要

本书从旅游管理专业"面向行业,紧扣实践"的教学目的出发,探索采用当今主流的服务运营管理理论分析旅游服务管理实例,力求理论精当、简明扼要、深入浅出,强调实用性和操作性相结合。除采用大量典型案例分析、补充阅读材料等辅助教学形式指导学生学习各章重点、难点内容外,本书还在各章节末尾,设计了案例分析题及思考题,帮助师生展开分析讨论与模拟演练,以便有效理解与掌握服务运营管理的精髓。

From the teaching purpose, "an industry, oriented; practice, combined with", using today's mainstream theory of service operation management, we try to make the textbook to be accurate, concise, easily understood. In this book we also emphasize the combination of the practicability and the operability.

In addition to using a large number of typical case analysis and the supplementary reading materials to guide the students, we design the corresponding case problems at the end of every chapter, in order to help the teachers and students to do analysis, discussion and simulation exercises. The final goal of us is to help learners understand and grasp the essence of service operation management effectively.

总 序

旅游业在现代服务业大发展的机遇背景下,对全球经济贡献巨大,成为世界经济发展的亮点。国务院已明确提出,将旅游产业确立为国民经济战略性的支柱产业和人民群众满意的现代服务业。由此可见,旅游产业已发展成为拉动经济的重要引擎。中国的旅游产业未来的发展受到国家高度重视,旅游产业强劲的发展势头、巨大的产业带动性必将会对中国经济的转型升级和可持续发展产生良好的推动作用。伴随着中国旅游产业发展规模的不断扩大,未来旅游产业发展对各类中高级旅游人才的需求将十分旺盛,这也将有力地推动中国高等旅游教育的发展步入快车道,以更好地适应旅游产业快速发展对人才需求的大趋势。

教育部2012年颁布的《普通高等学校本科专业目录(2012年)》中,将旅游管理专业上升为与工商管理学科平行的一级大类专业,同时下辖旅游管理、酒店管理和会展经济与管理三个二级专业。这意味着,新的专业目录调整为全国高校旅游管理学科与专业的发展提供了良好的发展平台与契机,更为培养21世纪旅游行业优秀旅游人才奠定了良好的发展基础。正是在这种旅游经济繁荣发展和对旅游人才需求急剧增长的背景下,积极把握改革转型发展机遇,整合旅游教育资源,为我国旅游业的发展提供强有力的人才保证和智力支持,让旅游教育发展进入更加系统、全方位发展阶段,出版高品质和高水准的"全国普通高等院校旅游管理专业类'十三五'规划教材"则成为旅游教育发展的迫切需要。

基于此,在教育部高等学校旅游管理类专业教学指导委员会的大力支持和指导下,华中科技大学出版社汇聚了国内一大批高水平的旅游院校国家教学名师、资深教授及中青年旅游学科带头人,面向"十三五"规划教材做出积极探索,率先组织编撰出版"全国普通高等院校旅游管理专业类'十三五'规划教材"。该套教材着重于优化专业设置和课程体系,致力于提升旅游人才的培养规格和育人质量,并纳入教育部旅游管理本科综合改革项目配套规划教材的编写和出版,以更好地适应教育部新一轮学科专业目录调整后旅游管理大类高等教育发展和学科专业建设的需要。该套教材特邀教育部高等学校旅游管理类专业教学指导委员会副主任、中国旅游协会教育分会副会长、中组部国家"万人计划"教学名师、湖北大学旅游发展研究院院长马勇教授担任总主编。同时邀请了全国近百所开设旅游管理本科专业的高等学校知名教授、学科带头人和一线骨干专业教师,以及旅游行业专家、海外专业师资等加盟编撰。

该套教材从选题策划到成稿出版,从编写团队到出版团队,从内容组建到内容创新,均展现出极大的创新和突破。选题方面,首批主要编写旅游管理专业类核心课程教材、旅游管理专业类特色课程教材,产品设计形式灵活,融合互联网高新技术,以多元化、更具趣味性的形式引导学生学习,同时辅以形式多样、内容丰富且极具特色的图片案例、视频案例,为配套数字出版提供技术

支持。编写团队均是旅游学界具有代表性的权威学者,出版团队为华中科技大学出版社专门建立的旅游项目精英团队。在编写内容上,结合大数据时代背景,不断更新旅游理论知识,以知识导读、知识链接和知识活页等板块为读者提供全新的阅读体验。

在旅游教育发展改革发展的新形势、新背景下,旅游本科教材需要匹配旅游本科教育需求。因此,编写一套高质量的旅游教材是一项重要的工程,更是承担着一项重要的责任。我们需要旅游专家学者、旅游企业领袖和出版社的共同支持与合作。在本套教材的组织策划及编写出版过程中,得到了旅游业内专家学者和业界精英的大力支持,在此一并致谢！希望这套教材能够为旅游学界、业界和各位对旅游知识充满渴望的学子们带来真正的养分,为中国旅游教育教材建设贡献力量。

丛书编委会

前言 Preface

根据中国旅游研究院最新统计数据,2015年中国内地公民出境旅游首次突破1.2亿人次大关,国内接待游客达到40亿人次,中国一举成为世界第一旅游大国。与此同时,旅游行业服务品质日益成为大众旅游关注的焦点,服务运营管理无疑是中国旅游业转型时期快速发展与提档升级的关键一环。

根据教育部旅游管理教学指导委员会2015年专业教学质量标准的最新要求,"服务运营管理"已经成为旅游管理专业的7门核心课程之一。今天呈现于读者面前的《服务运营管理》是国内目前较少数从旅游业视角专注服务运营管理的教材。本教材在系统引入国际通行的服务运营管理理论的基础上,充分结合旅游业服务运营管理实际,向读者较全面地介绍了旅游服务运营管理及服务产品设计的系列核心概念、基本原理和实践应用,并广泛借鉴了国内外相关服务业的先进经验,以开阔读者视野。

全书共十二章,第一章"服务经济时代的旅游业"重点阐述服务经济与旅游业发展之间的内在关系;第二章"旅游服务产品与服务质量概述"介绍了旅游服务产品的特征;第三章"旅游服务期望与顾客感知"解析了面对面服务的核心,并采用服务分类以及服务特性5S原则分析了顾客感知的内涵与层次;第四章"旅游服务质量与顾客满意度管理"阐述了影响顾客感知服务质量的关键因素,分析了旅游服务质量与顾客满意度之间的内在联系;第五章"旅游服务中的顾客忠诚管理"解读了顾客忠诚效应及其价值,并介绍了旅游业的顾客忠诚管理实践;第六章"旅游服务中的失误与服务补救"分析了服务失误产生的原因及应对补救措施;第七章"服务运营与服务体系设计"引入服务利润链理论,介绍了服务运营流程设计及其服务蓝图工具;第八章"服务需求与服务供给能力管理"为旅游企业的服务需求与服务供给管理提供了指导;第九章"现代旅游服务的精益化管理"介绍了服务精细化、个性化及收益管理;第十章"旅游企业服务营销与关系营销"重点介绍了服务营销的7P和4C组合,比较了传统营销与服务营销、关系营销的区别;第十一章"旅游企业竞争策略与服务创新"介绍了服务企业的通用竞争策略及旅游企业的特色竞争策略,以及服务创新的核心内容及其在旅游业中的应用;第十二章"现代旅游服务管理中的信息技术"阐述了智慧旅游等核心概念,并通过案例介绍了信息技术在旅游服务管理中的最新应用。

本书的编写是多院校集体协作的成果,本书编撰分工如下:

第一、二、六章 舒伯阳、罗锦屏、徐静,

第三、四、九、十章 舒伯阳、徐静、方志华、梁珊,

第八、十一、十二章　徐静、付瑜，

第五、七章　舒伯阳、徐静、陈雅麒，

全书由中南财经政法大学舒伯阳、吴寒统稿。

本书从旅游管理专业"面向行业，紧扣实践"的教学目的出发，探索采用当今主流的服务运营管理理论分析旅游服务管理实例，力求理论精当、简明扼要、深入浅出，强调实用性和操作性相结合。除采用大量典型案例分析、补充阅读材料等辅助教学形式指导学生学习各章重点、难点内容外，本书还在各章节末尾，设计了案例分析题及思考题，帮助师生展开分析讨论与模拟演练，以便有效理解与掌握服务运营管理的精髓。

本书的编写广泛参考了国内外学者的研究成果，以及服务管理学科的相关资料，谨在此对相关作者表示感谢。但限于编者知识水平及内容体系的创新性，本书在编写中难免存在漏疏和失误，真诚期望同行及读者的建议和指正，期待我们共同努力让服务运营管理的课程教材建设不断臻于完善。

编　者

中南财经政法大学

Contents 目 录

1 第一章 服务经济时代的旅游业
Chapter 1 Tourism service economy era

第一节 服务经济时代及其特点 /2
❶ Service economy era and its characteristics

第二节 休闲体验与旅游服务 /11
❷ Leisure experience and tourism services

19 第二章 旅游服务产品与服务质量概述
Chapter 2 Summary of tourism service product and service quality

第一节 服务与服务产品 /20
❶ Service and service products

第二节 旅游服务特征 /28
❷ Tourism service characteristics

第三节 旅游服务质量构成 /32
❸ The quality of tourism services

43 第三章 旅游服务期望与顾客感知
Chapter 3 Tourism service expectation and customer awareness

第一节 旅游者的服务期望 /44
❶ Customer perception and expectation of travel services

第二节 服务接触与顾客感知 /58
❷ Service contact and customer awareness

69 第四章 旅游服务质量与顾客满意度管理
Chapter 4 Tourism service quality and customer satisfaction management

第一节　顾客满意度　　　　　　　　　　　　　　　　　　　　/70
  ❶　Customer satisfaction

第二节　旅游服务全面质量管理　　　　　　　　　　　　　　　/81
  ❷　Total quality management of tourist services

第五章　旅游服务中的顾客忠诚管理
Chapter 5　Customer loyalty management in tourism service

第一节　顾客的忠诚效应及其价值　　　　　　　　　　　　　　/92
  ❶　The effect and value of customer loyalty

第二节　旅游业的顾客忠诚管理　　　　　　　　　　　　　　　/101
  ❷　The customer loyalty management in the tourism industry

第六章　旅游服务中的失误与服务补救
Chapter 6　Service failure and service recovery in tourism service

第一节　服务失误的原因及表现　　　　　　　　　　　　　　　/114
  ❶　Service failure causes and performance

第二节　顾客对服务失误的反应　　　　　　　　　　　　　　　/118
  ❷　Customer performance to service failure

第三节　服务失误应对与服务补救　　　　　　　　　　　　　　/124
  ❸　Respond to service failures and service recovery

第七章　服务运营与服务体系设计
Chapter 7　Service operation and service system design

第一节　服务运营流程与服务利润链　　　　　　　　　　　　　/138
  ❶　Service operation process and the service profit chain

第二节　旅游服务蓝图设计　　　　　　　　　　　　　　　　　/156
  ❷　Tourism service blueprint design

第八章　服务需求与服务供给能力管理
Chapter 8　Service demand and service supply capacity management

第一节　旅游服务供需平衡状态分析　　　　　　　　　　　　　/164
  ❶　The analysis of the tourism service supply and demand balance

第二节　服务供需管理的基本思路　/170
❷　The basic concept of service supply and demand management

第三节　旅游企业服务能力管理策略　/175
❸　Tourism enterprise to the service ability of management strategy

187 第九章　现代旅游服务的精益化管理
Chapter 9　The lean management of the modern tourism services

第一节　旅游服务精细化与个性化　/188
❶　Tourism service refinement and personalization

第二节　现代旅游业的收益管理　/196
❷　The revenue management of modern tourism

209 第十章　旅游企业服务营销与关系营销
Chapter 10　Tourism enterprise service marketing and relationship marketing

第一节　传统营销与旅游服务营销　/210
❶　The traditional marketing and the marketing of tourist services

第二节　旅游服务中的关系营销　/218
❷　Relationship marketing of tourism services

231 第十一章　旅游企业竞争策略与服务创新
Chapter 11　Tourism enterprise competition strategy and service innovation

第一节　服务竞争的内涵　/232
❶　The connotation of service competition

第二节　一般竞争策略与服务业竞争策略　/236
❷　General competition strategy and competition strategy in service industry

第三节　旅游业的服务创新及其应用　/248
❸　Tourism service innovation and its application

257 第十二章　现代旅游服务管理中的信息技术
Chapter 12　Modern information technology in the tourism service managemen

第一节　服务业中的信息技术应用　/259
❶　Information technology application in the service sector

第二节　新技术应用与智慧旅游服务　　　　　　　　　　／269
　　　❷　Application of new technology and wisdom travel service

282 参考答案
　　　Answers

286 参考文献
　　　References

第一章

服务经济时代的旅游业

本章导读

随着经济全球化的深入发展，服务业逐渐成为世界经济中占主导地位的经济部门，世界经济已开始进入"服务经济"时代。21世纪正是服务经济主导的时代，每个人从出生的那一刻起便与服务产生了千丝万缕的联系，生活在这样一个充满服务的社会环境里，我们享受着服务带来的便利、舒适，同时也在提供着服务。各种服务活动创造了数不胜数的经济价值，服务业对社会的经济贡献不容忽视，甚至逐渐取代了第一、第二产业的主导作用，而其中发展最快、潜力最大的被称为朝阳产业的旅游业，正是服务业中最具代表性的也是最重要的组成部分，服务经济时代的旅游业，以提供与旅游相关的"食住行游购娱"服务为主，以其他服务产业为支撑，满足旅游者的精神服务需求，正在进入快速发展的新时期。

学习目标

1. 知识目标：通过本章的学习，理解并掌握服务经济的概念及其重要特征，了解服务经济时代下的旅游业发展状况，认识休闲体验与旅游服务在现代服务业中的重要性。

2. 能力目标：厘清服务经济与旅游业发展之间的逻辑关系，在现实中遵循服务经济的特点和发展规律，用服务经济的角度去审视生活中接触的服务活动。

第一节 服务经济时代及其特点

案例 1-1

服务业——中国经济增长新引擎

2015年3月5日,李克强总理在2015年政府工作报告中指出,打造大众创业、万众创新和增加公共产品、公共服务成为推动中国经济发展、实现中国经济提质增效升级"双引擎"。服务创业成为国家鼎力支持的一项事业,服务业是创业者的热门选择,并且创业成功的概率平均高于其他行业。例如餐饮、酒店、快递、旅游等服务行业,这些行业服务相关性高,卖产品的同时也在卖服务,哪家服务做得好,有独特创新的地方,哪家的客源就多,口碑就好,因而创业也更容易成功。餐饮中比较成功的案例是"海底捞"火锅,以细致入微、人性化的服务闻名全国;旅游中以"蚂蜂窝"等旅游网站为代表,"蚂蜂窝"旅行网创立于2006年,从2010年正式开始公司化运营。"蚂蜂窝"的用户主要通过口碑获得,截至2015年2月,"蚂蜂窝"已积累8000多万用户;快递行业的创业机会随着阿里巴巴公司业务量的扩大而激增,小麦公社则是利用了校园网络购物市场大的契机成功成为国内最大的电商校园渠道服务商。

"创业教父"——季琦,也是华住酒店集团创始人、董事长,他认为服务行业最适合创业,服务创业是块大蛋糕,宽松有利的国家政策和全球化趋势叠加在一起,带动了中国的创业潮,创业是我们这个时代的主旋律。季琦认为,"人口红利"是创业的另一个优势条件。它不仅滋养出"中国制造"的盛况,而且会孕育出"中国服务"的奇观。因此,随着"中国制造"将广大中国人民从"温饱"带向"小康",服务业的巨大利润空间显现出来。目前城市人口超过3亿,跟美国整个国家的人口数量差不多。未来中国城市化率将在50%以上,城市人口将会超过6亿。这些人口基数形成了全球最大的消费大国。这群人的消费将会带动世界上最大的服务业产业链。

"中国服务"的从业主体将会更加多元:有酒店服务员,也有写字楼里西装革履的律师;有开网店、开餐馆的小企业主,也有创业公司CEO和投资人。"中国服务"将会带来多层次的充分就业,也会给社会各阶层带来相应收入,中产阶级的形成主要依赖于服务业的发展壮大。"中国制造"已经走到了一个低增长、缓增长的拐点,未来在服务业中有更多机会、更多空间,而且服务业的企业有机会成长为世界级企业、世界级品牌。

案例分析: 中国经济的发展离不开服务业,服务业给中国不仅贡献了经济增长率,吸纳了社会就业,还为创业发展提供了巨大的契机,并且提高了中国企业创业的成功率,为中国经济注入源源不断的活力,服务业的企业有机会成长为世界级企业、世界级品牌,成为中国服务经济的代表。

一、服务经济的概念内涵

(一)服务经济的形成

服务经济并不是一开始就产生的,那么服务经济是如何发展壮大,最后形成一种时代的主导力量呢? 这与人类社会的分工不断深化、产业之间转化等有着千丝万缕的联系。一般认为,正是因为以下几方面原因促成了服务经济的形成。

(1) 分工深化:服务经济的发展不是靠建立新的产业部门,而主要是依靠经济形态内部分工的不断深化。随着生产专业化和规模化的程度不断扩大,彼此间专业服务的社会化分工程度不断加深。

(2) 产业转化:随着市场竞争的不断加剧,农业、制造业的很多企业逐渐转化为服务企业。

(3) 业态变化:信息化改造了传统产业,促进了产业融合,产生了很多新的产业。这些新产业与传统产业密切相关。

(4) 服务的规模化和制造化:随着信息技术的发展,服务产品也可以储存和标准化,促成了服务在地域和时间上的分离,使服务的规模化、制造化成为可能,大大拓展了服务提供的范围及可交易性。

(二)服务经济的含义

西方发达国家在 30 年前就已经进入了服务经济时代,20 世纪 90 年代以来,这种经济趋势愈加明显,人们对其的认识也日益加深。1965 年美国经济学家富克斯(V. Fuchs)首次提出了"服务经济"的概念[1],认为"服务经济"或"服务化社会"的判别标准是"一国一半以上就业人口不从事实物生产",即服务业的就业比重超过 50%。在他研究的基础上,服务经济的理论随着实践发展而不断深化。贝尔的"后工业社会"、库茨涅兹的"工业服务化"等理论都指出了现代社会经济逐渐向服务经济阶段发展这一突出特征。关于服务经济的定义,有多种说法,概括起来大致有以下几种定义方式。

(1) 规模定义法:即定义"服务业 GDP 占比 50%以上,且服务业就业占比 50%以上的为服务经济";而根据 IMF 和 ECB 标准[2],服务经济是指服务经济产值在 GDP 中的相对比重超过 60%的一种经济状态,或者说是就业人数在整个国民经济就业人数中的相对比重超过 60%的一种经济态势。

(2) 对比定义法:与工业经济、农业经济形成对比,有特殊性质的经济形态为服务经济。

(3) 阶段定义法:农业经济、工业经济顺序发展以后的经济阶段为服务经济阶段。认为服务经济是经济社会发展到高阶段的产物。

服务经济(service-based economy)是指以服务活动为主导经济活动类型的经济发展阶段,或一国从以农业产品和工业产品的生产为主转向以服务产品的生产为主。而"服务经济社会"的出现是相对于人类社会发展历史上的另两个阶段"农业社会"和"工业社会"而言。

---

[1] 富克斯.服务经济学[M].上海:商务印书馆,1968.
[2] IMF 为欧洲统计数据库,ECB 为国家数据库。

"农业社会"是人类社会发展的第一阶段,它是以农业活动为主要的经济活动类型、以生产农产品为主的社会,工场手工业和服务业居于次要地位。目前仍有少数国家停留在此阶段。

"工业社会"是人类社会发展的第二阶段,以工业活动为主,以工业品生产为主,农业和服务业居于附属地位。现在大部分国家正处于此阶段。我国处在由工业化的初级阶段向高级阶段的转变时期。

"服务社会"是人类社会发展的第三阶段,它是在工业化全面完成以后,服务产品的生产成为经济活动的主体,同时服务业成为经济中的主要产业部门后才出现的。此阶段以美国为代表,北美、西欧和大洋洲的一些发达国家业已先后进入此阶段。表1-1所示为不同社会经济发展阶段的生产交易特征。

表1-1 不同社会经济发展阶段的生产交易特征

经济阶段	关系	主要活动	人力使用	社会单位	生活衡量标准	结构	技术特征
前工业社会	人与自然	农耕、渔猎、矿业	体力	家庭	物资	单一传统权威	简单手工工具
工业社会	人与人造环境	制造	操作机器的能力	个人	商品数量	官僚型层级型	机器
后工业社会	人与人	服务	审美力创造力智力	社团	生活质量,如教育健康、娱乐	相互影响甚至全球化	信息

学者们综合以上三种定义方法,将服务经济定义为:"以知识、信息和智力要素的生产、扩散及应用为经济增长的主要推动力,以科学技术和人力资本的投入为其核心生产方式,以法治和市场经济为其制度基础,经济社会发展主要是以服务产品的生产和配置为基础的经济形态。"

(三)"经济服务化"的概念

经济服务化是社会生产力水平提高的必然结果。在宏观层面上,经济服务化是指服务业成为国民经济的主要产业部门;在微观层面上,是指工农业生产过程中服务的投入或比重加大。它是产品型经济向服务型经济转变的过程,是服务型经济活动的成长并成为经济活动主导方式的发展过程及其引发的经济和社会后果。

有学者将经济服务化定义为一个过程和一定阶段。前者是指服务业占国民经济的比重不断上升的过程;后者是指服务业在国民经济中占到主导性地位的阶段。

(四)服务经济的发展

现代服务经济产生于工业化高度发展的阶段,是依托信息技术和现代管理理念而发展起来的,现代服务经济的发达程度已经成为衡量区域现代化、国际化和竞争力的重要标志之一,是区域经济极具潜力的新的增长点。

1. 服务经济世界发展格局

服务经济在发达国家与发展中国家有着明显的差距,二战结束后,服务业在西方发达国家快速兴起。美国、英国、法国、日本、德国、加拿大等国家无论是服务业产值在GDP中的比重,还是服务业就业人数在全社会就业总人数中的比重均超过或接近70%,其中部分国家如美国已经接近80%。事实证明,当今的发达国家均已进入了服务经济时代。在这些国家中,服务业(第三产业)已经超越农业(第一产业)、工业和建筑业(第二产业)成为主要的产业部门,成为社会财富的主要创造者。而我国服务业的发展相对处于比较滞后的状态,2014年我国服务业产值在GDP中的比重为50.5%,这个比重远远低于其他发达国家。就服务业中的就业者占全部就业者的比重来说,这个比重处于逐年增长的状态,在2015年比重达到42.4%,但离服务经济时代还有较大距离。

2. 服务经济发展趋势

尽管服务经济水平在各国的发展并不平衡,但服务经济在不断发展变化的过程中,呈现出特定的发展趋势,当前服务经济发展的趋势如下:

(1) 从初级向高级发展。第一阶段(农业经济时代)以生活服务业为主;第二阶段(工业经济时代)以生产性服务业为主;第三阶段(服务经济时代)以社会服务业为主。

(2) 从传统向现代发展。服务业内部结构"知识化"、"融合化"趋势明显;服务产出成为经济发展与运行的关键要素,飞速发展成为基本现象;高端服务业越来越向少数中心城市集聚。

(3) 体验经济可能成为服务经济发展的高级形态。科技成果转化为生产力的水平不断提高;是人类需要层次升华的必然趋势;产品与服务有机结合。

二、服务经济的特点

自20世纪中期以来,世界经济结构发生了深刻的变革,长期占据主导地位的制造业在西方国家国民经济中的比例日渐降低,而各类新兴、门类繁多的服务部门蓬勃发展,全球经济正在进入服务经济时代。服务经济在发达国家与发展中国家的发展状况不尽相同,但总体看来,服务经济在各国的发展呈现出一些重要特点。

(一) 服务经济活动引领全球经济发展,成为财富主要创造者

随着全球经济由工业经济向服务经济转型趋势进一步加快,发达国家已完全确立了服务经济的产业结构。在OECD(Organization for Economic Co-operation and Development,经济合作与发展组织)的30个成员国中,其服务业占GDP的比重均达到了70%以上,即使是发展中国家也纷纷向服务经济的产业结构转型。

从不同国家看,发达国家服务业的产值占GDP的比重一般在60%~80%,中等发达国家在50%~60%,发展中国家也达到了40%左右。在过去的20年中,西方发达国家服务业占GDP的比重每年都以2%~5%的速度递增。世界银行的数据表明,人均收入在达到1000~1500美元之前,服务业发展最迅速,将占到GDP比重的40%~50%;人均收入在1000~6000美元之间,服务业比重相对稳定在50%左右;人均收入6000美元以上,服务业重新加速增长,占GDP的比重在60%以上。因此,在全球范围内,服务经济活动正在成为越

来越多国家社会财富的主要创造者,成为引领和推动全球经济发展的主要动力。表1-2所示为2012年世界主要国家的经济比重一览表。表1-3所示为2008年中国与世界不同收入水平国家的三大产业构成。

表1-2 2012年世界主要国家的经济比重一览表

	国家	名义GDP/美元	农业比重/(%)	工业比重/(%)	服务业比重/(%)
	世界	71277366	5.9	30.5	63.6
1	美国	15653366	1.2	19.1	79.7
2	中国	8250241	10.1	45.3	44.6
3	日本	5984390	1.2	27.5	71.4
4	德国	3366651	0.8	28.1	71.1
5	法国	2580423	1.9	18.3	79.8
6	英国	2433779	0.7	21.1	78.2
7	巴西	2425052	5.4	27.4	67.2
8	意大利	1980448	2	23.9	74.1
9	俄罗斯	1953555	4.4	37.6	58
10	印度	1946765	17	18	65
11	加拿大	1770084	1.8	28.6	69.6
12	澳大利亚	1542055	4	26.6	69.4

表1-3 中国与世界不同收入水平国家的三大产业构成(2008)

国家类型	世界	高收入水平国家	中高收入水平国家	中等收入水平国家	中低收入水平国家	低收入水平国家	中国
人均GNI/美元	8732	37990	7502	3397	2321	509	2770
农业/(%)	2.9	1.5	7.5	9.5	16.5	25.4	10.3
工业/(%)	27.0	25.1	38	36.8	32.8	25.0	47.4
服务业/(%)	70.1	73.4	54.5	53.6	50.5	49.6	41.8

数据来源:编者根据网络资料整理。

(二)服务业持续推动社会就业、就业人数大幅增加

配第-克拉克定理①指出:随着经济的发展和人均国民收入水平的提高,劳动力首先由第一产业向第二产业移动,当人均国民收入水平进一步提高时,劳动力便向第三产业移动。自20世纪80年代以来,服务业就业比重就一直在稳步上升。服务业创造了大量就业机会,对就业的吸纳能力非常强。从世界平均水平来看,至21世纪初服务业就业比重占到就业结构的75%左右。表1-4所示为部分工业化国家服务业的就业比重,图1-1所示为2008—2012年我国三大产业就业人数的对比。

---

① 配第-克拉克定律:劳动力分布结构变化的动力是经济发展中产业的相对收入差距。

表1-4 部分工业化国家服务业的就业比重/(%)

国家	2000年	2006年	2007年	2009年	2010年
美 国	74.6	77.7	78.0	78.6	81.2
加拿大	69.6	75.3	75.9	76.5	76.5
法 国	74.3	72.3	73.1	74.1	74.5
意大利	68.8	65.2	65.8	66.9	67.5
日 本		66.6	66.7	67.3	69.7
以色列	65.8	75.8	75.6	77.0	77.1

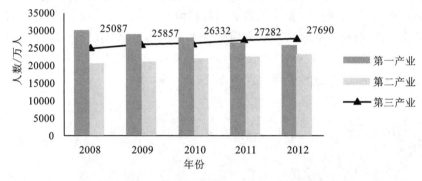

图1-1 2008—2012年我国三大产业就业人数比较图

(三)服务贸易在国际贸易中地位急速上升

随着各国服务业的不断发展,全球服务贸易在国际贸易中的地位不断上升。全球GDP的58%来自服务业,服务贸易在国际贸易中的比重达到25%,而且在继续扩大。过去10年,国际贸易中增长最快的不是有形商品贸易而是无形的服务贸易。服务贸易出口额1980年为3650亿美元,1990年为0.95万亿美元,到2000年达到近1.5万亿美元,2008年已经达到3.73万亿美元,1980—2008年共增长了超过10倍,大于同期货物贸易不足7倍的增长幅度。我国服务贸易进出口总额从1982年的43.4亿美元增长到2008年的3044.5亿美元,26年间共增长了70倍,居世界位次由第34位上升至第5位,年均增速比世界同期高约9个百分点。我国服务贸易将在今后20~30年间进入高速发展时期。

(四)服务业与第一、第二产业融合日益紧密

产业融合是在服务经济时代产业边界日趋模糊、不同产业发生聚合和创新的现象。在传统的制造业中引入服务因素,使单纯生产的特点得到改变。而且,服务要素的加入为制造业的产品创造了更高的附加值,更容易实现差别化竞争等。比如,汽车修理业,本来应该在工厂的车间里,属于工业的一部分,后来就发展到道路旁,脱离工厂或工业,成为服务业的一部分。服务业与第一、第二产业之间的融合越来越紧密,在旅游业中有很多体现,例如,十分火热的乡村旅游、农业旅游,将第一产业的生产物作为旅游吸引物,吸引大批游客前往参观和体验,还有工业旅游、科技旅游等等。这种类型的结合不仅丰富了旅游服务的内容和形式,同时还拉动了第一产业和第二产业的二次革新发展。因此服务业与第一、第二产业之间

的产业融合趋势是不可逆转的,未来也会愈演愈烈。

(五)服务业内部结构升级转型明显

在服务经济形成与发展的过程中,服务业发展出现了明显的结构性变化和升级趋势。一方面,传统的商品流通、个人消费服务行业在国民经济及服务业内部的地位出现了明显的下降;另一方面,服务业从劳动密集型转向知识密集型,知识、技术含量高的现代服务业逐渐占据服务业的主导地位,例如以金融、信息、研发为代表的生产性服务业,和以教育、文化、医疗等为代表的知识型社会服务业,成为服务业乃至整个国民经济中增长最为迅速的行业。从产业的投入要素看,农业主要受自然资源要素约束,制造业主要受物质资本要素约束,传统服务业主要受劳动力要素约束,而现代服务业从业人员所具有整体上的高学历、高职称、高薪水特征,说明现代服务业主要受人力资本要素约束。劳动者技能和技巧,具有同物质资本一样的可积累性,被称之为现代经济最重要的人力资本。高质量的经济增长主要来源于人力资本存量的有效积累。服务业内部结构升级从本质上看是人力资本逐步取代物质资本主导经济增长的集中表现,这种升级受经济发展、分工深化和技术进步的驱动。

知识链接　　中国服务业发展现状扫描

1. 服务业占全国生产总值比例偏低,但增长迅速

2010年全球服务业总规模为39.09万亿美元,占全球生产总值的70.86%;而中国仅为43.2%,不仅低于世界平均水平,也低于中低收入国家水平,在"金砖五国"中排名末位,低于印度11个百分点。

2000—2010年全球服务业年均增长率为2.8%,低收入国家为6.1%,中等收入国家为6.6%,低中收入国家为6.6%,高收入国家为2.1%,中国同时期服务业年均增长率高达11.5%,不仅高于世界平均水平,也高于同期"金砖五国"的巴西(3.9%)、印度(9.6%)、俄罗斯(6.5%)、南非(4.1%),表明随着经济总量的增长、城镇化的发展及经济结构的调整,中国服务业进入了快速发展期。

2014年我国第三产业对GDP的贡献率为48.9%,首次超过了第二产业。第三产业逐渐成为中国经济增长的新引擎。图1-2所示为我国2005—2014年三大产业对GDP贡献率。

2. 社会就业比例低于其他国家

伴随着收入水平的提升,消费结构将不断升级并促进专业结构的调整与优化。中国人均国内生产总值目前超过6000美元,达到世界中等收入水平。在这个发展阶段中,服务将成为主要的消费对象,消费结构必然要由小康型向富裕型、享受型转变,人们的消费主体将由物质消费转向服务消费,从而促进消费型服务需求的发展。图1-3所示为2008—2012年我国三大产业就业占全社会就业比重。

从服务业就业比重看,2012年比重为36.1%,低于世界平均水平10个百分点;远低于发达国家70%~80%的就业占比,在"金砖五国"中仅高于印度,低于巴

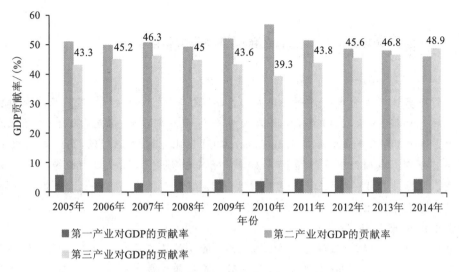

图 1-2　我国 2005—2014 年三大产业对 GDP 贡献率

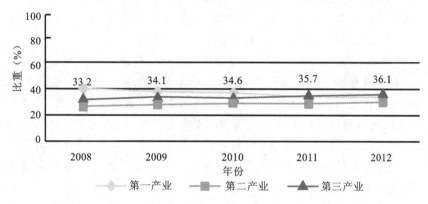

图 1-3　2008—2012 年我国三大产业就业占全社会就业比重

西、南非、俄罗斯等国 20 多个百分点,中国服务业就业吸纳能力仍有较大提升空间。

3. 服务业内部结构有待优化

从服务业内部结构看,可将其分为生产性服务业与消费性服务业。我国《国民经济和社会发展第十一个五年规划纲要》(以下简称《纲要》)将交通运输、现代物流、金融服务、信息服务和商务服务等 12 类行业界定为生产性服务业。《服务业发展"十二五"规划》明确提出要大力发展生产性服务业。《纲要》指出,2010 年,我国生产性服务业占全部服务业的比重只有 46%,占国内生产总值的比重不到 20%。而发达国家生产性服务业占全部服务业的比重普遍在 60%~70% 之间,占国内生产总值比重在 43% 左右。

(数据来源:世界银行《The world development indicator2012》及国家统计局)

延伸阅读　从上海看我国经济服务化趋势

服务业已成为我国新一轮经济增长的"火车头"。《2014年国民经济和社会发展统计公报》显示,2014年,我国国内生产总值为636463亿元,跨越60万亿元关口。其中,第三产业增加306739亿元,占GDP比重达到48.2%,高出第二产业5.6个百分点。我国经济发达地区产业结构开始出现从工业中心向服务业中心的转变。北京市2014年第三产业占地区生产总值比重达到77.9%;上海市2014年第三产业占地区生产总值比重达到64.8%;广州2015年上半年第三产业占地区生产总值比重升至66.18%。

以上海为例,上海服务业在过去25年的发展已经充分展示了上海的经济服务化趋势。自进入1990年代以来,上海第三产业的发展开始加速,特别是90年代后半期,其增速更是远远高出其他产业的增长。其结果是服务业增加值在上海地区生产总值中的比重,由90年代初的30%最高增至2014年的64.8%,根据国际经验,上海已经进入服务业的加速发展期。

(1) 上海发展现代服务业面临全球第三次产业转移浪潮。目前全球范围内的第三次产业转移浪潮正在进行中,第三次产业转移浪潮同时也是发达国家服务业转移的过程。近几年来,经济全球化已经进入了一个新的发展阶段,其显著特征之一,就是以美国为代表的发达国家的知识型服务产业(包括技术性服务、软件开发、芯片设计、建筑设计、数据录入、金融分析及各类研发性工作等)开始出现成规模地向具有智力人才优势的发展中国家转移的新浪潮。这一产业转移浪潮为上海服务经济的发展提供了难得的机会。

(2) 上海"优先发展现代服务业"发展规划的确立,为上海服务经济的发展提供了新的动力。上海"十一五"规划明确提出了形成以服务经济为主的产业结构目标。优先发展现代服务业,尽快形成服务经济为主的产业结构,增强上海城市的国际竞争力,已成为上海的重要任务,明确写入了《上海加速发展现代服务业实施纲要》。

结合发达国家城市的先行经验,上海现代服务业将迎来一个新的发展高潮。上海"经济服务化"特征将日益突出,与优先发展先进制造业的战略思路一致,实现制造业与服务业结合的生产性服务业将取得突破性发展;金融、物流、航运、信息服务、专业服务等将成为上海现代服务业的重点领域。上海经济发展所显示的服务化趋势,将是未来中国经济发展的必然趋势。

实践活动

记录你一天内接触的服务人员和服务活动,挖掘你所生活城市的服务经济带来的社会经济综合效益,和给城市市民生活和就业带来的改变和进步。

第二节 休闲体验与旅游服务

案例 1-2

地中海俱乐部的特色服务

2015年被中国复星集团收购的地中海俱乐部堪称是世界上最大的旅游组织之一,在旅游度假行业中家喻户晓,每年的顾客达160万人。这不仅因为它历史悠久,同时也因为它别出心裁的服务和给顾客带来的独特度假体验。

1950年,Belgian Gerard Blitz 成立地中海俱乐部小型旅游公司的目的是使人们有机会回归大自然。地中海俱乐部可供游客选择的有遍布世界各地的98处度假村和两艘豪华游轮。地中海俱乐部所提供的服务独具特色,其目标是把人们带到如天堂一般的度假地,那儿没有日常生活的烦恼,人们可以尽情放松自己,在这些梦境般的地方,社会差别消失,人们可以享受到充分的自由,可以挑选门类众多的活动、饮料和食品。另外,俱乐部还进行市场调研以深入了解不同国家游客的特别需求。在这些市场信息的基础上,每个度假村都制定出一个标准的发展规划。

俱乐部还为不同年龄段的孩子安排了一些专门的"迷你"型俱乐部活动。这样,父母就可以带着孩子一起来玩。另外,地中海俱乐部计划在20年之内建立并完善一个记忆卡服务系统。记忆卡系统会记录下每一位顾客的喜好以及平时所需物品,通过这种方式,游客可以在家选择他所喜欢的旅游种类(如夏游或冬游),而旅游公司可以为游客选择一个旅游地。在这种旅游条件下,游客可以不带任何行李,全身心享受俱乐部带来的贴心服务。

案例分析:地中海俱乐部以优质的旅游体验闻名,其独特的旅游服务理念是其成功的关键,俱乐部不断实行旅游服务创新,同时注重服务品质提升,其记忆卡服务系统,为每位顾客量身定做了旅游体验和生活服务,使顾客对度假没有丝毫担心,非常放心地把自己和自己的旅游交给俱乐部。这样一种区别于其他竞争企业的新服务理念成为吸引众多顾客前往的源动力。在旅游景观和旅游服务日趋同质化的今天,进行旅游服务创新,提高旅游服务质量就显得非常重要。

一、休闲体验的概念

英文"Leisure"一词来源于希腊语"skole"和拉丁语"scola",意为休闲和教育。亚里士多德在他的《政治学》一书中曾提出这样一个命题:"休闲才是一切事物环绕的中心。"在马克思眼中:"休闲"一是指用于娱乐和休息的余暇时间;二是指发展智力,在精神上掌握自由的时间;是非劳动时间和不被生产劳动所吸收的时间,它包括个人受教育的时间、发展智力的时间、履行社会职能的时间、进行社交活动的时间、自由运用体力和智力的时间。

休闲是现代社会的产物,它起源于欧美,19世纪中叶初露端倪。它是在科学技术不断发展,人们对生活质量要求不断提高的背景下适时而生的。尽管它还是一个年轻的词汇,但已经显示出强有力的生命力和极大的发展空间。休闲一诞生,就注定与服务业有诸多关联。

现代服务业越来越以消费者的需求为导向,而休闲体验、旅游观光正是21世纪需求增长最快的领域,旅游业是各国经济发展中一个至关重要的组成部分,在增加区域收入和扩大就业机会等方面有着巨大的潜力,甚至可以说旅游服务占据了现代服务业的主导地位。

国务院颁发的《国民旅游休闲纲要(2013—2020年)》提出了国民旅游休闲发展目标:到2020年,职工带薪休假制度基本得到落实,城乡居民旅游休闲消费水平大幅增长,国民休闲质量显著提高,与小康社会相适应的现代国民旅游休闲体系基本形成。该纲要正式将国民的休闲需求提上日程,随着带薪休假制度的落实和国民休闲意识的提升,将进一步推动国民旅游消费和提升休闲体验水平。休闲体验将成为国民生活中不可缺少的组成部分。

二、旅游服务的概念

(一)旅游服务的对象是旅游者

旅游服务是服务的一种特殊领域,它与一般服务的区别主要在于服务对象,旅游服务针对旅游者和有潜在旅游需求的群众。因而旅游服务是指旅游服务人员通过各种设施、设备、方法、手段、途径和"热情好客"的种种表现形式向旅游者提供的能够满足其生理和心理的物质和精神的需要过程中,创造一种和谐的气氛,产生一种精神享受的心理效应,从而触动游客情感,唤起游客心理上的共鸣,使游客在接受服务的过程中产生惬意、幸福之感,进而乐于交流,乐于消费的一系列活动,包括吃住行游购娱六大方面。

(二)旅游服务与旅游产品不可分离

旅游服务是构成一个旅游产品最重要的组成部分。从旅游者需求的角度,可以认为旅游产品就是旅游者获得的旅游经历;而从旅游供给的角度来看,旅游产品是旅游目的地或旅游企业为满足旅游者的需要而向旅游者提供的各种接待条件和相关服务的综合。完整的旅游产品,一般来说,包括旅游核心吸引物(旅游资源),旅游交通服务,旅游住宿、餐饮、娱乐、购物服务以及旅游相关组织提供的服务。所以说,旅游产品离不开相关的旅游服务,旅游服务是否周全,是否能够迎合旅游消费者的心理诉求,是旅游者是否满意旅游产品的一个重要参照物。

美国学者肖斯纳克(Shostack)认为,现实生活中很少有供应产品时完全无形或有形的,从服务管理的角度来看。很多学者都按照产品有形或无形来区别是否是服务。服务设施设备常被认为是服务活动赖以进行的有形资源,是作为一种资源要素参与服务生产的,在这种情况下我们可以认为旅游产品即表现为旅游服务。

(三)旅游服务内容涵盖极其广泛

旅游服务是一个非常错综复杂的综合体,涉及服务业三大基本类别:消费型服务、生产型服务和社会型服务。接待旅游者过程中所提供的各种服务,主要包括接机、住宿、吃饭、保险、景点讲解、紧急情况处理、救助、导购和组织管理方面的劳务活动。通过旅游服务活动,使旅游资源、旅游设施成为人们享受和消费的对象,从而创造出一种满足人们旅游需要的特殊使用价值。

从服务活动的功能性质及其与整体经济、其他产业之间的关联性来看,国际上通常将服务业划分为四大类。

如表1-5所示,首先按照服务活动的性质分为最终需求服务和中间需求服务,其中最终需求服务体现在个人消费,而中间需求服务一般表现为社会需求和生产加工需要;个人消费服务常见的个人日常生活中产生的服务消费活动,一般有家庭服务、住宿餐饮、美容理发、娱乐休闲等;公共服务是为社会大众提供服务,主要有政府行政、医疗卫生、非营利性的机构和其他社会团体。旅游服务一般涵盖了表中三种类型的服务,旅游服务接触面广,不仅涉及吃住行游购娱,还涉及社会公共服务、公共交通服务、金融保险以及运输服务等。

表1-5 服务业功能性分类

服务活动的性质	服务类别	服务内容
最终需求服务 (消费型)	个人服务 (personal service)	家庭服务、住宿餐饮、美容理发、娱乐休闲、其他个人服务(房地产、零售业)
中间需求服务 (社会型和生产型)	公共服务 (social service)	政府行政、医疗卫生、教育文化、福利、非营利机构和社会团体
中间需求服务 (生产型)	生产者服务 (business service)	工程建筑、研发设计、信息及数据、租赁和商务、技术、会计、法律、管理咨询、广告、房地产、其他经营服务、金融保险
	流通服务 (distribution service)	交通运输、批发贸易、通讯邮电、商品零售(金融、保险)

三、旅游服务系统

按照旅游活动的开展,旅游服务系统一般可分为:客源地服务系统、出行服务系统、目的地服务系统以及支持服务系统四大子系统(如图1-4所示)。

1. 客源地服务系统

客源地服务系统是指旅游客源地提供给旅游者出行前的一切旅游服务,包括确保旅游活动顺利进行所做的一切前期准备,以及旅游者结束旅游活动返回客源地时提供的一系列售后服务。客源地服务系统中主要涵盖了预订服务、咨询服务、信息服务等,旅游者一般通

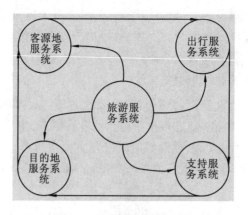

图 1-4 旅游服务循环系统

过旅行社、旅游电子商务网站以及在线旅游服务商咨询相关旅游产品信息,并与其产生旅游交易,达成旅游合同等;或者只是寻求帮助,获得一些必要的建议和讯息,例如目的地的安全情况、天气温度以及道路的畅通度等,从而安排自己的旅游行程。

2. 出行服务系统

出行服务系统主要是指帮助游客实现客源地与目的地之间连接的旅游服务,可以分为旅游交通服务和其他旅行服务两类。旅游交通服务体现在出行过程中。通过各种类型的交通工具为旅游者提供的运输服务,主要有航空服务、铁路服务(火车、动车、高铁等)、公路服务、水路服务(轮船、豪华游轮)。每一种运输服务类型都有自己的优缺点,例如航空服务,现在越来越流行的小型飞机观光旅游,大多采用小型直升机,不仅为游客提供了交通运输服务,同时也是一项旅游体验产品。游轮同样具有类似的功能,豪华游轮旅游中,船既作为交通工具提供服务,同时也是旅游产品中不可缺少的部分。

出行服务系统中还包含一些其他的辅助旅行服务,例如交通保险服务、外汇兑换服务、机场免税购物服务等等,它们为旅游者出行提供便利和保障。

3. 目的地旅游服务系统

目的地旅游服务系统,是指为满足游客在目的地逗留期间的多种需求而提供的一系列旅游服务,主要包含吃、住、行、游、购、娱六大要素的服务。例如旅游者到达某旅游目的地后,首先需要入住酒店解决住宿问题,其次游客在旅游过程需要一日三餐服务以及在旅游目的地各景点之间的交通服务,还需要景点提供导游服务以及娱乐购物服务等。

另外旅游目的地的信息服务业逐渐成为目的地旅游服务系统中的重要组成部分,随着散客旅游时代的到来,更多游客选择来一次随性的"说走就走的旅行",出发之前并没有参加旅游团,没有导游或者专业的咨询人员去提供可靠的旅游行程和线路,而更多的是靠自己去发现设计,因而目的地的旅游信息中心就显得格外重要,旅游信息的提供是否准确、及时,直接影响了游客的旅游体验质量。目前全国展开的智慧旅游完美诠释了旅游信息的重要性。

4. 旅游支持服务系统

旅游支持服务系统,主要是指为游客开展旅游活动提供支持和保障的一系列基础性服务和其他支持性服务,大致包括城市市容美化和环境卫生治理、道路交通系统、城市安保系统、市民生活的水电热气供应等基础性服务,以及海关服务、银行服务、医疗保健服务等其他支持性服务,这些不仅是当地居民生活所必需的,也是游客完成旅游活动可能涉及的,同时向旅游者提供服务的旅游企业在经营活动中也必须使用的。因此,没有支持服务系统提供的各种基础性服务,旅游活动便无法顺利进行,旅游企业也无法招揽顾客。

知识链接

1. 智慧旅游

2014年为国家旅游局确定的"智慧旅游年"。智慧旅游,也被称为智能旅游。就是利用云计算、物联网等新技术,通过互联网/移动互联网,借助便携的终端上网设备,主动感知旅游资源、旅游经济、旅游活动、旅游者等方面的信息,及时发布,让人们能够及时了解这些信息,及时安排和调整工作与旅游计划,从而达到对各类旅游信息的智能感知、方便利用的效果。智慧旅游的建设与发展最终将体现在旅游管理、旅游服务和旅游营销这三个层面。共有18个城市入选了首批"国家智慧旅游试点城市",这18个城市分别是:北京、武汉、福州、大连、厦门、洛阳、苏州、成都、南京、黄山、温州、烟台、无锡、常州、南通、扬州、镇江、武夷山。

2. 旅游电子商务

中国旅游电子商务网站出现于1996年,目前,具有一定旅游资讯能力的网站已有5000多家。其中专业旅游网站300余家,主要包括地区性网站、专业网站和门户网站的旅游频道三大类。旅游电子商务是指以网络为主体,以旅游信息库、电子化商务银行为基础,利用最先进的电子手段运作旅游业及其分销系统的商务体系。旅游电子商务为广大旅游业同行提供了一个互联网的平台。旅游门市是最为专业的旅游买卖交易市场,汇聚了大量的游客客源,旅游企业及旅游相关行业企业,将旅游行业进行了细分和精心打造,为游客提供了专业的旅游服务。它以其强大的资源数据库、交易平台及多种游客出游必备的查询功能,成为客人出游的专业指导网站,每天拥有巨大的客流量,是在网上开店展示、宣传及销售的最佳窗口。

3. 在线旅游服务商(OTA)[①]

OTA主要指自己本身没有旅游资源,作为旅游服务提供商的代理,为消费者提供酒店、机票预订服务的在线企业。在线旅游服务已经成为全球电子商务发展最为红火的行业之一,越来越多的中国网民把旅游在线服务商的产品作为自己度假休闲的选择,著名的在线旅游服务商有:携程旅行网、艺龙旅行网、去哪儿、途牛旅游网、去啊旅行、驴妈妈、酷讯旅游、淘宝旅行、芒果网、快乐e行等。在众多在线旅游服务商中如何选择最适合自己的商家?每家服务商又有何特色?各服务商的

[①] online travel agency,简称OTA。

旅游产品丰富度、用户体验、价格对比、用户评价、客服服务、特色亮点等六个指标是用户选择的主要依据。

中国已经进入了以散客旅游和自助旅游为表征的大众旅游的发展时期，在17.2亿的国内旅游者中，通过旅行社组团的比例还不到6%。旅游者在选择旅游产品时对传统旅行社及旅游信息的依赖性逐渐弱化，网络成为旅游者获取信息的首选。随着中国旅游业的快速发展，在线旅游服务市场成为其最具活动、增长最快的领域。

延伸阅读　"感同身受"——旅行中的爱心服务

2012年6月9日15:20，上海虹桥站的站台上，三名旅客拉着D94次南昌至上海虹桥动车组列车长的手，一直说着感谢的话。列车长微笑着说："服务旅客是我们铁路人的宗旨，我也是一名母亲，感受得到孩子生病的痛苦和父母的焦灼……"

原来，当天11:30，D94次南昌至上海虹桥动车组刚从江西上饶站开出时，11号车厢的一名旅客便急匆匆地找到列车长："我带宝宝去上海看病，能将车厢空调的温度调高一点吗？"

这名江西上饶籍旅客称带着刚满六个月的宝宝小添添去上海看病，随行的还有该旅客的妻子和宝宝的爷爷。一个月前小添添因肺炎在上饶本地住院，连续打了17天的抗生素后，因药剂过量导致肾衰竭。由于上饶医疗水平有限，准备转院到上海医院进行治疗。

列车长看着小添添一直蜷缩在妈妈怀里，时不时发出细细微弱的哭声，便安排乘务员拿来班车自带的小绒毯，并用对讲机联络机械师调高空调温度。她摸了摸孩子的额头，叫乘务员为旅客送来开水和温度计，并安排乘务员轮流到小添添的身边进行照顾，定期测试体温，更换尿片，为宝宝喂水。

12:20左右，列车长听说小添添的爸爸到餐车来买盒饭，为了给孩子省出医药费，只买了2份盒饭给孩子的妈妈和爷爷，并称自己吃了八宝粥，不饿。列车长的心被这柔软的父爱触动得隐隐疼痛，她电话联系金华西值班员，自己掏腰包为小添添的父亲炒了几个菜，让乘务员悄悄送到小添添爸爸的手中，孩子的父母感动不已。到站后，小添添的父母和爷爷一再声称返回上饶时还要坐D94次列车，并要来感谢列车长和乘务员们。

实践活动

对自己经历的最近一次的旅游体验进行记录,其中包括你接触的旅游服务中的不足之处与亮点,并提出具有可行性的改进建议。

第二章

旅游服务产品与服务质量概述

本章导读

提起服务,我们大多数人更容易想到各种各样的服务人员,例如酒店的客房服务人员、餐厅服务员、超市卖场服务员等提供具体服务的工作人员,其实,我们身边还有很多隐形服务人员,例如学校的老师、医院里的医生和护士、小区的物业管理员和保安等等,他们都在提供着不同类型的服务。如果没有人提供服务产品来满足我们的需求,那我们的生活会怎么样?没有餐馆、没有干洗店、没有理发店……吃、穿、住、行都会受到严重影响,正是这些服务产品使我们的生活变得完整。

何种行为属于服务?应该如何区分服务与服务产品,两者又有何种联系?正是本章主要解决的问题,也是本课程需要学习的基本内容之一。本章需要了解的另外一个知识点是旅游服务,在所列举的服务人员当中,大部分是属于旅游行业工作者,包括酒店住宿、餐饮、旅行社等为旅游者提供的服务,我们在本章中的第二部分会进一步了解旅游服务的概念内涵和主要特征。

学习目标

1. 知识目标:了解什么是服务,什么是服务产品,以及两者之间的逻辑关系;掌握服务的特征和服务的分类,并对旅游服务有一定认识,弄清旅游服务的特征。

2. 能力目标:学习区别现实生活中服务与有形产品,在自身旅游过程中找出哪些属于旅游服务,挖掘旅游服务的产生和发展带来的现实意义。

第一节 服务与服务产品

案例 2-1

企业产品服务化

目前,很多企业靠规模化和拼命降低成本来获得利润,但国内一位资深的管理咨询顾问认为,卖产品已经没前途,而卖"专业服务",销售附在产品之上的增值服务,才是真正的利润之源。所有行业都有增值服务的潜力,其关键在于"产品服务化",如果用服务的方式做产品,企业获得的增值价值则无法衡量。而服务则要求服务产品像标准化产品一样。某著名公司总裁用"产品服务化"理论,帮他的司机的妈妈卖菜。先教三招:换件干净衣服;备足货;浇水保新鲜。结果,一个月后,来问菜的人明显增多。他接着又教三招:笑着跟顾客打招呼,记住熟客的名字;学会配菜,打包后卖给工作忙碌的青年白领;为顾客将干净菜送货上门。这位大妈按总裁的方法操作,果然顾客大增,而且从不还价。现在她已开始向菜场几个菜贩销售"配菜",成了"配菜供应商"。该总裁说,产品服务化是企业差异化的关键。在企业界,他也有很多成功案例。在给一个服装企业做顾问时,他提出将专卖店的营业员改变成"着装顾问",分成一、二、三级并挂牌上岗。同时,他让员工接受系统着装、色彩培训,并在每个店里准备专业书籍和色板,使员工具备高度的专业能力,让顾客信服。结果,顾客本来只准备买条裤子,最后竟提着五六个袋子离开的。

案例分析:产品服务化是现今企业长久发展的经营之道,企业不仅要优化产品,同时要提升产品的服务,关注产品的售前、售中和售后服务,以差异化的服务品质打动顾客,吸引顾客,树立品牌,培育忠诚顾客。

一、服务的概念

(一)服务的定义

"服务"一词,在汉语词典里是指"为他人做事,并使他人从中受益的一种有偿或无偿的活动。不以实物形式而以提供劳动的形式满足他人的某种特殊需要"。我们可以看出,服务的对象是他人,目的是满足他人的需要。

关于"服务"的定义最早是由美国市场营销协会(The American Marketing Association,简称 AMA)于 1960 年提出来的,其认为服务是本质上不可感知和不涉及实物所有权转移,但可以被区分、界定和满足个人欲望、利益需要的一种活动。

美国著名营销学家菲利普·科特勒(Philip Kotler)认为:服务是一方能够向另一方提供的基本上是无形的任何功效和利益,并且没有导致任何所有权的发生。它的生产可能与某种有形产品密切联系在一起,也可能毫无联系。

格罗鲁斯(Gronroos)提出服务是由一系列或多或少具有无形性的活动构成的一种过程,这种过程是在与顾客与员工、有形资源的互动中进行的,这些有形资源、有形产品或有形系统是作为顾客问题的解决方案提供给顾客的。

ISO9000 对服务的定义(1995 年 8 月实施)为:服务是为满足顾客的需要,在与顾客的接触中,服务提供者的活动和活动的结果。其中还有关于服务定义的四条注释:在接触中,服务提供者和顾客可由人员和设备代表;对提供一项服务来说,与服务提供者接触的顾客的各种活动可能很重要;实体产品的提供可能成为服务的一部分;服务可以与实体产品的职责和供应结合起来。

本书将服务定义为:指用以交易并满足他人需要,本身无形和不发生所有权转移的活动。

> **知识链接** AMA(The American Marketing Association)对"服务"的定义
>
> Services, as a term, is also used to describe activities performed by sellers and others that accompany the sale of a product and aid in its exchange or its utilization (e.g, shoe fitting, financing). Such services are either presale or post-sale and supplement the product, not comprise it. If performed during sale, they are considered to be intangible parts of the product. The American Marketing Association defines services as "Activities, benefits and satisfactions which are offered for sale or are provided in connection with the sale of goods."
>
> 翻译:服务,作为一个术语,是指由卖方向买方执行的活动,在其交换过程中伴随着销售的产品和相关援助,例如,修鞋,融资。是商品预售或售后的补充产品,是销售过程的产物。美国市场营销协会将服务定义为:"这是出售或与所售商品相关的活动、福利和满意度。"

(二)服务产品的界定

1. 服务与产品相互依赖、无法分离

我们从服务的定义中可以发现,服务与产品之间是无法完全分离的,大多数服务的过程与实体产品都存在一定的依赖或互动关系。例如生活中最常接触的牙膏、毛巾等,它们都是有形产品,又如附带服务的有形产品像电子产品、汽车、房产等,以及纯服务,如心理咨询、金融服务等。服务一定程度上依赖于有形资源才能顺利开展,例如酒店的服务与客房、餐厅都有关系,银行的服务与银行营业厅以及各种设施设备有关。

我们将日常生活中接触较多的服务产品进行对比研究,将其中的无形因素和有形因素分解开,按照服务产品所含有的有形因素的比重大小进行排列。如图 2-1 所示,心理、法律等咨询服务之所以放在最顶端,是因为它们以无形服务为主,所包含的有形因素较少或几乎没有。而放置最后的汽车维修服务,需要以技术和大量维修工具为支撑,有形元素参与比重较大。

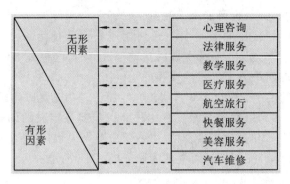

图 2-1　产品与服务的连续图谱

2. 服务产品的定义

关于服务产品的定义描述最早来源于美国市场营销协会：服务产品，如银行贷款或家庭安全，这是无形的。服务产品往往很难识别，因为它们在同一时间被购买和消费，生产与消费是不可分割的，通常包括顾客参与，还有无形的元素：没有所有权转让，没有标签。

知识链接

Service products are often difficult to identify, because they come into existence at the same time they are bought and consumed. They comprise intangible elements that are inseparable; they usually involve customer participation in some important way; they can't be sold in the sense of ownership transfer; and they have no title.

翻译：服务产品是指不具有实体，而以各种劳务形式表现出来的无形产品。可区分为以设备为基础的服务产品和以人为基础的服务产品两部分。服务产品具有无形性、不可分离性、易逝性、可变性、相互替代性等特性。因此，提供此类产品的企业应加强服务质量管理，提高服务人员的综合素质，以提高企业的知名度和美誉度；定位更加灵活；多倾向于顾客导向定价；多采用直销和经由中介机构销售；正确利用人员推销和广告。

概括而言，服务产品都具有以下六项基本特性（如图 2-2 所示）：

1）不可感知性（intangibility）

不可感知性指与有形的消费品或产业用品比较，服务的特质及组成元素往往是无形无质的，让人不能触摸或不能凭肉眼看见。这一特性使得服务不易于评价和验证。

2）不可分离性（inseparability）

不可分离性指服务的生产过程与消费过程必须同时进行，因此，顾客只有参与到服务的生产过程中才能最终消费到服务产品。这种特性使得服务业比较符合本地化。

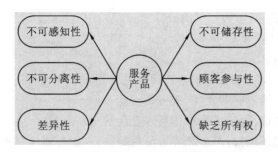

图 2-2 服务产品的基本特性

3) 差异性(heterogeneity)

差异性指服务的构成成分及其质量水平经常变化,很难统一界定。服务无法像流水线生产的产品那样标准化,服务产品都会因为每一位服务提供者的经验和阅历不同而产生差异,同一位服务提供者也不能保证每次提供的服务产品是同样水准的。

4) 不可储存性(perishability)

不可储存性指服务企业无法在市场淡季的时候,将多余的服务产品储存起来以弥补旺季的供不应求。这一特性要求服务企业必须解决由缺乏库存所引起的产品供求不平衡问题。

5) 顾客参与性(customer participation)

顾客参与性指服务产品的生产过程中,消费者必须参与其中,正因为如此,"顾客"的行为举止对服务体验效果产生了非常大的影响,从而加大了服务产品的不稳定性,因此服务提供者与顾客之间的沟通互动便显得十分重要,准确无障碍的交流是服务产品生产成功的保障。

6) 缺乏所有权(absence of ownership)

缺乏所有权指在服务的生产和消费过程中不涉及任何东西的所有权转移。这一特性,导致了服务产品的易模仿性,服务企业必须紧跟市场风向,不断推陈出新,以抢占市场先机。

二、服务的特征

让服务"有形化"

拉贾斯坦邦公路运输公司(RSRTC)在 20 世纪 90 年代早期为它们的豪华大巴引入了类似于飞机票的车票,这导致顾客预期值很高,而他们无法提供航空公司那样的高水平服务。结果是乘客对其服务质量并不满意。为了增强对服务的信任,供应商需要通过不同的机制使服务有形化。他们需要改进服务质量并将它形象地展示出来。RSRTC 提高了车票质量,顾客可进行保留甚至收藏;同时,还提高了座椅的质量,并进行了车内装修;公司修缮了汽车站,甚至训练司机和售票员,使他们能更好地与乘客交流与互动;在一些竞争激烈的旅游线路上他们在夏天还为顾客提供矿泉水以增加服务价值。

案例分析:将无形的服务"有形化",提高了服务质量,同时也直接影响到顾客对服务质量的感知。

服务与生俱来就拥有自己不一样的独特"性格"。美国学者菲茨西蒙斯（J. A. Fitzsimmons，2003）认为服务具有以下特征：

(1) 顾客参与服务过程；
(2) 顾客的知识、经验、动机等都会直接影响服务系统的效果；
(3) 服务的生产和消费同时发生，服务不能储存；
(4) 服务是开放系统，受传递系统中需求变化的全面影响；
(5) 服务会随着时间消失，服务是容易消逝的商品，服务需求具有周期性；
(6) 服务场所的选择取决于顾客；
(7) 服务具有无形性；
(8) 服务没有统一的标准，服务的产出衡量困难。

为了让大家更好地理解服务这种特殊的活动，我们将有形产品的典型特性与服务进行简单比较，如表2-1所示。

表 2-1 服务与有形产品之间的特征对比表

有形产品	服务
实体	非实体
形式相似	形式相异
生产、分销不与消费同时发生	生产、分销与消费同时发生
一种物品	一种行为或过程
核心价值在工厂里被生产出来	核心价值在买卖双方接触中产生
顾客一般不参与生产过程	顾客参与生产过程
可以储存	不可以储存
有所有权转让	无所有权转让

关于服务的特征或特性，目前大致有以下几种解释：

1. 服务具有无形性

服务是无形的，这是区别服务与有形产品最典型的特点。服务看不见、摸不着，它是非物质的。服务作为一种活动，它可能与服务生产者的"真实活动"相分离，并以物质产品为载体，如饭馆提供的菜品、歌唱家的唱片等；它也可能始终与服务生产者的"真实活动"相结合，如医生、教师以及客运旅店等提供的服务都属于这种服务。

2. 服务具有生产与消费的同步性

服务的生产过程同时也是消费过程，两者在时间和空间上均不可分割。而且，消费者必须直接参与到生产过程中来，与服务提供者发生联系，如理发师的理发活动，理发师（服务生产者）从接触顾客（服务消费者）头发的那一刻开始提供理发服务，顾客也同时消费他（她）的服务。虽然，有些服务的生产和消费在空间上可能是分离的，比如饮食业的服务，饭菜在厨房烹制，顾客在店堂里吃饭，但事实上，顾客从走进饭店和点菜开始就在消费服务，可见，这类服务的生产和消费依然是同时发生的。

3. 服务具有不可储存性

服务不能像有形产品那样储存起来，这一特征也称服务的易逝性。某些服务的价值只存在于服务的"真实瞬间",对于某些批量生产出来的服务如果当时没有消费掉,就会造成损失(如车、船的空位,旅馆的空房间,剧院的空位等)。需要注意的是,服务的不可储存性是对"真实活动"的储存,真实活动只与服务生产者或生产商同在。

4. 服务具有多变性

服务消费是以不同的顾客为中心,服务生产是不同服务人员为不同的顾客提供同一种服务。由于不同顾客的感知不同,不同服务人员提供的服务品质不同,同一个服务人员在不同的生理和心理状态下提供的服务也会有所不同。如同欣赏一台歌舞晚会,有人津津有味,有人却昏昏欲睡;同是聆听一个老师的讲授,有的人茅塞顿开,有的人却不知所云。正如专家所言,消费者的知识、经验、诚实和动机,影响着服务行业的生产力。

三、服务的分类

对于服务的分类,从不同角度、不同层次以及不同服务内容有多种分类方式,不同时期的学者基于各自的标准对"服务"提出了各不相同的分类。

(一)按服务的性质分类

按服务层次从低到高的顺序排列依次是流通服务、生产和生活服务、精神和素质服务、公共服务(见表2-2)。

表2-2 服务按性质分类及示例

服务类别	示例
流通服务	零售、批发、仓储、运输、交通、邮政、电信
生产和生活服务	银行、证券、保险、房地产、装潢、租赁、技术服务、职业介绍、咨询、广告、会计事务、律师事务、旅游、餐饮、娱乐、美容、修理、洗染、家庭服务
精神和素质服务	文艺、教育、科学研究、新闻传媒、博物馆图书出版、体育、医疗卫生、环境卫生、环境保护、宗教、慈善事业
公共服务	政府机构、军队、检察院、法院、警察

(二)按服务主客体关系分类

Richard·B. Chase(1981)依据服务提供者与服务对象的关系将服务分为三类:高接触性服务、中接触性服务、低接触性服务。这样分便于将高接触性服务从中低接触性服务中分离出来,以便采取多样化的服务营销策略满足高接触性服务对象的需求,但是这种分类过于粗略。

(三)按服务过程矩阵分类

Schmenner(2004)以服务的交互定制化程度与劳动力密集程度作为评价维度,构建了一个2×2的服务分类矩阵,将各种类型的服务划分为专业服务、大众化服务、服务作坊和服务工厂四类(见图2-3)。

Schmenner认为服务工厂将是服务业发展的趋势。如传统意义上的家具商店提供从接到订单到交付家具耗时较长且服务变动程度较小的大众化服务,而宜家则通过专业的设计系统和创新的制造系统,成为服务耗时短、标准化程度高的服务工厂。联邦快递通过自有飞

图 2-3 服务过程矩阵分类

机将货物传递到世界各地,大大缩短了传统意义上货物运输服务所需要的时间。以麦当劳为代表的快餐店则代表了餐饮服务业向服务工厂方向发展的趋势。

(四)按服务过程矩阵分类

美国服务营销学家拉夫洛克(Christopher Lovelock)将服务分类同管理过程结合起来,目的是通过分类概括出不同行业中服务的共同特征,他从营销的角度对服务提出了以下十项分类标准(见表 2-3)。

表 2-3 拉夫洛克的服务分类标准

服务分类标准		服务行业举例
服务的直接对象	人	保健、美容、娱乐、教育、信息服务
	物	货物运输、干洗、兽医服务、银行、法律服务、保险
服务活动本质	无形	教育、信息服务、娱乐、银行、法律服务、保险
	有形	乘客运输、货物运输、餐饮、理发、加油、草地保养
服务传递性质	持续	保险、银行、警察、电台、灯塔
	间断	月票、俱乐部、出租车、邮政、电影院
服务关系	会员	保险、银行、月票、俱乐部、电话
	非会员	警察、广播电台、灯塔、出租车、邮政
服务定制化程度	高	法律、建筑设计、家庭教育、酒店服务、零售银行
	低	大众、教育、公共保健、公共交通、器具修理、电影院
服务人员主观判断程度	高	法律、建筑设计、教育、公共保健
	低	酒店服务、零售银行、公共交通、器具修理、电影院
服务需求的波动	大	电话、消防服务、饭店、剧院、旅游交通
	小	保险、银行、法律服务

服务分类标准		服务行业举例
服务供给受生产力的限制程度	大	饭店、剧院、旅游交通
	小	电话、消防服务、保险、银行、法律服务
服务提供的地点	单一	剧院、美发店、草坪保护、租赁、社区、电视台
	多	公共汽车、连锁店、邮政、应急修理、广播网、电话
服务提供者与顾客接头的方式	顾客上门	剧院、美发店、公共汽车、冷餐连锁店
	提供者上门	草坪保护、租赁、邮政、应急修理
	双方随时接头	信用卡、电视台、广播网、电话

延伸阅读 携程像对待制造业一样对待服务

1999年创业之初，携程创始人梁建章认真分析了国内旅游服务的各个行业，如酒店预订、机票预订、旅行线路设计等等，发现做酒店预订具有先进的技术优势，同时还有无配送需要、无仓储、便于客人支付等一系列的优势。而且这个行业的利润率在旅游行业中也是较为优厚的。由此他制定了携程2000年的目标，就是成为国内最大的酒店预订中心。

携程提出口号，"像对待制造业一样对待服务"，梁建章解释说，"这就是要求每个服务的环节都有检测点，每个点都有自己的标准"。简单来说，就是把服务标准化、量化了。

携程对呼叫中心有管理规定，80%的电话必须在20秒内接通，随后，携程又在这个指标的基础上完善，甚至创造了"满意接通率"的新概念。

在当时，国内甚至没有人听说过"平衡记分卡"的时候，梁建章便自己设计了公司平衡记分卡的雏形，制定了所有的衡量指标。携程的平衡记分卡克服了单纯利用财务手段进行绩效管理的局限，从财务、顾客、内部运作流程以及学习等四个不同的视角，提供了一套考核价值的战略方法。

携程建立了一套基于顾客评价的员工考核体系。根据顾客对每一次服务的打分决定员工的收益以及升迁。在携程的顾客管理系统中，保存着每个在这里消费过的顾客的资料。

"你问我标准化服务和个性化服务是不是矛盾的，应该说，只有非常严格的量化指标才能保证个性化的服务。例如操作员在接待老顾客时，老顾客以往的消费习惯，如他喜欢的房型、床的大小，系统都会提示给操作员。这其实就是一个制造业的过程。"梁建章说。

在携程，公司每周要对一线服务人员进行34项定性定量的项目评估。每个接进来的电话都有分类的标准处理流程供参考，订单回复速度都有专人监控，订单完成时间由专人统计并改进，所有员工的电话录音都归档并抽查。

第二节 旅游服务特征

案例 2-3

"旅馆大王"希尔顿的顿悟

美国"旅馆大王"希尔顿于1919年把父亲留给他的12000美元连同自己挣来的几千美元投资出去,开始了他雄心勃勃的经营旅馆生涯。当他的资产从15000美元奇迹般地增值到5100万美元的时候,他欣喜而自豪地把这一成就告诉母亲,想不到,母亲却淡然地说:"依我看,你跟以前根本没有什么两样,事实上你必须把握比5100万美元更值钱的东西:除了对顾客诚实之外,还要想办法使来希尔顿旅馆的顾客住过了还想再来住,你要想出一种简单、容易、不花本钱而行之久远的办法去吸引顾客。这样你的旅馆才会真正有前途。"母亲的忠告使希尔顿陷入迷惘:究竟什么办法才具备母亲指出的"简单、容易、不花本钱而行之久远"这四大条件呢?他冥思苦想,不得其解。于是他逛商店、串旅店,以自己作为一个顾客的亲身感受,顿悟到答案,那就是——"对顾客发自内心地微笑服务"。只有它才实实在在地同时具备母亲提出的四大条件。从此,希尔顿实行微笑服务这一独创的经营策略。每天他对服务员的第一句话便是"你对顾客微笑了没有?"他要求每个员工不论多辛苦,都要对顾客投以微笑,即使在旅店业务受到经济萧条的严重影响的时候,他也经常提醒职工记住:"万万不可把我们心里的愁云摆在脸上,无论旅馆本身遭受的困难如何,希尔顿服务员脸上的微笑永远是属于旅客的阳光。"为了满足顾客的要求,希尔顿"帝国"除了到处都充满着"微笑"外,在组织结构上,希尔顿尽力创造一个尽可能完整的系统,以便成为一个综合性的服务机构。因此,希尔顿旅馆除了提供完善的食宿外,还设有咖啡厅、会议室、宴会厅、游泳池、购物中心、银行、邮电局、花店、服装店、航空公司代理处、旅行社、出租汽车站等一套完整的服务机构和设施,使得到希尔顿旅馆投宿的旅客,真正有一种"宾至如归"的感觉。当他再一次询问他的员工们:"你认为还需要添置什么?"员工们回答不出来,他笑了:"还是一流的微笑!如果是我,单有一流的设备,没有一流的服务,我宁愿弃之而去,我愿住进虽然地毯陈旧,却处处可见到微笑的旅馆。"

微笑服务体现了一种什么观念?希尔顿之所以能留住顾客仅仅是依靠微笑服务吗?

案例分析: 微笑服务体现了以顾客为中心的市场营销观念。微笑只是一种形式,其含义非常丰富。它体现了一种把顾客利益置于中心位置的经营理念。在这种理念的支配下,为了尽可能地满足顾客的需求,希尔顿"帝国"不仅到处都充满着"微笑",在其组织结构上,希尔顿还尽力创造一个完整的系统,使顾客有"宾至如归"的感觉。这才是留住顾客的根本原因。

(案例来源:作者整理)

旅游服务是现代服务的一项重要组成部分,为了更加深入地认识旅游服务这一特殊领域,我们对其特征进行解释,并探讨这些特性给旅游服务管理带来的影响。

一、旅游服务一般属性

(一)无形性

旅游服务的无形性表现在它是为旅游者提供的一系列活动,而不是实实在在的物品。旅游者并不能带走旅游景区的各种设施设备,也不能带走旅游资源的一山一角,只能带走身临其境的印象和个人感受。

旅游服务的无形性增加了服务提供者满足旅游者需求的难度,旅游者只能以主观的方式来衡量或评价旅游服务的好坏。让参与购买的旅游者感受到服务价值与价格的对等,增加了旅游企业对服务质量进行管理的复杂性。

(二)精神性

旅游消费是一种旅游经历和心理感受,主要属于精神享受与消费,因此相对于其他服务行业而言,旅游业对服务人员的技能与沟通的综合素质有更高要求。

(三)即时性

旅游者购买的是一段时间经历,会随着服务的结束而结束,具有典型的即时性特征。旅游服务的即时性是由其无形性决定的。旅游服务是即时生产即时消费的,其生产与消费两个过程完全统一。例如,酒店的服务生产是从顾客踏进酒店大门消费服务的那一刻开始的,直到顾客离开酒店,该顾客的酒店消费服务和酒店的服务生产才会同时结束。

旅游服务的即时性给旅游服务管理者带来许多挑战:首先,顾客与服务人员之间的互动,会影响顾客对服务质量的感知;其次,旅游服务不能提前进行检验,需要靠服务人员的灵活应变来处理各种突发状况,满足各种类型顾客的多样性需求;再次,顾客更加注重服务过程,由于顾客持续参与服务的生产制造过程,因此服务人员提供服务的方式、态度都会在一定程度上影响顾客的服务体验和经历。总之,由于旅游服务的即时性,旅游企业无法享受到制造业企业那种由于能够保持稳定的生产水平而带来的经济利益,从而加深了旅游服务供需之间的矛盾,同时也加大了旅游企业应对市场需求波动的难度。

案例 2-4

全身心投入服务

在酒店服务的"大舞台"上,一旦投入工作,就应该忘记一切与服务无关的思想、情绪和活动。某酒店的餐厅服务员小孟便扮演了一个出色的服务角色。

一天,小孟两周岁的孩子发高烧在家,她给孩子喂完药后,气喘吁吁地赶到酒店,换好制服后,马上进入角色。

> 一位客人餐巾落地，旁边的人移脚踩上。她马上走上前去，说声"对不起"，捡起餐巾，立刻换上一块干净的……
> 一位客人举手要加饮料，她马上拿起柜上的大瓶"雪碧"，给客人斟加。
> 又一位客人招手，还有两道菜未上齐，她马上跑进厨房去催。
> 门口又有两位客人进餐，她立刻迎上前去招呼，并介绍说："今天你们赶巧了，刚好影视明星在这里聚会，你们可以既用餐又欣赏，机会难得。"
> 一个小孩跌倒在地，她奔过去抱起小孩，边哄边唱，孩子破涕为笑。
> 已是子夜时分，客人散尽，小孟疲惫地倒在椅子上，但脸上露出欣慰的笑容。
> **案例分析：** 旅游服务的即时性给旅游服务从业人员带来了诸多挑战，需要服务人员灵活处理，满足消费者的各种需求。服务人员的服务方式、服务态度都会在一定程度上影响消费者的服务体验。

二、旅游服务特殊属性

（一）旅游服务的异质性

旅游服务的供应者和需求者都是社会人，而人的多样性决定了在服务过程中人与人之间的相互作用会导致旅游服务的过程和结果具有十分不稳定的特征，没有两种服务是完全一致的。首先，不同的旅游服务人员提供的服务不同，因为每位服务人员自身的能力和想法不尽相同，而服务人员是服务产品中最重要组成部分；其次，同一服务人员在不同的时间和场所也不可能提供完全相同的服务，因为人的行为会受到其情绪、情感以及体力的影响；最后，不同顾客有着不同的服务感知，每位顾客的价值观念和背景是不同的，不同的顾客对同一服务会产生不同的服务感知和服务质量评价。

此外，还有许多因素影响着旅游服务的稳定性。比如在旅游旺季，由于游客过多，服务人员就有可能人为地降低服务标准，以便加快服务速度。再者，顾客参与服务生产过程的积极程度也有所不同，表现在是否会清晰地表达自己的需要，是否积极地与服务人员进行交流互动，这些都会对服务产出造成影响。在旅游企业经营中，经常有需要第三方提供服务的情况，如旅行社组织的团体报价旅游，通常需要航空公司、酒店等旅游企业为游客提供相应的服务，就会加大旅游服务的可变性，更加难以有效控制服务质量。

（二）旅游服务的情绪性

服务具有明显的情绪化色彩，当消费者提出服务要求时，他必然期望得到满意的服务结果。虽然服务有其客观标准和规定程序，但每一次服务的提供都是一个崭新的服务过程或服务产品。服务属于一次性消费，它与物质性商品的明显区别在于消费中途不能退换。所以要求服务尽量一次成功。对服务提出的标准应是优质服务，而不应是优良服务或是其他等级的服务。如果服务很差，激起消费者的不满情绪，即使企业道歉、退货、赔款，也于事无补。有些服务企业在纠纷处理的总结中提到："由于我方的及时赔礼道歉和妥善处理，消费者对此感到非常满意……"，其实这种说法完全是自欺欺人。

（三）旅游服务的综合性

与其他服务行业相比，旅游服务具有很强的综合性。旅游者完成一次旅游活动需要多个部门和行业的服务支持，旅游服务是一个综合体。主要体现在两个方面：一是旅游消费须在一定时间段内完成，需要各种不同的服务环节紧密连接，这以组合成完整的旅游日程安排为典型。而因为受到旅游者多样化需求的驱动，它以参加团体旅游的客人将一切事务都委托旅行社办理为突出表现。这就要求旅游服务必须具有完整性、系统性和科学性，不能有任何细微的疏忽和大意，否则会造成整个服务的失败。二是它涉及的部门和行业众多，其中包括基本的餐饮、住宿、导游、购物、娱乐等服务，还有其他部门提供的银行、保险、外汇、海关等服务，还有间接向旅游者提供产品和服务的行业、部门，如环保、教育、卫生、商业、市政建设等。

（四）旅游服务的直接性

在旅游消费中，任何一种旅游产品只有通过直接、及时的服务才能提供给旅游者。旅游服务的生产和消费是同步进行的，即生产者和消费者之间是直接的、面对面的，当面服务，当面消费，一次性完成，不能退换，这使得旅游业必须对从业人员的业务素质提出相应要求。

（五）旅游服务的艺术性

旅游是享受，服务质量对旅游者情绪会产生很大的影响，这要求服务过程中显示出艺术魅力，通过接待语言和劳动操作两个方面给人以美的享受。语言交流是消费者接触服务的最初阶段，亲切的表情、生动的语言、和蔼的语气、得体的手势，都能使消费者感到满意；许多劳动操作的熟练技巧甚至可以达到近乎艺术表演的程度，干练、利索、敏捷、轻盈的动作能使人产生音乐节奏和舞蹈造型的和谐美感。

延伸阅读　　导游讲解服务的艺术性

导游人员的语言艺术，是导游人员所具有的精神个体性和语言艺术的综合反映。这里"精神个体性"，就是指导游人员讲解中的思想气质、生活经验、道德修养、语言才能等精神特点。作为一种表现形态的导游语言艺术风格，是导游语言整体上所显示出来的特点，是由导游人员主观方面的特点与导游内容客观的特征有机结合表现出来的一种整体形象。

导游语言艺术风格分类

导游语言艺术风格可以划分为三种类型。

第一，语言明快，热情奔放。这类风格的特点是：语言明快、直接、流畅，奔放热情。导游人员讲解时如火的热情，对所讲解的景区表现出来真挚的热爱，让游客感受到一种具有较高水平的职业化解说。第二，幽默诙谐，妙趣横生。第三，平实，质朴，稳健。

导游语言艺术技巧

  为了做好导游工作,不仅要有高尚的道德情操,爱岗敬业、知识渊博,并且要有应付、处理各种突发事情的能力,还要掌握导游艺术技巧。所谓导游艺术技巧,就是指导游工作中所表现出来的导游方法和导游技巧的多样性、灵活性及创造性的有机结合。我们所说的导游艺术技巧是运用在导游工作的全部过程中的。一名合格的导游必须能够娴熟运用导游艺术技巧,要善于处理好旅游全过程中的各种关系,解决好各种问题,并使自己的实地导游讲解内容生动、富有魅力。导游的对象千差万别,每个游客的个人生活经历与个性特征都各不相同;导游讲解的内容所涉及的领域和范围几乎包含了整个社会,而且每一次导游讲解,也仅仅反映了其中的一个局部或一个侧面。导游特殊的工作性质、工作对象和工作内容,决定了导游讲解方法的灵活性和创造性,要求导游人员的工作必须具有较强的艺术性。

对导游人员的要求

  (1) 视野开阔,导游接待的游客来自大江南北,他们的经历、经济地位、生活水平、文化修养、兴趣爱好都不同,因此要做好接待工作,导游必须有开阔的视野;

  (2) 针对性强,导游人员讲解时,一定要根据游客的不同情况,针对不同的对象按照不同的方法进行讲解;人情味要浓,导游人员要真心实意地为游客服务,要有一颗炽热的心、用满腔的热情去感染他们;

  (3) 崇高的思想品行,从解说词可以看到导游人员一颗热爱社会主义祖国的心,看出他对祖国传统文化、山河大地、名胜古迹由衷的热爱之情。

第三节　旅游服务质量构成

案例 2-5

一位客人在点评网里的留言

  我几乎每年冬天来三亚度假,都会选择里兹卡尔顿入住。当我们下车时,所有人都受到了洋兰编织花环的迎接,猜测这可能是用于识别新顾客的一种手段吧,感觉花环很新鲜、很漂亮,真心不错。虽然客人很多,但排队和客房入住手续在20分钟之内就办好了,等待期间有服务人员送来了微冰的解暑饮料,服务的时间刚刚好,饮料的口感也很好。前台的小姑娘安排行李员将我们的行李送到房间并根据我们的要求直接在前台为我们预订了晚上18:30润园中餐厅的六人位。

酒店房间比较大，设备也比较新，卫生间也很敞亮，如厕区、淋浴区是半独立的，略有疑惑的是淋浴房的门若朝内开会更合理点。朝向游泳池的玻璃门，具有控制空调电源的功能，即打开时空调会自动关闭，这是一项很棒的环保设计。室外有一个防腐木构成的露台，有两个躺椅，并备有浴巾和遮阳伞。往前就是游泳池，水深1.2米左右。从早到晚，大约晚上21:00之前，始终有一位救生员在旁边维护，非常敬业。

第一天的晚餐是在润园中餐厅，菜肴精致可口。后三天的早餐在西餐厅，每天都有新品种更换，而且菜品供应比很多酒店都要丰富些，烟熏三文鱼、布拉格火腿等都有充分的供应，煎蛋也是几乎随到随拿，每日供应的早餐水果品种在6种以上。早餐餐厅服务员殷勤周到的服务使顾客确有宾至如归之感，令人印象深刻。

总的来说，里兹卡尔顿给我留下了很好的印象，确实达到了比较高的服务水平。我们在客房内需要餐盘、刀叉、冰块和饮用水等，差不多都会在10分钟内送到；铺夜床时能够细心地注意到弄湿的浴袍并及时换成新的；在看到"阅读灯坏"的留言时，能够准时在客人外出的三小时内更换。如果说有什么瑕疵的话，那就是只有一天收到了挂在门上的报纸，对于爱看传统纸媒的我来说略微有些遗憾。

我想以后的度假，我们还是会选择这里的。

——来自大众点评网"会飞的鱼"网评

案例分析：

（1）从这篇网络评论中，你能分析这位客人对酒店表示满意最主要体现在哪些方面？

（2）顾客觉得酒店有哪些不足应该改进？

（3）请从旅游服务质量构成要素和酒店服务质量管理体系要求等方面分析这位客人表示会继续光临里兹卡尔顿酒店的原因。

美国著名的服务研究和咨询家谢纳汉指出：酒店正处在"服务革命的前夜"，这场革命使酒店的服务必须注重"顾客的需求"、"顾客的感受"，按"以顾客为中心"的原则，围绕"顾客高度满意"这一核心，重新思考、评价和改造以前的管理模式及实施对应的有效措施，以达到控制服务质量的目的。

一、旅游服务质量概念

（一）服务质量定义

服务质量是指产品生产的服务或服务业满足规定或潜在要求或需要的特征和特性的总和。特性是用以区分不同类别的产品或服务的概念，如旅游有陶冶人的性情给人愉悦的特性，酒店有给人提供休息场所的特性。特征则是用以区分同类服务中不同规格、档次、品位的概念。服务质量最表层的内涵应包括服务的安全性、适用性、有效性和经济性等一般要求。

（二）旅游服务质量定义

旅游服务质量是指顾客在旅游活动中所体验的服务表现的总和，即旅游企业所提供的

服务对顾客需求满足程度的综合表现。鉴于旅游服务交易过程的顾客参与性和生产与消费的不可分离性,旅游服务质量必须经顾客认可,并被顾客识别。其内涵应包括:

(1) 旅游服务质量是顾客感知的对象;

(2) 旅游服务质量要有客观方法加以制定和衡量,更多地按顾客的主观认识加以衡量和检验;

(3) 旅游服务质量发生在服务生产和交易的过程之中;

(4) 旅游服务质量是在服务企业与顾客交易的真实瞬间实现的;

(5) 旅游服务质量的提高需要内部形成有效管理和支持系统。

二、旅游服务质量构成

旅游服务质量既是服务本身的特性与特征的总和,也是消费者感知的反映,因而旅游服务质量由服务的技术质量、职能质量、形象质量、关系质量和真实瞬间构成。

(一) 技术质量

技术质量是指旅游服务结果的质量,即服务过程的产出过程中,旅游企业提供的服务项目、服务时间、设施设备、服务规范与质量标准、环境氛围等满足顾客需求的程度。例如酒店为顾客提供的客房和床位,餐厅为顾客提供的菜肴和酒水,航空公司为顾客提供的飞机、舱位等服务,旅行社网点设置的方便程度等。服务结果是顾客服务体验的重要组成部分,顾客容易感知技术质量,顾客对它的评价往往较为客观。

(二) 职能质量

职能质量是指旅游服务过程的质量,即在旅游服务推广的过程中,顾客所感受到的服务人员在履行职责时给顾客带来的利益和享受。旅游服务具有生产和消费同时性的特征,在服务过程中发生的互动关系,必然会影响顾客感知的服务质量。职能质量与服务人员的仪容仪表、礼节礼貌、宾客意识、服务态度、服务流程、服务技能与技巧等有关,还与顾客的心理特征、知识素养、个人偏好等因素相关。同时,服务质量还受其他外在条件或因素的影响,例如服务现场其他顾客对服务质量的评价等。因此,顾客对职能服务质量的评价往往表现得较为主观。

(三) 形象质量

形象质量指企业在社会公众心目中形成的总体印象。企业形象通过视觉识别、理念识别及行为识别等系统多层次地体现。顾客可从企业的资源、组织结构、市场运作、企业行为方式等多个侧面认识企业形象。企业形象质量是顾客感知服务质量的过滤器。如果企业拥有良好的形象质量,些许的失误会取得顾客的谅解;如果失误频繁发生,则必然会破坏企业形象;倘若企业形象不佳,则企业任何细微的失误都会给顾客造成很坏的印象。

(四) 关系质量

关系质量指顾客对服务性企业及其员工的信任感和满意程度,顾客对关系质量的评价一般比较主观。为顾客提供专业服务(例如会计服务)、金融服务(例如保险服务)和商业服务(例如广告代理服务)的服务性企业应重视关系质量。

(五）真实瞬间

真实瞬间指服务过程中顾客与企业进行服务接触的过程,英文表达为 moment of truth,也称为"关键时刻"。在一个特定的时间和地点,企业向顾客展示自己的服务质量。真实瞬间是服务质量展示的有限时机。一旦该时机过去,服务交易结束,企业也就无法改变顾客对服务质量的感知;如果在这一瞬间服务质量出了问题,便无法补救。真实瞬间是服务质量构成的特殊因素,这是有形产品质量所不包含的因素。

技术质量和职能性质量相互作用、相互影响,形成一个有机的统一体,构成了感知服务质量的基本内容。二者之间资源的合理配置有助于关系服务质量的优化。在服务质量的形成过程中,旅游服务质量的内容、关系与传导方式直接影响顾客满意度,其间的真实瞬间往往造就了顾客对服务质量的一个个主观评价。服务生产和传送过程应计划周密,执行有序,防止棘手的"真实的瞬间"出现,更要防止服务质量出现失控状况并任其恶性发展。表 2-4 所示为旅游服务质量构成的三个方面。

表 2-4 旅游服务质量构成的三个层面

质量层面	含 义	评价角度	示 例
技术质量	服务的技术要求和指标规定	从纯技术角度	餐桌摆台的一系列具体要求
职能质量	服务的效果和实现的功能	从顾客感受角度	摆放的餐具是否让顾客感到方便、合用
关系质量	服务过程中客人与服务人员交往		在现场摆台过程中,服务人员的操作是否让顾客感觉得体、自在

三、旅游服务质量特性

（一）整体性

从总体角度来看,旅游活动具有综合性特征,包括食、住、行、游、娱、购等六大要素。在旅游过程中,顾客通过与服务机构或服务人员接触,真实地感知各个服务环节每个"真实瞬间"的服务水平,从而形成整体旅游服务质量的评价,因而旅游服务质量体现着整体性的特征。从旅游企业角度来看,服务质量的形成需要全员的参与,不仅与顾客直接接触的服务人员会影响顾客感知的服务质量,其他员工如服务辅助工作人员也会间接影响服务质量。

（二）波动性

旅游服务质量的波动性主要表现为:一个方面是旅游企业的员工在服务过程中由于自身或企业内部其他因素的影响,使每一次的服务质量不可能完全保持一致;另一方面源于旅游服务的季节性导致服务质量存在不稳定性。在旅游旺季,顾客需求往往超过旅游企业的接待能力,服务人员超负荷的工作量势必影响服务质量的一致性。

（三）阶段性

从旅游活动的整体角度来看,旅游服务质量表现在以下三个关键阶段:第一阶段是顾客在客源地与组团旅行社、航空公司或异地旅游企业所发生的互动关系的质量;第二阶段是顾客在旅游目的地与相关旅游企业所发生的互动关系的质量;第三阶段是顾客返回客源地与组团旅行社或旅游目的地相关旅游企业所发生的延伸服务关系的质量。从旅游企业和顾客角度来看,由于旅游企业的职能分工以及顾客自身活动规律的过程性,也决定了旅游服务质量的阶段性。

（四）主观性

顾客对服务质量的感知,主要来自于主观期望、心理感觉、个人判断等主观感受,这些主观感受往往是文化背景、个人素养、心理偏好、个人经历等相互作用的结果,因此极有可能存在相同的服务质量得到不同顾客不同的质量评价。旅游服务质量的这一特点,与旅游服务的不可感知性与不可分离性有关。由于不可感知性,服务质量缺乏较为客观的评价标准,顾客的主观标准便成为较为重要的评价标准之一。由于不可分离性,服务质量的形成必须有顾客的参与,而服务质量的感知更多地表现为顾客的一种心理体验,不可避免地带着顾客的主观烙印。

（五）有形性

有形性是指服务机构能通过组成服务的有形元素如服务场所的环境、设施、工具、人员、信息等向顾客展示服务的质量。主要体现在服务企业有现代化的服务设施,服务设施具有吸引力,员工有整洁的服装和外套,公司的设施与其所提供的服务相匹配。

（六）可靠性

可靠性是决定服务质量感知最重要的因素。可靠性意味着旅游企业能按照服务承诺行事,包括提供服务、解决问题、价格履行等各方面的承诺。正是由于旅游服务的不可感知性,顾客希望与信守承诺的旅游企业进行交易,以降低购买服务的潜在风险。例如:顾客希望航空公司的飞机能正点起飞按时抵达;顾客希望旅行社能按照承诺的旅游路线、食宿标准、餐饮规格提供服务。

（七）响应性

响应性是指旅游企业随时准备帮助客人,并提供迅速、有效的服务,主要体现在旅游企业服务传递系统的效率机制方面,并反映出旅游企业是否以顾客为核心设计服务传递系统。响应性意味着能对顾客的要求、询问、投诉等各项服务问题做出快捷的反应,以有效减少顾客的等候时间。例如:Hyatt饭店针对办理登记入住的时间过长这一问题,开发了"一触即可"的自动登记系统,提前预订的客人的登记时间不超过60秒钟,使得整个登记过程便捷更省时。

（八）复原性

在发生服务过错时,如果服务机构能诚恳地认错并及时地采取补救措施复原顾客所需的服务,就可能消解顾客的怨气,平息矛盾,转"危"为安。如一个客人预订的普通标准间,因为其他团队客人延迟退房导致不能正常办理入住手续,为此前台接待向客人道歉并安排其按原预订价享受豪华标准房,从而让顾客停止了抱怨。

四、服务质量影响要素

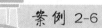

案例 2-6

中国历史人物的心理服务绝技

清朝历史上,乾隆皇帝对大臣和珅宠遇长达 20 多年,和珅究竟凭借何种功夫,讨得乾隆皇帝欢心呢?尽管后世对和珅的专权贪腐行为不齿,但和珅并非不学无术,相反,他在揣摩自己终身服务对象(乾隆皇帝)的心理方面,有其过人之处,堪称大师!据《和珅列传》记载,和珅的记忆力惊人、聪明决断、办事利索、多才多艺。乾隆在《平定廓尔喀十五功臣图赞》中特别提到和珅精通满、汉、蒙古、西藏四种文字。和珅的另一手腕就是投乾隆皇帝所好。乾隆喜欢吟诗作赋,和珅就下功夫收集乾隆的诗作,并对其用典、诗风、喜用的词句了解得一清二楚,闲来还有所唱和,令乾隆对他另眼相看。乾隆是一个非常诙谐的人,喜欢与臣子开玩笑。因此,和珅经常给乾隆讲一些市井的俚语笑话,令龙心大悦。乾隆的母后去世时,和珅的表现最为特别,他并不像其他皇亲国戚或大臣们那样一味地劝皇上节哀,而是默默地陪着乾隆跪泣,不思寝食,几天下来,形容枯槁。如此能与皇帝感同身受的,朝中就只有和珅一人!凡此种种,他对乾隆的脾气、爱好、生活习惯、思维方式了如指掌,可以想乾隆之所想,急乾隆之所急。这与一般的曲意逢迎、阿谀献媚有所不同。这许多逢迎行为都是将心比心、悉心揣摩的结果。

案例分析:纵观和珅及其他在皇帝身边受宠的历史人物,都有其共同点:善解人意,对其服务的对象(主子)心理、喜好了如指掌;投其所好,善于总结并付诸行动,用心做人、做事,摆得正主人与仆从的关系,对于各种关系游刃有余。由此可知,在旅游服务业,充分了解顾客的喜好,多做积累,善于总结,勤于思考,有备无患,方能服务好每一位客人。

对旅游服务质量影响因素的认识有助于全面理解旅游服务质量的构成,为设计旅游服务质量评估体系与提升顾客满意度提供依据。

(一)旅游服务质量标准

旅游服务的异质性,使旅游企业必须制定严格的服务质量标准和规范的质量管理体系,才能持续保证优质的服务质量。旅游业中有公认的行业标准,可以为旅游企业的服务质量标准提供依据,例如《中华人民共和国旅游涉外饭店星级标准》、《旅行社服务质量保证书》、ISO9000 质量认证、ISO14000 质量认证等。旅游企业也会根据企业的经营性质和服务内容制定相应的服务标准,例如里兹卡尔顿酒店的全面质量管理的黄金标准,IHG 集团的《假日饭店标准手册》等。旅游企业的员工按照标准化、规范化的程序提供服务时,才能保证顾客感知的服务质量基本达标。

(二)旅游服务质量传递过程

顾客参与旅游服务的生产过程,并以过程的感知结果为依据,进行服务质量的基本评价。因此,旅游服务传递系统的设计要符合顾客的活动和行为规律,并保持不同过程之间的有机衔接,以保证顾客感知的良好效果。另外,旅游企业需要对服务传递过程进行全面监控:第一,可以对顾客的需求做出快速反应,以更好地满足顾客的需求;第二,可以加强与服务人员的沟通,以发现服务传递系统中存在的问题,为不断改进服务质量提供依据;第三,旅游企业还需要合理配置服务资源,增强过程的协调性和灵活性,以保证顾客对服务过程质量做出积极的评价。

(三)旅游服务质量结构

旅游服务质量结构是指旅游企业的有形设施、辅助设备和组织设计是否能有效满足顾客的需求。首先,服务设施和辅助设备直接影响顾客感知的技术性质量,服务设施决定了服务提供的数量,辅助设备影响服务的效率。设施设备的闲置或超负荷运转都是对服务资源的浪费,也会影响服务质量的输出。其次,组织的设计应与服务性质相适应。组织机构设计不合理,服务传递效率较低,会影响顾客对服务质量的评价。组织的柔性设计可以对顾客的需求做出快速反应,并能及时解决服务现场的问题,提高服务传递的效率。最后,人员的配备也要与运营容量相适应。人员过多,服务人员之间会相互干扰,也会影响服务质量水平。人员过少,顾客等候的时间加长,势必也会影响顾客的满意度。

(四)旅游服务质量结果

旅游服务质量还需要以服务结果来衡量,通过顾客意见调查等市场调研手段,可以得到顾客对服务结果是否满意的信息。常用的服务结果调研方法主要包括顾客意见表、顾客满意度调查、顾客投诉、走访 VIP 客人、大众点评网络意见搜集等。其中,顾客投诉或抱怨是反映服务质量结果最重要的指标,旅游企业管理者应认真对待、及时处理,还要分析意见、整理归档,并提出改进服务质量的方案与行动计划。

(五)旅游服务质量影响

旅游服务质量的影响反映在两个方面:一是旅游服务质量的时间影响,即服务是否给顾客创造了满意的经历,使得他们愿意再次光临或进行正面的口碑宣传。二是旅游服务的空间影响,即旅游服务给顾客带来的空间方便利益。旅游服务的可获性暗示了旅游企业服务质量的高低,也是顾客评价服务质量的重要因素。例如休斯敦的 Marriott 酒店在地铁出口处设立"移动的总服务台"为顾客登记,以方便顾客直接从地铁口到客房。整个过程简单迅捷,客人无须再穿越大堂,也不必再到总服务台办理入住手续,给顾客的消费带来了方便。

五、旅游服务质量测定

(一)测定标准

(1)规范化和技能化:顾客相信服务供应方有必备的知识和技能,能规范作业,解决顾客疑难问题。

(2) 态度和行为：顾客感到服务人员用友好的态度主动关心照顾他们，并以实际行动为顾客排忧解难。

(3) 可亲近性和灵活性：顾客认为服务供应者的地理位置、营业时间、职员和营运系统的设计和操作便于服务，并能灵活地根据顾客要求随时加以调整。

(4) 可靠性和忠诚感：顾客确信，无论发生什么情况，他们能够依赖服务供应者及其职员和营运系统。服务供应者能够遵守承诺，尽心竭力地满足顾客的需求。

(5) 自我修复：顾客知道，无论何时出现意外，服务供应者将迅速有效地采取行动，控制局势，寻找新的可行的补救措施。

(6) 名誉和可信性：顾客相信，服务供应者经营活动可以依赖，物有所值。相信其优良业绩和超凡价值，可以与顾客共同分享。

在六个标准中规范化和技能化与技术质量有关，名誉和可信性与形象有关，它可充当过滤器的作用。而其余四项标准，即态度和行为，可接近性和灵活性，可靠性和忠诚感，自我修复，都显然与过程有关，代表了职能质量。

可感知的控制和自我修复之间的关系是显而易见的。如果有突发事件发生，例如航班因技术原因晚点，由于缺少监督，顾客丧失对局势的控制能力，会感到紧张不安。如果航空公司职员能够迅速、及时、有效地向候机乘客说明缘由，并告知晚点的准确时间，让乘客具有一定的可感知控制。在告诉乘客目前困境的基础上，为乘客解决因飞机晚点带来的相应问题，进行自我修复。

(二) 测定方法

(1) 服务质量测定一般采取评分量化的方式进行，其具体程序如下：

第一步，测定顾客的预期服务质量；

第二步，测定顾客的感知服务质量；

第三步，确定服务质量，即服务质量＝预期服务质量－感知服务质量。

(2) 对服务质量的评分量化的大致步骤如下：

第一步，选取服务质量的评价标准；

第二步，根据各条标准在所调查的服务行业的地位确定权数；

第三步，根据每条标准设计 4～5 个具体问题；

第四步，制作问卷；

第五步，发放问卷，请顾客逐条评分；

第六步，对问卷进行综合统计；

第七步，采用第三章涉及的消费者期望值模型分别测算出预期服务质量和感知服务质量；

第八步，根据上述公式，求得差距值，其总值越大，表明感知服务质量离预期服务质量差距越大，服务质量差，相反，则服务质量好。

知识链接　旅游服务质量提升纲要(2009—2015年)

详见中华人民共和国政府网:http://www.gov.cn/gzdt/2009-03/21/content_1264905_2.htm。

延伸阅读　　酒店服务质量黄金标准

酒店服务质量的"黄金标准"是从客人的角度出发,对酒店服务的环境、产品、人员三个方面提出的基本要求,是酒店视觉形象、服务功能性以及精神享受方面最本质的标准化服务规范。

黄金标准一:凡是客人看到的必须是整洁美观的。

众所周知,客人认识一个酒店往往是从表面开始的,如酒店的立面、台面、墙面、顶面、地面、脸面等,由此形成对酒店的初步感觉。整洁,即整齐清洁;美观,即给客人一种美的享受。它是酒店环境、服务气氛的基本要求,是给客人的第一视觉印象。整洁美观,首先必须注意酒店的店容店貌,酒店装修要精致典雅;装饰布置要画龙点睛;物品摆放要整齐有序;酒店环境要洁净美观;酒店气氛要井然有序。其次必须注意员工的服饰、仪表与举止,要求做到端庄、得体和大方。

黄金标准二:凡是提供给客人使用的必须是有效的。

有效是客人对酒店服务的核心需求。酒店服务的有效,首先表现为设施设备的有效。这就要求酒店的功能布局要合理,设施要配套,设备要完好,运行要正常,使用要方便。要求酒店服务项目的设置要到位,服务时间的安排要合理,服务程序的设计要科学,服务方式的选择要恰当,服务标准的制定要适度,员工的服务技能要熟练。

黄金标准三:凡是提供给客人使用的必须是安全的。

"安全",即酒店所提供的环境、设施、用品及服务必须保证客人人身、财产和心理的安全。安全是客人的最低层次的需求。要保障客人的安全,首先要保证设施设备的安全性,比如科学安全的装修设计、完善的消防设施、有效的防盗装置、规范的设备安装等。其次要保证安全管理的有效性,比如科学完善的安全管理制度、有效的安全防范措施等。再次要保证服务的安全性,如科学合理的操作规程,人性化的服务方式,尊重客人的隐私,保证客房私密性等。

黄金标准四:凡是酒店员工对待客人必须是亲切礼貌的。

亲切礼貌是酒店对顾客服务态度的基本要求。其主要表现在员工的面部表情、语言表达与行为举止三个方面。

面部表情,微笑服务始终是最基本的原则。但是仅仅有微笑是不够的。微笑服务,美在仪表仪态,贵在热情真诚,重在技术专业,巧在交流沟通。也就是说,微笑服务要与自身的仪表仪态相统一,同时要对客人有发自内心的热情,辅以柔和、友好、热情、亲切的目光,并在服务中及时与客人沟通,才能笑得自然、笑得自信。

语言表达即服务用语,首先必须注意礼貌性。要用尊称称呼客人;客人进入时要有迎候语;与客人见面时要有问候语;提醒客人时要用关照语;客人召唤时要用应答语;得到客人的付款、协助或谅解时要有致谢语;客人致谢时要用回谢语;由于酒店自身条件不足或工作疏忽未满足客人需要或给客人带来麻烦时要有致歉语,要询问客人或要求配合时也要先致歉意;客人着急或感到为难时要及时安慰;客人离店时要有告别语。其次必须注意艺术性和灵活性。交谈中要理解客人的心理,做到有的放矢,不致盲目服务。

行为举止,则主要体现在主动和礼仪上,如主动让道,主动帮助,注重礼节等。

实践活动

1. 在旅游实践中观察接触到的各种旅游服务的特征,并根据服务特征辨别旅游服务与一般服务的区别。同时,记录下你旅游经历中对导游讲解的真实感受,思考怎样提供优质的具有艺术美的讲解服务。

2. 了解你身边的服务、服务产品,以及服务与产品之间的联系。讨论人一天的日常生活中,会接触到哪些服务,包括公共服务以及服务商品等。对你接触到的服务进行分类,深入理解服务的特征。

第三章

旅游服务期望与顾客感知

本章导读

顾客感知是顾客与服务系统之间互动过程中的"真实瞬间",是影响顾客服务感知的直接来源,顾客感知又以服务接触能力为基础。相比"服务结果","服务过程"的接触更能影响顾客满意或质量感知。服务的"功能性品质"比"技术性品质"更重要,因此,服务者往往会设法提高服务的功能性品质,提升顾客接触的良好印象,从而改善顾客的服务感知。顾客对于服务的感受,是在与服务提供者接触的瞬间形成的。由于服务接触过程涉及较多的顾客参与和互动,增加了服务提供时的不确定性和运作管理上的难度与复杂性,任一接触环节应对不当,都可能会引起顾客的不满,因此,对服务接触过程的服务质量进行监控、测评和改进,已经成为各类服务运作和质量管理的重点与难点。服务接触的重要性在于让我们实际观察到服务质量,同时有助于针对服务传递的产生过程、互动行为及结果评估间的关联性进行评估,并将互动结果反馈给顾客、服务人员及企业管理层。

本章使用面对面服务的品质层次、分类以及服务者特点的5S原则去分析顾客感知的含义、内容和层次。通过服务消费的特点进行服务消费过程分析,明确成功的旅游服务组织都是以顾客为导向的,应对顾客进行深刻全面的了解,以便比竞争者更有效地满足顾客的需要和期望。

学习目标

1. 知识目标:通过本章的学习,理解并掌握旅游服务经历、旅游服务感知等核心概念,了解旅游者的服务期望及其成因,学习如何改进旅游服务经历,优化顾客感知。

2. 能力目标:学习寻找经历、期望与感知的联系。由旅游服务经历发现旅游顾客期望,同时根据旅游顾客期望优化旅游顾客感知。

第一节 旅游者的服务期望

案例 3-1

国际金钥匙组织

国际金钥匙组织 U.I.P.G.H(Union Internationale des Portiers des Grand Hotel)既指一种专业化的饭店服务,又指一个国际化的民间专业服务组织;此外还是对具有国际金钥匙组织会员资格的酒店礼宾部职员的特殊称谓;酒店金钥匙将给酒店客人带来惊喜,成为酒店特色化、个性化服务的代表。费迪南德·吉列先生是一名金钥匙,他为金钥匙事业呕心沥血,是金钥匙组织的主要创始人,被尊称为"金钥匙之父"。

Great China Best Story of IHG

2015年6月,国际金钥匙组织中国区福州地区首席代表、福州世茂洲际酒店首席礼宾司孙东先生获得了"Greater China Best Story"殊荣。2004年8月,高等警官学院毕业的他,原本有着别人向往的公务员工作。可他毅然决然加入到了香格里拉酒店任职门童,从此开启了自己的酒店人生。孙先生先后在洲际集团旗下国贸假日酒店、西安皇冠假日酒店、唐山万达洲际酒店礼宾部任职,经洲际集团区域人事选调,孙先生从三岔湖长岛天堂洲际酒店调往筹备开业的福州世茂洲际酒店任职首席礼宾司。一个外地人在福州任职首席礼宾司,遇到的问题首先是怎么了解本地。利用下班时间,孙先生步行、骑自行车、乘公交丈量完了福州所辖的五区八县,为洲际礼宾在福州的"in the know"打下了坚实基础。他拜访了福州各大星级酒店的礼宾部负责人,这为2014年9月国际金钥匙组织中国区福州地区的成立奠定了基础。

现在他已是拥有10多年丰富礼宾工作经验的"InterContinental Concierge"洲际礼宾。他深入洞悉着有福之州,为来自上海的客人找寻孩提时代在福州求学的小庙,为法国客人从福州送遗留护照到厦门机场,为已经离店一年的客人收集星巴克星享卡,为一个陌生客人远赴厦门安排……他能记得每一位入住客人的姓氏,他能准确说出每位客人的入住次数、喜好、忌讳,最重要的是他能记得酒店所有同事的生日。

首席代表的心语

国际金钥匙组织中国区首席代表孙东对自己的事业有如下的认识:我热爱我现在的工作,因为我在这份工作中找到了真正的自我。我觉得当我满头白发,还依然身着燕尾服,站在大堂里跟我熟悉的宾客打招呼时,我会感到这是我人生最大的满足。我以我自己能够终生去做一名专业服务人员而骄傲,因为我每天都在帮助别人,客人在我这里得到的是惊喜,而我们也在客人的惊喜中找到了富有的人生。我们未必会有大笔金钱,但是我们一定不会贫穷,因为我们拥有智慧、经验,拥有为人解决困难的知识和技能,拥有忠诚和信誉,当然我们还有一个有爱的家庭,所有这些,构成了我们今天的生活。青年朋友们,富有的人生不难找,它就在我们生活的每一天当中,就在我们为别人带来的每一份惊喜的当中。礼迎天下,宾至如归;我不是服务员,我是金钥匙;这不是我的工作,是我的事业;这也不仅仅是我的服务,而是我一生的作品。

案例分析:"在客人的惊喜中找到富有的人生"、"在服务他人中找到自己人生的价值"、"理想与现实统一的思维方式"成为中国金钥匙服务的哲学思想。服务的极致在于给人以惊喜,客人因为感受到超值的服务而喜出望外,这是一种高附加值的服务,其核心是"高效+优质+个性内涵"。金钥匙的成功体现在,他们把服务做成了一项"满足顾客期望"、"给予顾客惊喜"的事业。

一、服务消费

(一)服务消费的特点

所谓服务消费,是指服务从生产者转移到消费者手中并发挥效用的全部过程。在这个过程中,服务消费商品发挥效用的机理和物质商品并不相同,服务消费的特点具体表现如下:

(1)活动性,服务消费的对象也就是服务常常作为一种活动体现出来,一般不具有实物形态;

(2)同一性,服务消费的过程同时就是服务生产的过程;

(3)依赖性,服务的提供对于劳动者个人的能力、素质的依赖程度较高。

(二)服务消费的属性

美国经济学家 Nelson 和 Daby、Karni 认为消费产品具有三类与决策有关的属性:

(1)搜索性属性(search attributes),指消费者在购买之前就可以确定的属性,如产品的款式、颜色、价格、触觉等,这样的产品包括服装、珠宝、家具、住宅、汽车等。

(2)体验性属性(experience attributes),指消费者在购买后或消费过程中才能感觉的属性,如汽车、餐旅、度假、美容美发、儿童护理等。

(3)信誉属性(reputation attributes),指消费者在购买或消费之后仍然无法评估的属性,但可以通过服务者的信誉加以参考,如电器维修、咨询服务、牙医服务、汽车修理、医疗服务等。

美国著名服务营销学者 V. A. Zeithmal 根据消费者评估难易程度设计了一个服务-产品连续区间,他认为服务的无形性、差异性以及现场性导致服务的搜索属性很少,而体验属性较多。特别是由专业人员提供的服务,信誉属性占主导地位。

服务消费属性示意图如图 3-1 所示。

(三)服务消费决策的过程

1. 搜索信息

搜索信息主要从个人信息来源(如亲友和专家)和非个人信息来源(如公开的大众传播

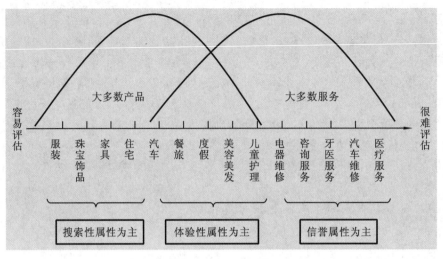

图 3-1　服务消费属性

渠道)获取产品与服务的信息。为什么在购买服务时,消费者更重视个人信息来源？因为,大众传播媒介无法传播体验性属性的信息。其次,由于许多服务企业是地区性小型企业,不可能大规模进行广告宣传,导致消费者在购买服务之前无法了解服务产品的相关属性,所以消费者更倾向于依赖个人信息来源。

2. 建立评估标准

消费者在购买之前会根据自己的消费目的和需要,确定几类评估标准(如款式、价格、包装、景点数量等),对许多服务而言,消费者往往只能根据价格和服务企业的有形证据来简单判断。

3. 品牌联想

面对众多的相似服务产品,消费者一般根据能够联想起的品牌加以区分。所以服务企业的品牌美誉度对消费者的决策十分关键。

为什么购买服务产品会感到有较大的风险？服务产品的无形性决定了服务消费以体验性属性为主,消费者在事前只能根据有限的信息来选择服务,所以风险较大。服务的现场性决定了服务质量的不稳定,因此在购买服务之前无法确定消费的服务质量,这自然就增加了顾客的感觉风险。许多服务的专业性很强,顾客由于缺乏必要的知识与经验而无法判断服务质量,从而感觉到风险。图 3-2 所示为服务消费的过程。

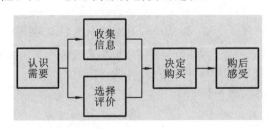

图 3-2　服务消费过程

(四)服务消费过程的相关理论

1. 服务角色理论

该理论由美国营销学家 Michael R. Solomon、J. A. Czepiel、Evelyn G. Gutman 等引入。该理论的主要观点有:在面对面的服务中顾客和服务人员分别扮演着不同角色,角色与互补角色共同构成了服务过程中的角色系列;不同的服务场景需要不同的角色模式和相关角色知识;理想化剧本与标准角色模式,新服务剧本与模糊角色知识;角色扮演是后天习得的,角色期望和社会化仪式决定着行为方式。

2. 服务剧本理论

美国营销学家 Stephen Grove 和 Raymond Fisk 认为服务经历与戏剧十分类似。服务剧本就是服务活动参与者或观察者预期的服务过程;服务剧本规定了角色系列在服务过程中应有的行为方式;服务剧本是消费者理解各种服务结果、确定服务评价标准的基础(如豪华餐厅与一般餐厅的服务剧本有区别)。

(五)服务消费的评价过程及特点

1. 信息搜寻

消费者购买服务消费通常从两类渠道获取信息:一是人际渠道,二是非人际渠道,即产品本身、广告、新闻媒介等。服务消费更依赖于人际来源,原因有三点:

(1)服务产品特性,大众媒体多适合于传递有关有形产品特征方面的信息,服务产品多具有经验性特征及可信任特征,只适合于消费者向社会相关群体获取;

(2)服务商,服务提供者往往是独立机构,它们不会专为生产者产品做有关经验特征的广告,而生产商与中间商所采用的联合广告往往侧重于产品本身的性能、质量,而不会专门为服务做广告;

(3)消费者规避风险,消费者在购买服务之前很难了解到服务的特征,为了避免购买的风险,乐意接受相关群体口头传播的信息,认为这样的信息可靠性较强。

2. 质量标准

质量标准只局限于价格和各种设施服务等方面,服务质量判断标准的单一性或连带性容易造成假象,对消费者造成误导。比如:在管道维修、物业管理、草坪剪修等服务行业,消费者在购买服务之前只能获得价格方面的信息,只能通过价格高低来判断服务质量;在理发、法律咨询和健身等服务行业,消费者则要根据有形的服务设计,包括办公室、场所、人员及其设备等来判断。在许多情况下,服务质量不一定与价格成正比关系,服务场所的设计和设备也不一定形成良好的服务质量。

3. 风险认知

服务的不可感知性和经验性特征,决定了消费者在购买商品之前所获得的有关信息较少,信息越少伴随的风险越大;服务质量没有统一的标准可以衡量,消费者在购买产品的过程中不确定性增强;即使顾客在消费服务的过程中或结束后感到不满意,也无法重新更改或退还;许多服务都具有很强或较强的技术性或专业性,有时即使在享用过服务之后,消费者也缺乏足够的知识或经验对其进行评价。

4. 品牌忠诚度

消费者对品牌的忠诚,主要体现在以下几个方面。

(1) 满足社会心理需求。消费者认为品牌是身份地位的一种象征,购买品牌产品可以获得他人和社会的认同,在心理上获得一种身份地位的满足感。

(2) 以往的经验。当产品的品牌形象与消费者的自我形象意识一致时,便会选择这种产品来维持和提高自身的形象。

(3) 降低购买风险。品牌产品的质量一般有保证,品牌忠诚度有利于降低消费者的购买风险。

(4) 降低时间成本。当消费者对一个产品的品牌树立了很高的忠诚时,便会一直购买这种产品,从而减少考虑和选择的时间。

(5) 替代品的适用性。人们对某一品牌态度的变化,多是通过与可替代的竞争产品相比较而产生的。根据顾客对竞争对手产品的态度,可以判断顾客对其他品牌的产品忠诚度的高低。如果顾客对竞争对手产品兴趣浓,好感强,就说明对某一品牌的忠诚度低。如果顾客对其他品牌的产品没有好感,兴趣不大,就说明对某一品牌产品的忠诚度高。图 3-3 所示为顾客满意与顾客忠诚的关系。

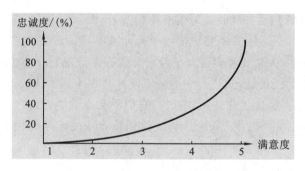

图 3-3　顾客满意与顾客忠诚的关系

5. 对不满意的归咎

由于在服务消费过程中,顾客在很大程度上参与了服务的生产过程,消费者会觉得对服务后果的不满意负有一定的责任,或是后悔选择对象不当,或是自责没有给服务提供者讲清要求,或是为没能与对方配合好而自咎。服务质量既是服务提供者的事,也取决于消费者的认同与看法,这为企业引导和调动消费者配合完成服务过程提出了更高的要求。

二、角色期望

 案例 3-2

马来西亚人林先生工作之余常到康乐中心来健身,他喜欢打台球,与服务员都很熟悉,在这里他不仅能与熟人聊天,而且台球技艺也在不断长进,每回与对手打球胜负都基本上各占半数,这使得他没有约束感,能体会到不相上下的竞技魅力。

某日接待他的是一个刚来不久的实习生,小伙子热情接待林先生,并答应陪打服务。但是在短短一个小时的时间里,小伙子干净利落地以大比分赢了林先生两局,让林先生觉得自己像是初学者。他沮丧地提早买了单,并索然无味地离去。

过了好一阵子,林先生都没有来打球,听说他经常出入另一家健身房了。

案例分析:本例中的实习生将自己精湛的球艺发挥得淋漓尽致的时候,忘记了自己的"角色"。"陪打服务"这种特殊的服务项目该如何服务,应该因人而异,向宾客提供"个性化服务",除了需要具备较强的技艺外,还应具备较强的察言观色能力、应变能力、人际关系处理能力等等。该实习生应该时刻牢记自己的"角色",而不是以"自我为中心",应以顾客的"角色期望"为关注焦点,以增强顾客满意为目的,确保顾客的期望得到满足。

(一) 角色期望的概念

角色期望是指人们对某种社会角色的特权、职责和义务的期望和感觉。人们一般会根据角色期望来调整自己的行为,以便与周围其他互补角色的行为保持协调关系。例如餐厅服务员这一角色的互补角色包括顾客、其他服务员、引座员、收银员、厨师、经理等。通过角色社交活动,人们可以预见其他角色扮演者的可能反应,从而获得"了解他人扮演角色"的能力。这种能力对于预见他人行为反应、及时调整自我行为非常有效。

(二) 服务角色的一致性

1. 内部角色一致性

内部角色一致性主要是看服务人员对自己角色的看法与服务管理层对该角色的看法是否一致。主要问题表现:

(1) 角色模糊——不明白自己该干什么(不了解)。

(2) 角色不当——该干的干不好(能力问题)。

(3) 角色负担过重——干得太多了(数量问题)。

(4) 角色矛盾——不该扮演的扮演了(性质问题)。

(5) 角色冲突——不知道该按哪一个干(选择问题)。

2. 外部角色一致性

外部角色一致性主要是看顾客与服务人员对对方角色的看法是否一致。可恰当地表明自己的角色特征,同时规定对对方的角色期望。

3. 保持"顾客永远都是对的"的角色服务意识

顾客是上帝,但是上帝也有犯错误的时候。如果你认为自己是对的,去与顾客发生激烈的争论,最后你占了上风,把顾客说得哑口无言、无地自容,你高兴了。但你得到的是什么呢?什么都没有,只会引起顾客的不满甚至投诉,最终丧失顾客。

案例 3-3

让顾客感觉到自己永远是对的

某酒店的餐厅里,一位客人指着刚上桌的鳜鱼,大声地对服务员说:"我们点的是鳜鱼,这个不是!"他这么一说,同桌的其他客人也随声附和,并要求服务员退换。正当服务员左右为难时,餐厅领班张小姐走了过来。张小姐走到客人座位旁仔细一看,发现服务员给客人上的确实是鳜鱼,心里便明白是客人弄错了。当她看到这位客人的反应比较强烈,其余客人大多都含混不清地点头,请客吃饭的主人虽然要求服务员调换,却显得比较难堪,她立即明白这鳜鱼是请客吃饭的主人点的,而他对那位客人的错误又不好指出。

于是,张小姐对那位投诉的客人说:"先生,如果真是这样,那您不妨再点一条鳜鱼。请您亲自到海鲜池挑选好吗?"客人点头应允。张小姐陪着客人来到海鲜池前,并不着急让客人点鱼,而是先和他聊起天来。稍稍站了一会儿,恰好有其他客人也点鳜鱼,看到服务员将鱼从池子里捞出,客人的脸上立即露出了惊诧的神情。

等点鱼的客人走后,张小姐对这位投诉的客人说:"这就是鳜鱼。"接着,她指着海鲜池前的标签和池中的鱼简要地介绍了一下鳜鱼的特征。最后,她征求客人的意见,"您看您现在点还是等一会儿再点?""这……等一会儿吧。"客人答道。客人回到座位,认真观察了一下,确定是自己弄错了。于是,他面带愧色地向张小姐及服务员道歉,而请客吃饭的主人则向张小姐投来了感激的目光。

案例分析: 酒店服务中有一条金科玉律,即"客人永远是对的"。因此在服务过程中,即使明知客人犯了错误,一般也不要直截了当地指出来,以保全其面子。本案例的领班张小姐虽然明知客人犯了一个常识性的错误,但由于她心中有了"客人永远是对的"这个原则,采取了一种间接的转移现场的方式,让客人亲自到海鲜池前点鱼,从而使客人认识到自己的错误,取消投诉并致歉。这种处理充分显示了领班张小姐的机智与灵活。另外,领班张小姐在投诉处理过程中察言观色的能力也值得肯定,通过观察,她比较准确地了解到其中的微妙关系,所以用语措词都非常谨慎,从而有效避免了请客吃饭的主人和投诉客人之间的尴尬和可能出现的直接对话。

(三)角色投入程度

美国心理学家 T. R. Sarbin 和 V. L. Allen 认为角色的投入程度可以划分为以下几个层次:

(1) 不投入,表现为与自己完全无关,例如已经终止会员资格的顾客;

(2) 无所谓,松散的随意关系,例如逛超市的一般顾客。在较低角色投入层次的服务中,消费者更重视服务的效率和可预见性,顾客满意度与可预见性程度相关;

(3) 仪式化,例行公事,例如职业化的微笑;

(4) 投入,全神贯注,真正地投入;

（5）入迷，完全沉醉其中，例如欣赏音乐。在较高角色投入层次的服务中，消费者更重视服务的个性化，顾客满意度与服务的灵活性和个性化程度相关。

三、改进服务经历，优化顾客感知

案例 3-4

夏日炎炎，某酒店608和609号房间的两位客人各买了一个大西瓜回到房间正准备享用。不巧的是，他们正好被两位楼层服务员碰见。为了避免弄脏地毯和棉织品，这两位服务员分头到客人的房间制止他们在房间里吃西瓜。

服务员A对608房的客人说道："先生，对不起。您不能在房内吃西瓜，会弄脏地毯的。请您去餐厅吧！"

客人很不高兴地答道："你怎么知道我会弄脏地毯，我就喜欢在房间吃。"

服务员A再次向客人解释："实在对不起，您不能在房间里吃西瓜。"

客人生气地说："房间是我的。不用你教训。酒店多得是，我马上就退房。"说罢愤然而去。

服务员B对609房间的客人说："先生，您好！在房间里吃瓜容易弄脏您的居住环境，我们让餐厅为您切好瓜。请您在餐桌旁吃，好吗？"客人答道："餐厅太麻烦了。我不会弄脏房间的。"B又建议道："要不我们把西瓜切好，送到您房间？省得您自己动手，好吗？"客人点点头，说道："那就谢谢你了。"

案例分析：这两位员工的语言可谓"小同大异"，其关键区别有两点：一是考虑问题的出发点不同。A站在酒店角度，B站在客人角度，想客人所想，服务就显得热情亲切。二是他们解决的方法不同。服务员A明确地告诉客人"不能……"毫无商量的余地，使客人产生受控制的感觉。服务员B的语言较为委婉，显出征询客人意见的关切之情。在客人固执己见的情况下，服务员B能灵活地做出合理让步，既坚持了酒店不让客人在房内切瓜的原则，又保住了客人的面子，满足了客人的要求。

（一）理论知识

1. 个人控制理论

美国心理学家J. R. Averill认为个人控制有以下三种形式：

（1）行为控制，指人们通过做出某种行为反应，来直接影响或改变即将发生的某一事件的客观属性；

（2）认识控制，指人们对可能出现的不利事件的认知和评估；

（3）决策控制，指人们通过分析而预先选择一个可能对自己有利的结果。

对服务的控制感是顾客评价服务质量时考虑的重要因素。比如：民航服务活动中，若飞机误点，航空公司应及时提示飞机为何误点、何时起飞、食宿安排等相关问题，以提高乘客认知控制能力，减少埋怨，配合服务。同样，服务人员也希望获得控制感，控制感一方面会影响他们的职业满意度——自豪感,例如,服务人员提供的服务计划得不到最高管理层的支持会产生挫败感;另一方面会影响工作绩效,服务人员对服务过程的相关环节失去控制,会导致服务质量下降,服务效率降低等,最终影响工作绩效。

2. 服务剧本理论

1) 运用服务剧本理论解释服务经历

剧本差异:消费者的记忆中有不同的服务剧本,分别适用于不同的服务情境。

剧本选择:当多个服务剧本都可适用于某一服务场景时,哪一个服务剧本最终形成顾客的期望是由服务开始时的有关暗示和线索决定的。

剧本变化:虽然顾客的记忆中保存有大量的服务剧本,但在实际服务的过程中,顾客大多有一个他们所预期的服务角色行为变化的范围,这体现了消费者角色行为的灵活性。

消费者意识状态:在日常性和仪式化的服务过程中,服务双方的行为高度符合服务剧本的结构,所以消费者一般处于"消极的"无意识状态。

2) 预见性服务与个性化服务

预见性服务是指完全符合服务剧本的设计,能够被角色系列中的其他角色理解和预期的服务行为。

个性化服务是指充分针对顾客的个人特点而设计的服务行为,在个性化服务中,角色期望的指导作用消失。

3) 服务剧本理论与服务角色理论的比较

在角色投入层次较低的服务中,消费者更重视服务的效率和可预见性,顾客满意度与可预见性程度相关。在角色投入层次较高的服务中,消费者更重视服务的个性化,顾客满意度与服务的灵活性和个性化程度相关。表 3-1 所示为服务剧本理论与服务角色理论的特点。

表 3-1 服务剧本理论与服务角色理论的特点

服务理论	关注点	支撑基础	总体评价
服务剧本	服务经历过程(时空过程)	剧本主要是个人化的	比较主观
服务角色	面对面的服务(交互过程)	角色是职业或社会化的	比较客观

(二)服务人员在服务中行使控制权

(1) 有形控制:如民航乘务员在送食品饮料前亮指示灯。

(2) 诱导顾客:服务人员采取主动或抢先行动,引导交往过程,以减少自己的工作压力(点菜、打烊)。

(3) 训导顾客:服务人员向顾客介绍管理规章,要求其服从。

(4) 主观判断:在服务开始之前,服务人员根据有关线索来估计顾客的需求,并依据该主观判断,展开对客服务。

(5) 讨好顾客:在服务中,服务人员采取某些牺牲局部利益的行为来迎合顾客,引导顾客配合自己。

(三) 顾客在服务中行使控制权

(1) 更换选择：通过选择另一家服务供应商，获得更好的服务。

(2) 主动诱导：顾客采取主动或抢先行动，引导交往过程，以避免对自己不利的服务情形（事先声明）。

(3) 主观判断：在服务开始之前，顾客根据有关线索来估计服务人员特点，并依据该主观判断，参与到服务之中。

(4) 小恩小惠：在服务中，顾客采取某些小恩小惠来要求服务人员按自己的要求服务（小费）。

图 3-4 所示为服务各方在行为控制方面存在的矛盾。

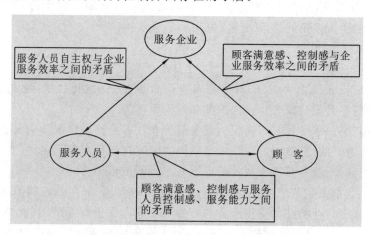

图 3-4　服务各方在行为控制方面存在的矛盾

(四) 服务优化方式

1. 提供优质的面对面服务

(1) 了解顾客需求（要求顾客提供必要信息）；

(2) 说明工作要求和期望（由服务员说明）；

(3) 高效提供服务，减少顾客感知中的风险。

2. 向顾客传递真实信息

服务企业在运营过程中向顾客传递的信息要准确、无歧义、不缺失，如产品的名称、性能、价格等。如果存在多个服务渠道，如呼叫中心、互联网、营业厅都提供服务，那么各个渠道提供的信息必须保持一致。

另外，传递的信息要符合环境和对象的需要。产品、业务等信息在企业内部传递时可能具有专业术语等专业性信息，在向顾客传递时必须进行顾客化转化。手机短信每条不超过70 字，微博不能超过 140 字，信息在通过特殊的渠道传输时，必须考虑渠道的特性。

3. 在力所能及的范围内提供标准化服务

服务标准化是以服务活动作为标准化对象，其研究范围包括国民经济行业中的全部服务活动。开展服务标准化工作，有利于规范各服务行业的市场秩序、提高服务质量、增强服务企业核心竞争力。

服务的标准化可以从不同的角度进行：一是服务流程层面，即服务流程标准的建立，要求对适合这种流程服务标准的目标顾客提供相同步骤的服务；二是提供的具体服务层面，即在各个服务环节中，在一项服务接触或"真实的瞬间"中，服务人员所展现出来的仪表、语言、态度和行为等。

1）服务流程标准化

顾客在接受服务的过程中，一方面希望获得专业化的服务；一方面也希望得到极大的便利，减少等候的时间、方便结算。所以，在进行服务流程标准的设计时，要以向顾客提供便利为原则，而不是为了公司内部实施方便等。例如，病人到医院看病，要经历排队挂号、排队就诊、排队付款、取药四个环节。即便每个环节的服务人员都工作得非常出色，也很难让患者满意。患者身体本来就已经很不舒服了，还要忍受这一系列烦琐的事情，即使由其他人代替，这也不是一个让人愉悦的过程。

2）服务细节标准化

服务的质量与顾客满意度将在很大程度上依赖于"真实瞬间"的情况，如果能在这些"接触瞬间"提炼出可以标准化的部分，对企业本身而言也是一大亮点。"接触点"的服务标准化，主要体现为服务人员的仪表、语言、态度和行为标准等。

如果旅馆将"服务细致周到"，转化为服务员要在顾客允许的情况下为其提行李、在顾客进房时对房间内必需的设备进行介绍、三分钟内为顾客打好热水等等，这样自然就会体现出其服务的细致周到，对服务员所提供的服务也有了判断的依据。

企业在向顾客提供服务的过程中，在着眼于服务的整体、采用系统的方法、标准化服务流程基础上，应根据行业特征和提供服务的特性从不同方面进行细节问题的标准化。当然，强调服务的标准化并不是排斥个性化的服务，提供服务的企业可以根据内部条件和顾客需求进行标准化和个性化的平衡。

4. 做出质量承诺

企业质量安全承诺书的内容包括：一是保证自觉遵守法律法规，按法律法规规定和标准要求，诚信经营，切实担负起企业的主体责任；二是自觉严格进行质量安全管理，完善质量安全控制体系，加强风险防控，加强质量培训，确保产品质量安全；三是定期主动向相关部门报告质量管理和产品质量安全情况、执行相关法律法规情况，自觉接受公共机构的监督管理，及时报告生产经营过程中发现的质量安全问题、存在风险隐患、质量安全问题处理情况，自觉召回不合格产品；四是如有违反以上承诺，企业承担全部责任。

案例 3-5

美容机构的"无效退款"

现在的市场上美容、减肥、丰胸、增高等宣传广告随处可见，不少还以名人宣传、现身说法、免费试用等方式，让消费者体验立竿见影的神奇效果。消费者一下子被诱惑了，却忽视了无效的违约责任，维权相当被动。如果事前双方没约定"无效退款"，无效就并不意味着退款。

张小姐到一家纤体中心体验纤体项目，纤体顾问说她只要一个疗程（两个月）就可减 6 至 10 斤,并出具承诺保证书。张小姐心动了,交了近 9000 元的疗程费,美容院的服务协议书明确承诺,配合公司的服务要求,保证"从目前 53.8 公斤减到 50 公斤左右"。疗程过后,张小姐体重并没有减到 50 公斤左右。张小姐认为纤体中心做出虚假承诺,要求全额退款。

案例分析:拿限制条款搪塞无效退款,据张小姐提供的服务协议书,有 5 项有关达到减肥效果需要张小姐配合的声明和事项,包括疗程进度因个人体质而有差异,因自身健康、疾病等原因影响疗程,还包括科学饮食和按时作息等要求。在接受这些要求的情况下,确实有体重"从目前 53.8 公斤减到 50 公斤左右"的承诺。

但更重要的是,协议内容并未出现"减肥无效退款"的承诺。尽管,纤体中心有减肥承诺,但并不意味着就是"无效退款"的违约责任条款。专家提醒,"无效"不等于"退款"。这仅是美容等服务常用的宣传口号,但消费者千万不要把"无效"与"退款"画等号。

5. 树立良好的品牌形象

品牌形象塑造是一项长期而艰巨的任务,它不是哪一个人或哪一个具体行动就可以完成的。它需要按照一定原则,通过一定途径,全方位地精心塑造。具体有以下途径:

1) 加强品牌管理

首先要求企业高层领导亲自过问品牌问题,把形象塑造作为企业发展的战略性问题,像抓产品质量一样来抓品牌形象塑造。其次,要树立全体员工的品牌意识,员工明白了塑造品牌形象的重要意义,就会产生责任感和使命感,进而形成凝聚力和战斗力。加强品牌管理的另一个核心问题是要在企业内部建立起特有的理念体系和运作机制,建立起科学的组织架构和严密的规章制度,这是实施品牌管理的组织保证。

2) 重视产品与服务质量

质量是品牌的基石,所有强势品牌最显著的特征就是质量过硬。一项民意调查显示,有 90.6% 的中国人都认为名牌就是"产品质量好"。做品牌,一定要有品质。企业为了提高产品及服务质量,应该建立一套完善的质量保证体系,完善的质量保证体系会强化品牌形象,形成良好的品牌信誉。

3) 重视品牌定位

由于品牌定位是使品牌在社会公众心目中占有一个独特、有价值位置的行动,也就是勾勒品牌形象,因此可以想象品牌定位对品牌形象的影响有多大。品牌定位过高、定位过低、定位模糊或定位冲突都会危害品牌形象。

4) 优化品牌设计

对品牌名称、标志和包装进行设计是突出品牌个性、提高品牌认知度、体现品牌形式美的必由之路和有效途径,是塑造品牌形象必不可少的步骤。不仅要对品牌识别的各要素进行精心策划与设计,还要使各要素之间协调搭配,形成完整的品牌识别系统,产生最佳的设计效果。

5）重视社会公众，做好公关与广告

品牌形象最终要建立在社会公众的心目中，最终取决于品牌自身的知名度、美誉度以及公众对品牌的信任度、忠诚度。因而公关和广告要面向公众，以公众为核心，高度重视公众的反应。比如很多强势品牌就善于利用公关造势而赢得社会公众的好感和信赖。当然，公关造势要善于抓住消费者的心理，否则会事与愿违。

6. 帮助顾客规避感知风险

企业可以采取一些措施来降低顾客的感知风险：营销人员可以通过提供担保、保证退款和自由退换有缺陷的商品等策略来提高销售额；在更低价位上提供小包装的产品，也能使顾客在首次试用该产品时减少风险；当顾客不能确定购买与否时，专家的认证可以使顾客确信产品性能；免费样品给予顾客购买前试用新产品的机会。这些都可以使顾客的感知风险有所减少。

知识链接   降低感知风险的策略

Roselius(1971)认为顾客在面对风险性的消费行为时，可通过下列四种策略降低感知风险：降低风险发生的概率，亦即降低失败的可能性，或者降低后果的严重性；将感知损失降到顾客能忍受的范围；延迟消费行为；进行消费行为并吸收损失。Roselius为了进一步了解顾客常用的减少风险的方法，针对472位家庭主妇在不同的风险情境下使用的方法做了市场调查。从而提出了11种可能的方法。分别如下。

- 背书保证：购买广告中名人或专家推荐的品牌。
- 品牌忠诚：购买过去曾使用，并感觉满意的品牌。
- 主要的品牌印象：购买主要的、有名的品牌，依赖该品牌的声誉。
- 私人检验：购买经私人检验、机构检验并认可的品牌。
- 商店印象：在顾客认为可信赖的商店购买，依赖于商店品牌的信誉。
- 免费样品：在购买前先试用免费的样品。
- 退钱保证：购买附有退钱保证的产品。
- 政府检验：购买政府部门曾检验并认可的产品。
- 选购：多到几家商店，比较几种不同品牌的特性。
- 昂贵的产品：购买最贵的产品。
- 口碑：探寻朋友对于产品的看法。

延伸阅读

1. 韩经纶,董军:《顾客感知服务质量评价与管理》,南开大学出版社。

该书在介绍服务质量相关理论的基础上,研究了顾客感知服务质量模型及其度量标准、顾客感知服务质量评价方法(SERVQUAL 评价方法和 SERVPERF 评价方法)、顾客感知服务质量的管理,并对评价方法进行实证研究;最后探讨了我国服务质量管理实践中存在的问题及对策。

2. (英)格罗鲁斯:《服务管理与营销》,电子工业出版社。

该书前瞻性地对服务营销理论进行了全新的诠释。不同于北美学派的实战性,格罗鲁斯素以其关于服务营销管理的思想实质的研究著称。再版时增加了服务管理与营销领域涌现出的新成果如"体验经济"、"服务补救与顾客感知公平"、"虚拟市场中的服务产品"等,另外,还增加了一批最新的数据和案例。对企业而言,将促使企业进行新的思考,明确怎样通过服务管理来构建自己的竞争优势,进而提升赢利能力;对学生而言,内容充实、可读性强,不失为一本服务管理与营销的优秀教科书。

3. 宋振赫:《瞬间读懂顾客心理学》,中国华侨出版社。

本书是结合了销售实践和最新心理学研究成果的实用工具书,对销售人员在销售过程中的不同阶段、消费者的不同心理以及销售人员应该如何面对顾客等方面都做了详细的介绍。通过它,你可以明白顾客购买心理的微妙变化以及如何把握他们的心理,让他们掏钱购买你的产品。所以,在销售中,你要想提升你的销售业绩,就一定要懂得察言、观色、攻心,真正明白心理学对销售工作的重要性,从而让自己成为销售行业中的一名佼佼者。

实践活动

针对如何改进服务经历,优化顾客感知,根据自己的观察,提出自己的合理化建议。

第二节 服务接触与顾客感知

案例 3-6

一次令人回味的理发服务

朋友讲述了他印象深刻的一次理发经历。某天他去一家理发店理发，这是他第二次来这家店，上一次已是三个月之前了。理发店里没有豪华装修，设施简单，整个理发过程与其他理发店没什么区别，只是觉得理发的老师傅工作起来很认真、仔细。结束时，朋友照照镜子，感觉还不错，问道："多少钱？"老师傅说："10块，不过你不刮脸，收8块吧。"朋友连声感谢。出门时，老师傅叫住了我这位朋友，用手示意眼镜，然后走进里屋。朋友想："我没戴眼镜来呀。"一会儿老师傅拿出一副墨镜，一看，正是朋友前段时间一直寻找，后来以为丢失的那副眼镜。

朋友感慨："真是不可思议，这位理发师傅每天接待那么多人，竟然还记得三个月前的我，而且还是大众脸的我，真正是好人，牛人啊！德才兼备，做理发师真是屈才了。"他后来跟我说："那位老师傅理发技术精湛，人品又好，我现在无论多忙，就算排队我也要找那位老师傅理发。"

案例分析： 一次简单的理发经历，一次面对面的服务接触，就在还眼镜的瞬间，顾客服务感知已经建立。也许理发师傅的技艺并非十分精湛，他的店面也并不醒目，但是他能够设身处地为顾客着想，并对顾客给予特别的关注，关键时刻让顾客感动，正是这种"关键时刻"，对获取高质量的声誉起着至关重要的作用。

在旅游服务的生产与传递过程中，顾客与旅游服务组织进行了多层面的互动，我们把这种互动称为服务接触（service encounter）。有时，一次服务接触就是一次完整的服务经历，如预订服务、付款服务，有时，顾客的服务经历中包含着一系列的服务接触，涉及多个服务人员、多个服务地点，如航空飞行服务。

在服务接触与顾客感知中，决定顾客对服务质量优劣的评价的交互作用被 Richard Normann 称为"关键时刻（moment of truth）"。通常，这种短暂的接触往往发生在顾客评估服务的一瞬间，同时也形成了对服务质量好坏的评价。SAS 公司总裁 Jan Garlzon 先生认为，这种关键时刻对获取高质量的声誉起着至关重要的作用。SAS 公司正是由于关注这些接触的过程才形成了具有鲜明特色且富有竞争力的高质量服务。按照 Jan Garlzon 先生的观点，组织存在的目的就是支持那些直接与顾客接触的一线员工。他富有革命性的思想是：摒弃把与顾客接触的员工置于组织结构最底层的传统做法，而应将其放在组织结构的最顶端。组织中每个员工的职责是服务这些一线员工，后者直接为顾客服务。改变组织结构图表明了对顾客满意的关注，同时对关键时刻管理的重视。有趣的是，实行这种理念通常要求将企业分解成不同的利润中心，允许那些接近顾客的管理人员根据自己的想法做出相应的决策。

一、面对面服务

(一) 面对面服务的品质层次

(1) 了解顾客的需要:了解顾客需要的最基本的服务。
(2) 满足顾客的需求:为顾客提供更高的附加价值。
(3) 关怀顾客:为顾客提供独特的服务。
(4) 超越顾客期待的服务品质:提供顾客意想不到的服务。

旅游服务接触包括顾客与旅游服务人员之间的接触,也包括顾客与自主服务设备之间的接触。其中,人员之间的接触又可分为面对面的接触和通过电话或电子邮件的远程接触。美国营销学者 J. A. Czepiel、Michael R. Solomon、Evelyn G. Gutman 等认为:顾客与服务人员的交往是人类交际行为的一种特殊形式,其特点表现如下:

(1) 这种面对面的接触具有明确的目的性(决非偶然性)。例如酒店各一线部门员工对客人之间是直接的、面对面进行的服务,这种接触具有明确的目的性。
(2) 顾客与服务人员的关系是一种特殊的陌生人关系(被社会认可的)——暂时性与角色化。例如,酒店员工每天接待来自世界不同国家和地区的客人,他们与客人之间是一种特殊的陌生人关系。
(3) 顾客与服务人员之间的合理交往的范围受到服务性质与内容的限制(与服务有关的信息交流占主导)。例如,商务旅客就不同于度假旅客,这也决定了在面对面服务的过程中会有不同的服务内容。

延伸阅读

面对面接触中,服务质量的决定因素最为复杂且难于管理。服务人员的"语言"和"非语言"行为都十分重要,顾客之间的互动也会对服务感知产生重要影响。在旅游预订服务及一些售后服务中,经常会涉及远程接触,如顾客通过电话或互联网预订机票、酒店客房和旅游线路。对于电话接触,电话接线员的接线速度、语气、处理问题的效率、专业知识成为判断服务质量的重要标准;对于通过互联网进行的实时接触,服务人员的回复速度、语言表达等成为判断服务主要标准。

服务接触对顾客服务质量感知的形成具有非常重要的影响。核心旅游服务基本上都属于高度接触的服务。根据统计,迪斯尼乐园(Disneyland)的游客在每次游玩中平均要体验74种不同的服务接触,而其中每一次不愉快的接触都可能导致对整体的负面评价。这也强调了服务接触对形成感知服务质量以及维持顾客关系的重要作用。

对旅游服务组织而言,需要把握好关键时刻,就是在特定的时间和地点向顾客展示其服务质量、强化顾客服务质量感知;否则,一旦出现服务失误,顾客就会形成服务质量低劣的印象。为了弥补这种损失,企业必须创造一个新的关键时刻,以重新获得顾客的认可与满意。比如说,主动与顾客联系来纠正服务失误,至少要向顾客解释服务失误的原因。但这种努力有时并不能达到预期的效果,同时对企业来说这也意味着一定的成本。

(二)面对面服务的分类

1. 感性的服务

感性服务是一种自我角色的确认,让顾客通过服务感受到自我角色的肯定,同时享受到精神满足的愉悦过程。

感性服务体现一种亲切感,从关注顾客的感受开始,用顾客最喜欢的方式提供服务,让顾客感觉特别亲切,有宾至如归之感。

感性服务是用最有创意的方式满足顾客的需求,给顾客带来无穷的惊喜。

感性服务是一种口碑,用顾客体验创造口碑故事,让顾客口碑相传,赞不绝口。比如,一家餐厅在顾客生日的时候免费送给顾客一份生日礼物。

2. 理性的服务

为顾客提供基本的服务,以标准化的操作来满足顾客的服务需求,比如,最基本的保险相关服务,保单变更,理赔;旅行社办理票务服务等。

3. 面对面服务的要素

(1)顾客感觉(即顾客对服务特点的看法),它是由顾客的消费目的与动机、服务结果(结果本身与可逆性)、服务的重要性以及顾客的介入程度(involvement)所共同决定。顾客感觉的风险与获取服务的代价、服务结果的可逆性两个因素有关。

(2)服务者特点(即服务人员的情况),它是由服务者的人口统计特征、服务技能、服务态度、个性特点以及与顾客的交往等方面决定。

(3)服务现实(即服务传递过程及现场情况),它涉及服务的时间因素、技术因素、地点因素、服务内容、服务的复杂性、定制化程度、消费者人数等。

4. 面对面服务的评估

(1)企业评估,服务管理人员关心的是顾客评估结果对企业效益的影响。

(2)顾客评估(即顾客满意度),由实际的功能性质量和服务交往质量共同决定,其中功能性质量是核心,但难以评估,而顾客对交往质量较容易评估,而且顾客在相互交往过程中的满意度会在一定程度上影响他们对功能性质量的感受。

(3)服务者评估,受到顾客感受、上级评价、激励机制等多方面的影响;从"个人感情商业化"到"感同身受";从追求"顾客满意"到追求"员工满意"。

图3-5所示为面对面服务的递进过程。

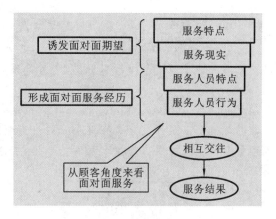

图 3-5　面对面服务的递进过程

二、服务者 5S 原则

（一）速度（speed）

服务顾客要讲求速度，力求快速、及时。

案例 3-7

深夜等房的客人

一天深夜 3 点 10 分，两位面容倦怠的客人来到前厅接待处，想要一间普通的标准间。

接待员："我们有豪华标准双人间，498 元一套，还有普通三人间 588 元一间。"顾客坚持要一间标准间。接待员："真对不起，标准间刚刚卖完，豪华标准双人间也非常适合你们，楼层服务员现在正在清扫，请你们稍等片刻。""不行，刚才机场代表告诉我们是有房间的！"客人不禁皱起了眉头。接待员又表示有房间，马上清理，请顾客在大堂等一会儿。于是便赶紧催促客房中心立即清扫普通标准间。15 分钟后，其中的一位客人来到接待处。

顾客："小姐，到底有没有房间，我们坐了 3 个多小时的飞机，真的很累，想休息……"

接待员："马上就好，请你们再耐心地等一会儿。"接待员连忙安慰客人，同时又打电话到客房中心询问普通标间有没有清扫好，客房服务员却说："有一间豪华标准间清扫好了，其他房间还没有。"接待员："你们在干什么呢，清扫房间那么慢，你们知道客人等得多焦急。"服务员："房间总得一间间清扫吧，哪有那么快。"说完电话挂断了。

过了 15 分钟，两位客人再次走向接待处问接待员："你们到底有没有房间？把我们骗到这儿，根本没房，我们不在你们这儿住了。"说完，便向门外走去。这时，大堂副

理走过来想留住客人,可还没等他说话,客人就劈头盖脸地说:"你不用多说,我们已经在这里白等了半个多小时了。"说完便愤然离去。

案例分析: 以上这个例子就是由于在服务过程中,没有及时满足顾客的需求导致顾客选择不在此处消费的一个案例。从客人的话语中,接待员就应该听得出客人的急切心理,在服务过程中,我们应急客人所急,为客人所想。当酒店一时满足不了客人的时候,要及时采取变通措施。虽然接待员在这个过程中言语礼貌,但是客房清理的速度太慢,而且客房服务员坚持按照以前清理房间的顺序,严重急慢了顾客。在顾客等了半个小时候之后还没有清理出房间,速度之慢,导致顾客愤然离开。

(二)微笑(smile)

用发自内心的微笑来感染顾客,从而成功推销自己。一位著名的酒店管理人不厌其烦地提醒手下的员工:"今天你微笑了么?"微笑蕴含的强大正能量大家都能强烈地感受到,同样微笑在服务业中也至关重要。在酒店中,微笑能让顾客感受到宾至如归,感受到温馨。

延伸阅读　　微笑背后的科学

喜剧演员 Phyllis Diller 曾说:"笑能解决一切问题。"确实,笑能让人着迷,让人放下警惕,但是也可能具有误导性。如果深究就会发现,笑其实并不都那么好,因为它是最容易假装的事物之一。那么为什么我们如此善于伪装笑容呢?研究表明,假笑实际上能够让你的心情变好,而并不仅仅是人们当前情绪的一种体现。在具有心理压力的环境下,微笑者恢复得最快。因此,不管是不是发自真心,微笑都是缓解压力的良药。

不过,这种效果也有另外一面。来自美国伊利诺伊大学和加州大学的研究者们研究了职业拳击手在比赛开始前对峙时的笑容是否能够预测谁会是赢家。让人意想不到的是,赢家在对峙期间的微笑比输家程度更小,而一拳制胜的赢家笑得则最不明显。这说明在需要身体支配的情境下,微笑可能是让步和下级地位的象征。微笑的拳击手不自觉地透露出了自身的弱势,因此让对手在心理上更胜一筹。所以,在充满竞争的环境中,控制自己的情绪,并表现出庄严的面孔是一种较好的策略。

人们出于各种原因笑或者不笑,并不仅仅反映他们内心有多快乐,更多是一种社交需要。俗话说得好,识时务者为俊杰。下次你在拍照的时候,一定要记住说"cheeks"。这不但能让你的嘴型更好看,还能提醒你把脸颊上提,装出一个满足的,看上去十分真实的微笑。

(根据《科技讯》2014-12-28 整理)

（三）真诚（sincerity）

对顾客的服务要真诚，而不要觉得勉强、做作，服务人员要有专业的服务意识，从顾客的角度出发，为顾客提供最需要的、最能满足顾客的服务。服务人员要有"顾客就是上帝的意识"。

日本的酒店业，把对宾客的尊重、关心、体贴放在了首位，真情服务贯穿于整个酒店的服务之中。见到客人时亲切地问候、甜美地微笑、九十度鞠躬、跪式服务、礼让服务等，处处体现出把宾客当成上帝、亲朋来予以尊敬、关心、体贴。这是国内酒店业在服务中所欠缺和不能与之相比的。只有尊重、关心、体贴客人，才能提高整个酒店的服务质量，与客人建立朋友、亲人般的关系。真诚是服务行业经营管理的宗旨，也是满足客人受尊重、受关爱心理需求的基本出发点和服务精要。只有真情服务，才能留住老顾客，进而吸引新顾客。

（四）聪明（smart）

服务顾客要聪明，有创意，给顾客带来惊喜。此外，当顾客处于尴尬境地时，要巧妙地为顾客解决烦恼。既要保全顾客的面子，又要有效处理问题，这也是一个人情商的体现。

案例 3-8

服务要多考虑顾客的颜面

1108房间的刘先生住宿后来到前厅结账，这时结账处接到楼层服务员报告："1108房间少了两个高档衣架。"收银员小陈立即微笑地说："刘先生，您的房间少了两个衣架。"客人立刻否认带走衣架。收银员小陈马上意识到出了问题，便立即通知了大堂副理。

大堂副理在前厅处找到了刘先生。"刘先生您好，麻烦您过来一下好吗？"客人随着大堂副理来到了大厅的僻静处。"刘先生，您没拿衣架，那么有没有可能是您的亲朋好友来拜访您时顺便带走了呢？"大堂副理婉转地向客人表述酒店要索回高档衣架的态度。刘先生坚持没有朋友来过。"请您再回忆一下，您会不会把衣架顺手放到别的地方了？"大堂副理顺势提醒刘先生。"以前我们也曾发现过一些客人住过的房间衣架、浴巾、浴袍之类的不见了，但他们后来回忆起来或是放在床上，或被被子、毯子遮住，或裹在衣服里带走了，您能否上去再看看，会不会也发生类似的情况呢？"大堂副理干脆给了他一个明确的提示。

刘先生："一个破衣架，你们真麻烦，咳，还是我上去看一下吧。"说着便匆匆地提着箱子上了电梯。不一会儿，刘先生下来了，故作生气地说："你们的服务员也太不仔细了，衣架明明就掉在沙发后面嘛！"大堂副理知道客人已经把衣架拿出来了，就不露声色很有礼貌地说："实在对不起，刘先生，麻烦您了。"为了使客人不感到尴尬，大堂副理还很真诚地对客人说："刘先生，希望您下次来还住我们酒店！我们随时欢迎您的再次光临，谢谢！"

案例分析:1.服务人员要善于观察和了解客人的情况,在处理酒店与顾客的矛盾时,要从客人的角度和为酒店争取客源的角度去考虑问题,绝不能当面指责他们,不要给客人难堪,要巧妙地维护客人的自尊,这样,既维护了客人的面子,又维护了酒店的形象。这个问题如果处理不好,客人恼怒、争吵,会给酒店带来意想不到的负面影响。

2.服务人员要懂得:作为顾客,即使做错了事仍然希望得到尊重。当服务人员确定顾客有"不轨"行为后,仍然对其表示"尊重",并为他设计一个"体面的台阶"下台,给顾客"尊重"酒店的机会。案例中,酒店大堂副理通过分析顾客心理,在不得罪客人的前提下维护了酒店的财产,这是一种较为常见且明智的做法。

（五）学习(study)

只有不断学习进步,提升服务品质,才能更好地进行面对面的服务。服务人员要不断参加培训,努力认真地研究顾客的消费心理、服务技巧,以及学习商品专业知识,丰富自己在本行业的专业知识,有效地提高接待顾客的能力,不断发展自己,从而为顾客带来更加贴心的服务。

服务人员在服务过程中坚持5S原则,不但能使顾客感到满意,而且自身能力也能得到提高,而企业也会获得顾客满意,即所谓5S原则的三赢作用(顾客、自己、企业)。

延伸阅读　万豪酒店集团对SERVICE的解读

S-smile(微笑):对每一位宾客提供微笑服务。
E-excellent(出色):每一服务程序和细节都做得很出色。
R-ready(准备):随时准备好为宾客服务。
V-viewing(看待):将每一位宾客都看作是需要提供优质服务的宾客。
I-inviting(邀请):每次接待服务时,都应显示诚意,主动邀请宾客。
C-creating(创造):想方设法精心创造热情服务的氛围。
E-eye(眼光):用友好的眼光关注宾客,预测宾客需求。

七个"一个样"

始终如一,表扬与投诉一个样;
正确对待,消费与不消费一个样;
端正态度,心情好坏一个样;
老少无欺,大人小孩一个样;
不矫揉造作,领导在场不在场一个样;
一视同仁,对待内宾外宾一个样;
心境平和,生意大小一个样。

三、顾客感知

(一) 顾客感知的含义

顾客感知是顾客对服务的感觉、认知和评价,建立在顾客的服务感受基础上。奥里弗(Oliver,1997)把顾客感知定义为"顾客将所接受的服务同优质服务所做的一种对比"。服务企业要了解顾客心目中的"优质服务"是什么,并以此为标准来判断某一个特定的服务设施所提供的服务是否恰当。

人们一般认为,顾客感知是在服务接受后的最后一瞬间产生的,顾客在服务过程中和接受服务后对服务的判断是交织在一起的,共同对顾客的服务感知产生影响。因此,需要对顾客感知采取全面的整体性方法进行研究。

(二) 顾客感知的内容

顾客感知的内容包括服务质量、顾客满意度、服务价值和风险认知。

前三者之间的关系为:服务质量影响顾客对服务价值的感知,而服务价值和服务质量则会共同影响顾客满意度。图 3-6 所示为感知服务质量模型。

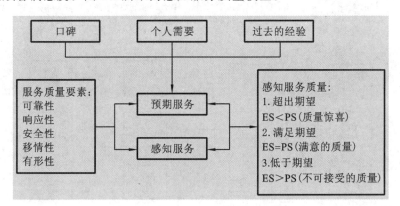

图 3-6 感知服务质量模型

1. 服务质量

1) 可靠性(reliability)——确保兑现承诺

在顾客感知服务质量的五个维度中,可靠性指准确可靠地执行所承诺的服务。从更广泛的意义上说,可靠性意味着公司按照其承诺行事,公司的第一次服务要及时、准确,并在指定的时间内完成服务。

2) 响应性(responsiveness)——主动帮助顾客

响应性是指帮助顾客并迅速提供服务。该维度强调在处理顾客要求、询问、投诉问题时的专注和快捷;让顾客等待,特别是无原因的等待会给顾客感知带来不必要的消极影响。速度已经成为评价顾客感知服务质量的关键,快速地回应也是与顾客交易理应具备的要素。

3) 安全性(assurance)——激发信任感

员工的行为能够增强顾客对企业的信心,同时让顾客感到安全。这也就意味着员工要有诚意以及解决顾客问题所必须具备的知识和技能。服务质量的安全性包括有信服力的品牌形象、良好的声誉、训练有素的员工。

4）移情性（empathy）——将顾客当作个体来对待

设身处地为顾客着想，并对顾客给予特别关注，同时营业时间要充分考虑顾客的实际情况。移情性的本质是通过个性化的服务使每一个顾客感到自己是唯一的和特殊的。移情性有下列特点：接近顾客的能力、敏感性和有效地理解顾客需求。

5）有形性（pangible）——服务的实物特征

服务的有形性是指服务机构有策略地提供服务的有形线索，帮助顾客识别和了解服务。服务的有形线索是服务过程中能被顾客直接感知和提示服务信息的有形物。强调有形性的行业，包括顾客到企业所在地接受服务的行业，如餐厅、饭店、超市和娱乐公司等。

2. 顾客满意度

顾客满意度反映的是顾客的一种心理状态，它来源于顾客对企业的某种服务产品消费所产生的感受与自己期望进行的对比。顾客满意度是一个人的主观感受，能够使甲顾客满意的东西，未必会使乙顾客满意。只有对不同顾客群体的满意度影响因素非常了解，才有可能实现百分之百的顾客满意。影响顾客满意度的相关因素如图3-7所示。

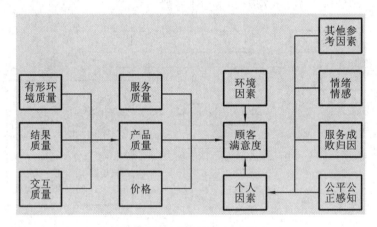

图3-7 顾客满意度的影响因素

企业不能闭门造车，仅仅关注自己对服务态度、产品质量、价格等指标是否优化的主观判断，而应综合考虑所提供的产品服务与顾客期望、要求等吻合的程度。

3. 服务价值

顾客对服务价值的感知基于顾客的个人主观判断，其核心是顾客享用该服务而付出的代价与所获得的感知利益之间的权衡，具体体现在如下方面：

（1）服务价格，是激发人们购买的关键因素。服务经济时代，顾客对于服务价值的认知已经和产品经济时代有了明显的区别，但"服务性价比"依然是影响服务感知的关键因素。

（2）便利程度，也是影响人们对服务效率感知的重要因素。比如肯德基、麦当劳等快餐店强调60秒内配餐且口味一致，这种标准化、科学化的快捷配餐方式缩短了顾客店内等候的时间。

（3）快捷的选择。发达的网络提供了更快捷的选择方式，在线支付与手机支付等也带给人们快捷购买的更多便利。

(4) 丰富的信息,会影响到顾客对服务价值的感知。比如在电信市场,过去大家在购买行为中只对手机的外观、质量有要求,现在则会更多地考虑运营商、接通率或计费方式等因素,服务体验整体满意度的要求正在提高。

(5) 服务的功能。随着顾客服务需求的多样化及专业性,服务的功能也越来越被重视。现在很多行业都在大力建设自己的IT系统,比如金融、电信,其IT基础设施基本形成规模,它们遇到的问题已不是买设备,而是管理设备——怎么利用这个系统服务于它的顾客,因此,IT服务功能方面的需求就特别大。

(6) 服务的形象等价值,这些价值体现了消费者购买这些服务的目的。

图3-8所示为服务价值感知。

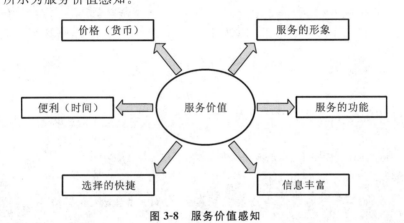

图3-8 服务价值感知

4. 风险认知

1) 风险的分类

财务风险:指导致一切有形财产和无形财产(权益,信用)损失或贬值的风险,财产损失通常包括财产的直接损失和间接损失两个方面。在服务感知中,一般是由于消费者决策失当带来的金钱损失。

绩效风险:提供的服务无法一如既往地达到顾客的要求水准,或由于产品不具备人们所期望的性能或产品性能比竞争者的产品差所带来的风险。

物质风险:由于个人或团体的过失行为,造成他人财产损失或人身伤亡,或在服务管理过程中由于服务不当给顾客带来肉体或随身携带的用品的损害。

社交风险:由于购买某项服务不能得到社交圈子的认可,从而影响到顾客的社会声誉和地位,或因购买决策失误而受到他人嘲笑、疏远而产生的风险。

时间风险:消费者因更换不称心的服务可能需要花费大量的时间与精力,如对酒店服务不满而进行投诉或更换酒店。

2) 消费者如何避免风险

(1) 对于专业技术性服务,购买者可通过调查研究、借助试验、大量收集服务企业的内部和外部信息等方式避险。

(2) 听从正面舆论领导者的引导,通过电视、网络、报纸等关注消费新闻,比如购买政府部门检验并认可的产品。

(3) 考察企业的美誉度和信誉度,比如在购买前探寻朋友对于该服务或企业的看法。
(4) 忠诚于满意的服务品牌,可以购买过去曾体验并感觉满意的服务。

(三) 顾客感知的层次

案例 3-9

秀玉红茶坊两家分店的比较

秀玉红茶坊是一家自主创业、日益发展壮大的独资私有企业,是致力于咖啡、西餐厅、主题餐厅等休闲餐饮形式的全国连锁企业,旗下品牌"秀玉红茶坊"拥有多家全资直营店,分店遍及湖北武汉、黄石、咸宁、仙桃,江西南昌、九江,河南郑州等地,武汉地区尤为集中。

调查显示,A分店从点餐、上菜到结账,速度快、效率高,且服务员全程服务态度极佳;B分店上菜慢,对于"还要多久上菜"的问询给不出具体时间,只是说"快了快了",结账需排长队,且服务员全程脸色难看,态度恶劣(对单个服务接触点的感知),比如加水、纸巾等需要一再催促才会满足;没有的菜品会直接说没有,而不像A店会体贴给出顾客合理解释并且推荐相近菜品供选择。B分店每次去用餐服务员态度都不是很好,且不同的顾客均有相似的感受(对多次服务经历的感知)。

案例分析:秀玉红茶坊光谷分店给顾客留下服务质量较差、服务档次较低的印象(对单个服务提供商的感知),从而映射出餐饮业标准化程度不够的结论(对某一服务行业的感知)。虽然有限的消费经历不能完全说明秀玉B分店的服务质量差,服务水平低,也不能代表整个餐饮业的服务水平,但是顾客的感知很容易以偏概全(蝴蝶效应),这足以影响服务提供商、甚至是整个服务行业的形象。

顾客感知层次主要体现在以下几个方面:
(1) 对单个服务接触点的感知,就酒店而言,前台对顾客服务、餐厅对顾客服务都是单个服务接触点的感知。
(2) 对多次服务经历的感知,酒店的回头客及常住客等对酒店的整体服务会有比较多的印象和感知。
(3) 对单个服务提供商的感知,顾客综合多次的服务经历感知,从而形成对酒店的整体评价。
(4) 对某一服务行业的感知,顾客通过对多个酒店的评价感知,会形成对该行业的感知印象。

第四章

旅游服务质量与顾客满意度管理

本章导读

随着旅游业的不断发展和中国旅游市场的逐渐开放,我国旅游企业面临着国际国内激烈的竞争。旅游企业要想在高度自由竞争的市场中取得优势,提供顾客满意的服务是竞争的焦点和核心问题,其关键是服务质量。面对日趋成熟的消费者,怎样向顾客提供最佳的服务?怎样最大程度地满足旅游消费者不断变化的需求?这是国内各大旅游企业现在必须考虑的问题。如今旅游市场价格竞争已逐渐探底,旅游服务质量便无疑成了占据旅游市场的关键因素。因此,各大旅游企业必须建立以顾客为导向的全面服务质量管理策略,注重通过优质的服务质量来提升顾客的满意度。

学习目标

1. 知识目标:通过本章的学习,理解并掌握旅游服务质量的内涵、特性和基本要求,了解影响顾客评估服务质量的范围要素,学习旅游服务质量控制方法。

2. 能力目标:在结合本章知识点的基础上,通过对书本案例的分析与讨论,掌握分析影响顾客感知服务质量的重要因素,学习寻找旅游服务质量与顾客满意度之间的联系,从而学会如何制定全面服务质量控制策略,提升顾客满意度。

第一节 顾客满意度

案例 4-1

理想的座位

Z先生因公出差在A酒店住好几天了,他渐渐发现西餐厅领位员好像知道他的小心思一样,每次都将他带到A区靠近窗户的座位上。这天早上,他又来到西餐厅,仍是那个西餐领位员在值班,座位仍旧是A区靠近窗户的那个座位。他终于忍不住问了:"小姑娘,你怎么总带我来这个座位呢?"领位员莞尔:"呵呵,那天带您来这个座位时,您惊叹窗外还有小鸟,看您还拿手机出来拍视频,我就知道您特别喜欢这个位子了。"Z先生听完大受感动,"如此微不足道的小事,这家酒店的普通员工都能够关注到,难怪生意这么好呢!"从此以后,Z先生便成了A酒店的常客。

案例分析:

分析这名领位员是怎样成功打动Z先生,并让他成了A酒店常客的?

一、顾客的服务期望

(一)预期服务质量概述

预期服务质量是指顾客在消费服务前,对该服务表现的一种期望水平,即对服务企业所提供服务的预期满意度。消费完毕后,顾客将服务的感知表现与期望表现加以比较,最后将会得出满意与不满意的评价。如果顾客对服务的感知水平符合或高于其预期水平,则顾客获得较高的满意度,从而认为企业具有较高的服务质量;反之,则会认为企业的服务质量较低。从这个角度来看,服务质量是顾客的预期服务质量与感知服务质量的比较。图4-1所示为顾客服务感知状态。

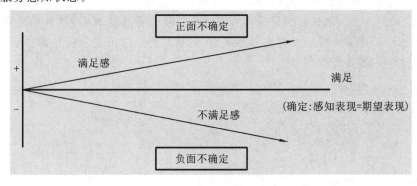

图 4-1 顾客服务期望感知状态

预期服务质量是影响顾客对整体服务质量感知的重要前提。如果预期质量过高,不切实际,则即使他们所接受的服务水平较高,他们仍然会认为企业的服务质量较低。预期服务质量受市场沟通、企业形象、顾客口碑和顾客需求等因素的影响。

(二)顾客的服务期望类型

顾客的服务期望是指顾客心目中服务应达到和可达到的水平,"服务期望"有时等同于"期望的服务"。顾客的服务期望常常分为以下三种类型(见图4-2)。

(1)理想的服务。又称为"欲求服务",是指顾客心目中向往和渴望追求的具有较高水平的服务,最佳水平是没有上限的,随不同的顾客而变化,因此理想的服务实际上有一理想水平区,可称为服务的理想区间。

(2)宽容的服务。指顾客心目中介于理想服务与合格服务之间的服务。"宽容"的意思就是不挑剔和接受。因此,宽容的服务也可称为不挑剔的服务。宽容服务的波动范围,称为服务的宽容区间。

(3)合格的服务。指顾客能接受但要求较一般、甚至较低的服务。

图 4-2　顾客对服务期望的区间范围

(三)影响服务期望的因素

顾客自身的因素、环境因素和服务机构的市场沟通活动、员工的表现和顾客口碑等都对顾客心目中期望的服务产生影响。图 4-3 所示为不同顾客对服务的期望。

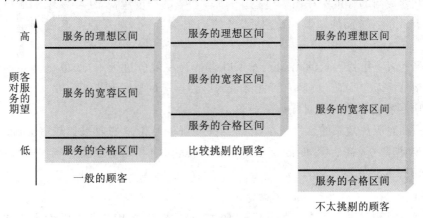

图 4-3　不同顾客对服务的期望区间

1. 影响理想服务的因素

(1) 顾客的需求。在服务消费中,顾客的需要有主需要和辅需要之分,主需要相对较为重要,而辅需要相对不重要。例如,教师代表不介意学术午餐质量、十一黄金周婚宴通常需要提前半年预订等。

(2) 顾客的背景。包括顾客对服务的认知、动机、态度和价值观等。

2. 影响宽容服务的因素

影响服务宽容区间大小或宽窄的因素主要有顾客的性质、服务的价格、服务的不同方面以及服务的理想区间和合格区间等因素。

(1) 顾客的性质。

① 顾客的不同服务要求,如邮件服务中的快件与普通件。

② 顾客的不同专业水平,如美食家与一般就餐者。

③ 顾客的不同消费经历,如老顾客比新顾客的宽容区间窄。

④ 顾客的不同消费情境,如心情、病情状态等。

(2) 服务的价格。顾客心中对服务的宽容区间一般与服务收费的升降呈反比。

(3) 服务的不同过程。顾客一般对服务产出的宽容区间比较窄,而对服务过程的宽容区间比较宽。因为顾客对服务产出看得比较清楚,比较容易挑剔,而对服务过程一般看不到,心中没底,较难挑剔。

(4) 服务的理想区间和合格区间。宽容区间的变化主要取决于合格区间的变化。当合格区间的位置上移或上限上移时,宽容区间变窄,顾客变得挑剔;当合格区间的位置下移或下限下移时,宽容区间变宽,顾客变得不挑剔。

3. 影响合格服务的因素

(1) 顾客的性质。急需服务的顾客对合格服务的期望比较低,回头客对合格服务的期望水平比较高。

(2) 顾客挑选服务提供者的自由度。顾客挑选服务提供者的余地越大,自由度越高,他们对选中提供者的服务水平要求就越高。

(3) 顾客参与的程度。在服务过程中,顾客参与的程度越高,越容易增加服务产品及与服务过程有关的各方面的知识,对合格服务的期望就越高。如单点与套餐点单的期望值有所差别。

(4) 服务者不可控因素的出现。如果顾客认为在服务过程中,服务机构会遇上不可控因素而影响服务质量,那么顾客有可能降低对合格服务的要求和期望。例如:出租车服务因为堵车等原因将会影响顾客对服务的要求。

(5) 顾客对服务效果的预期。如果顾客预期服务所带来的效果比较好,那么顾客对合格服务的期望就比较高。例如,随着景区门票的涨价,顾客期望值就呈现出高标准要求,从而投诉的情况也会更多。

4. 同时影响三种服务期望的因素

(1) 服务机构公开的承诺。服务机构通过广告、宣传、推销员等市场沟通方式向顾客公开提出的承诺,直接影响顾客心目中理想或合格的服务期望的形成。常见的有关于服务质量的保证、服务时限的保证、服务附加值的保证、服务满意度的保证等。例如某些旅游企业承诺:"顾客只要不满意,无论何种原因,都可以全额退款。"

(2) 服务机构暗示的承诺。如五星级酒店的定价和服务环境等促使顾客对其持有较高期望。

(3) 服务机构的口碑。如公众和顾客对国际联号和知名品牌的高星级酒店期望更高。

(4) 顾客的经验。顾客经验越多,对该行业服务的理想期望和合格期望水平就可能越高。

二、顾客满意与满意度

对于以顾客为中心的旅游企业来说,顾客满意既是一种目标,也是一种营销手段,满意顾客的满意度是旅游企业最具有说服力的宣传。旅游企业要想在激烈的市场竞争中立于不败之地,必须不断地了解顾客的期望与抱怨,及时改进产品和服务,从而在有限的资源范围内使顾客满意最优化。

(一) 顾客满意概述

1. 顾客满意的含义

顾客满意是指顾客对其明示的、通常隐含的或必须履行的需求或期望已被满足的程度的感受,是通过对一个产品或一个服务过程的可感知效果与他的期望值相比较后形成的愉悦或失望的感觉状态。

2. 顾客满意的构成

顾客满意包括产品满意、服务满意和社会满意等三个层次。

(1) 产品满意,是指旅游企业产品或服务性能带给客人的满足状态,包括产品的内在质量、价格、设计、包装、时效等各方面的满意情况。产品的质量满意是顾客满意的最基础因素。

(2) 服务满意,是指产品或服务性能在不同的生命周期阶段采取的服务措施令客人满意,主要指在服务过程中的每一个环节上都能设身处地地为顾客着想,做到有利于顾客、方便顾客,顾客不仅获得了良好而满意的服务,而且在心理上得到了满足。

(3) 社会满意是指顾客在对旅游产品和服务的消费过程中所体验到的对社会利益的维护,主要是指顾客整体社会满意情况,它要求旅游企业的经营活动要有利于社会文明的进步。

(二) 顾客满意度概述

1. 顾客满意度的含义

顾客满意度,也叫顾客满意指数,是顾客满足情况的反馈和评价,它是顾客期望与顾客体验的匹配程度,即顾客对服务本身的可感知效果与其期望值相比较后得出来的指数。

"满意"并不是一个绝对概念,而是一个相对概念。企业不能闭门造车,留恋于自己对服务态度、产品质量、价格等指标是否优化的主观判断上,而应考察其所提供的服务与顾客期望、要求等吻合的程度如何。

2. 顾客满意度层次与级度

顾客满意级度是指顾客在消费相应的产品或服务之后，所产生的满足状态等次。

顾客满意度是一种心理状态，是一种自我体验。对这种心理状态也要进行界定，否则就无法对顾客满意度进行评价。心理学家认为情感体验可以按梯级理论划分为若干层次，相应可以把顾客满意度分成以下七个级度。

（1）很不满意状态，是指顾客在消费了某种商品或服务之后感到愤慨、恼羞成怒难以容忍，不仅企图找机会进行投诉，而且还会利用一切机会进行反宣传以发泄心中的不快。

表现特征：愤慨、恼怒、投诉、反宣传。

（2）不满意状态，是指顾客在购买或消费某种商品或服务后所产生的气愤、烦恼的状态。在这种状态下，顾客尚可勉强忍受，希望通过一定方式进行弥补，在适当的时候，也会进行反宣传，提醒自己的亲朋好友不要去购买同样的商品或服务。

表现特征：气愤、烦恼。

（3）不太满意状态，是指顾客在购买或消费某种商品或服务后所产生的抱怨、遗憾的状态。在这种状态下，顾客虽心存不满，但想到现实就是这个样子，不要要求过高，于是就认了。

表现特征：抱怨、遗憾。

（4）一般状态，是指顾客在消费某种商品或服务过程中所形成的没有明显情绪的状态。也就是对此既说不上好，也说不上差，还算过得去。

表现特征：无明显正、负情绪。

（5）较满意状态，是指顾客在消费某种商品或服务时所形成的好感、肯定和赞许的状态。在这种状态下，顾客内心还算满意，但按更高要求还差之甚远，而与一些更差的情况相比，又令人安慰。

表现特征：好感、肯定、赞许。

（6）满意状态，是指顾客在消费了某种商品或服务时产生的称心、赞扬和愉快的状态。在这种状态下，顾客不仅对自己的选择予以肯定，还会乐于向亲朋好友推荐，自己的期望与现实基本相符，找不出大的遗憾所在。

表现特征：称心、赞扬、愉快。

（7）很满意状态，是指顾客在消费某种商品或服务之后形成的激动、满足、感谢的状态。在这种状态下，顾客的期望不仅完全达到，没有任何遗憾，而且还可能大大超出了自己的期望。这时顾客不仅为自己的选择而自豪，还会利用一切机会向亲朋好友宣传、介绍推荐，希望他人都来消费。

表现特征：激动、满足、感谢。

3. 顾客满意度的特点

（1）主观性：顾客的满意程度是建立在其对产品和服务的使用体验上的，感受对象是客观的，而结论却是主观的。它与顾客自身条件如知识、经验、收入状况、生活习惯、价值观念等有关。

（2）层次性：心理学家马斯洛指出人的需求有五大层次，处于不同需求层次的人对产品和服务的评价标准不同，因而不同地区、不同阶层的人或同一个人在不同条件下对某个产品或某项服务的评价可能不尽相同。

(3) 相对性：顾客对产品的技术指标和成本等经济指标通常不熟悉，他们习惯于把购买的产品和同类型的其他产品，或以往的消费经验相比较，由此得到的满意或不满意具有相对性。

(4) 阶段性：任何产品或服务都带有生命周期性或阶段性特点，这就导致了顾客对产品的满意程度来自于过去的使用体验，或是在过去多次感知服务的过程中形成的。

三、顾客满意度测评

(一) 顾客满意度测评维度

1. 横向方面

(1) 理念满意，是旅游企业经营管理理念带给顾客的满足状态，其测评维度会重点关注企业经营宗旨满意、经营哲学满意和经营价值观满意等。

(2) 行为满意，是旅游企业全部的运行状况带给顾客的满意状态，其测评维度重点放在对其行为机制满意、行为规则满意和行为模式满意等方面。

(3) 视听满意，是旅游企业的外在形象带给顾客的满意状态，应关注企业标志满意、标准字满意、标准色满意以及三个基本要素的应用系统满意等。

(4) 产品满意，就是旅游企业的产品带给顾客的满足状态，如产品质量满意、产品功能满意、产品设计满意、产品包装满意、产品品位满意和产品价格满意等都是顾客满意度测评体系的重中之重。

(5) 服务满意，指旅游企业各项服务带给顾客的满足状态和整体感觉，应关注测评保证体系满意、服务的完整性和便捷性满意、服务的时效性和质量性满意、消费氛围和环境满意等各方面的因素。

2. 纵向层次

(1) 物质层面，是旅游企业产品的核心层次，物质层面满意就是顾客对旅游企业产品物质层产生的满意情况，各个企业管理者应重点在产品的功能、设计和品种等方面的满意要素上下功夫。

(2) 精神层面，是旅游企业产品和服务的形式层和外延层，精神层面满意是指对旅游企业产品的精神层产生的满意感受，比如产品的外观、色彩、装潢、品位和服务等直接会影响到顾客的精神层面的满意水平。

(3) 社会层面，是指顾客在对企业产品和服务的消费过程中所体验的社会利益维护程度的满意，如顾客整体的社会满意程度。

(二) 顾客满意度测评方法

顾客满意度可以通过直接或间接的测量方法得到。顾客满意度的直接测量法是通过顾客满意度调查来获得的；顾客满意度的间接测量法包括追踪和检测销售记录、利润以及顾客抱怨等。下面介绍的是旅游企业中常用的顾客满意度的调查方法。

1. 百分比量表法

百分比量表法是指旅游企业请顾客对其服务情况根据百分比量表进行评价的方法。该方法实质上就是请顾客给旅游企业的服务质量给一个具体的分数。从表面上看,这种方法量化程度较高,但是一个分数并不能反映旅游企业存在的问题,不能直接提供提升顾客满意度的改进意见。

2. 满意序列表法

是由企业向顾客发放一种五点序列量表,五点分别为很不满意、有点不满意、一般、有点满意、很满意;然后由顾客进行选填,旅游企业回收调查表,进行统计分析,得到一个满意度分值的方法。这种方法尽管对于满意度分值本身提供了更多的含义,但是它仍然缺少一种具有诊断能力的指标来提升旅游企业要改进的特定领域的水平,不能对旅游企业要改进的领域进行说明。

3. 组合的方法

在满意调查中使用的定量分析与定性分析相结合的方法。在定量评分的基础上,旅游企业鼓励顾客提出企业应怎样才能做得更好的建议,然后旅游企业将这些建议进行分类,并确定这些建议在实施改进中的顺序。这种方法把定性分析和定量分析的资料进行有机结合,提高了顾客满意度调查的精准性,并为旅游企业的服务质量改进指明了方向。如喜来登酒店顾客满意度调查表即是采用了组合的方法对顾客满意度进行调查。

(三)顾客满意度测评模型与指标设定

服务质量分为"客观质量"和"感知质量",客观质量是生产导向,感知质量是顾客导向,两者存在明显差异。"顾客满意度测评"主要是从"感知质量"方面进行考量,感知质量受消费者背景和偏好的影响,影响消费者的决策行为。把消费者的感知质量评价作为服务质量评价标准进行调查,也称为"感知质量调查"。感知质量调查不是向客户询问工作人员做了什么,而是直接询问服务感受或满意程度,关注的是客户"感受到的服务质量"和最终的"服务效果",顾客满意模型见图4-4。

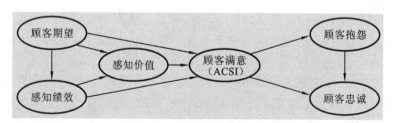

图4-4 ACSI模型 Customer Satisfaction Index

感知质量调查特别关注客户关心什么,哪些是关键影响因素,搜集相关影响指标(具体测评指标体系见图4-5),利用统计技术,可计算出各级指标对上一级指标的影响强度,从而找出关键影响因素;结合指标满意度表现和影响程度,找出服务短板,优化资源配置。由于服务落实度调查对规范员工行为特别有效,发展出"神秘顾客"这样新的调查方式,并被广泛应用于各个旅游企业单位,尤其是窗口部门。

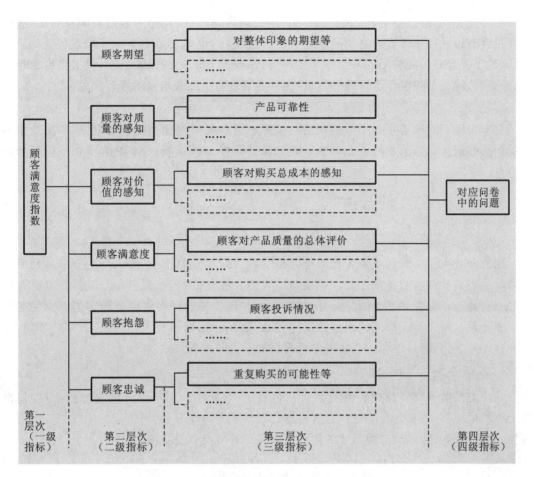

图 4-5　顾客满意度指数测评指标体系层次图

（四）顾客满意度测评的数据来源

1. 顾客意见调研

（1）问卷调查。是客观、系统地了解顾客需求的最有效途径之一，也是旅游企业顾客满意度测评的必要条件。问卷调查的方法有发放问卷调查、邮寄问卷调查、网上问卷调查、电话调查等。

（2）小组座谈会。选取一组具有代表性的顾客，在主持人的组织下对某个专题进行讨论，通过参与者之间的互动激发新的思考和想法。

（3）神秘顾客调查。由企业指派暗访人员以普通消费者的身份进入指定的检测地点，对事先规定的检测要点进行观察或亲身体验检测，在打分记录之后以普通消费者的感知对各项检测要点作出满意度评价，并提出相关改进意见或建议。这种方法，为旅游企业尤其是酒店业切实掌握整个服务系统的工作方法、工作流程、人员态度、应对技巧、语言以及处理突发事件的方法等提供了客观事实，使酒店能更有效、更深入地满足顾客需求。

2. 宾客投诉（抱怨）率

投诉率是指消费了旅游企业提供的产品或服务之后产生抱怨的比例。顾客的抱怨是不满意的具体体现,通过了解顾客抱怨率与抱怨的内容,就可以知道顾客的不满意状况,所以宾客投诉率也是衡量顾客满意度的最重要的指标。如今各大酒店都建立了顾客抱怨的情报系统,除了设立专人随时处理来自顾客的抱怨外,还建立了一种保险机制,收集来自营销人员、经销商、网站等相关顾客反馈的信息,甚至是竞争对手反映出来的顾客意见。

3. 旅游企业内部营销数据分析报表

有不少顾客对旅游企业提供的产品或服务不满并发出明确的抱怨信息,或购买竞争对手的产品或服务,对此,旅游企业可建立内部营销数据分析机制,收集顾客潜在或隐形的抱怨信息。

四、顾客满意度提升途径

(一)增进与顾客的有效沟通

旅游企业产品生产和服务过程本身就是一种人际互动与沟通,这也是企业产品和服务销售与一般商品销售的差别之处。设法与顾客建立起良好的沟通氛围和环境,让其心情放松,情绪稳定,才是最好的沟通。此外,旅游产品和服务的提供者还要让顾客能够感受到你的职业美德。每个员工都应让顾客感受到你是热爱工作、诚恳待人、充满爱心和热情的人,这样顾客才会信任你,才会乐于接受你所提供的产品和服务。

(二)肯定和接纳顾客

员工提供服务时要让顾客感觉到自己被肯定、被接纳。服务客人时要有耐心,保持微笑。一般情况下,微笑和应答可以让客人感觉到你乐于为他服务,对引起冲突或纠纷而发脾气的客人而言,有时微笑或换位思考比任何解释更有可能会说服他。

(三)满足顾客的合理要求

为了提高顾客的满意度,只要顾客提出的要求合理,服务人员就应当予以满足,除了主动用心了解顾客的需求外,还要用心设计和采取一些技巧,对自身的判断力充满信心,运用一定的授权或关系协调来解决顾客的困难。救宾客于危难之际的雪中送炭的举动往往会比锦上添花的服务获得客人更高的满意度。

(四)提高对顾客的关怀程度

体贴和体谅顾客不仅体现在旅游产品生产的标准化中,更体现在规范化和程序化服务以外的方方面面,尤其是那些充满人情味,又让顾客十分敏感的细节之处,往往能够给客人带来惊喜,从而提高顾客的满意度,利于培养顾客的忠诚度。

知识链接　喜来登酒店(Sheraton)宾客满意度测量控制程序

工作程序

(一)信息控制

(1)宾客意见反馈(包括宾客抱怨和投诉);

(2)喜来登酒店监视、测量获得的信息。

公关销售部负责按本文件要求做好宾客意见的收集、汇总工作。

(二)结果控制

(1)宾客满意程度数据分析的指标;

(2)宾客不满意的数据分析指标;

(3)不合格服务。

质量管理部门每月发布《宾客满意月度分析报告》,识别和改进存在的问题。

(三)活动控制

(1)宾客满意度的日常监视方法有:发放、收集意见表;提供服务中和服务后与宾客谈话、询问;不定期拜访;设置投诉电话;其他形式的收集。

(2)宾客满意度的日常监控:

①客房部服务人员每天在客房中放置《宾客意见表》,收集宾客对喜来登酒店客房、餐饮、康乐等服务的质量意见,对宾客已填写的意见表,服务人员及时收集,转交公关销售部。

②在与宾客接触面上提供服务的各部门、人员都有责任在服务提供中与服务提供后通过与宾客谈话、询问的方式对宾客满意的信息进行监视和收集,发放《宾客意见表》。对重要的宾客满意信息,应按《内部沟通程序》的规定及时传递至公关销售部。

③公关销售部销售经理、质量管理部客户关系主任按《宾客沟通程序》的要求不定期对喜来登酒店客户进行拜访,整理形成《客户拜访记录》。

④设置宾客投诉电话,大堂副理负责接听,及时收集、处理反馈宾客要求、意见,填写《宾客投诉意见表》。

⑤全体员工都应注意在日常工作中以各种形式,倾听、询问、收集宾客满意信息,传递反馈至公关销售部。

(3)宾客满意度的定期测量:

①公关销售部制定季度《宾客满意度测量计划》,确定测量的负责人、时间、方法、频次,并组织具体实施。

②现阶段宾客满意度的定期测量方法有:向市场公众发放《市场问询调查表》,收集市场对喜来登酒店服务满意或不满意的信息及要求事项;市场销售人员对宾客登门回访;开展与宾客的联谊活动。

③公关销售部整理季度测量结果,编制《宾客满意测量季度报告》,分析存在的主要问题和事项。

(4)对在宾客满意监视和测量过程中发现的宾客抱怨、投诉等不合格服务应按《不合格控制程序》相关规定进行妥善处置。

(5)公关销售部负责建立《宾客满意监视和测量统计台账》,分服务项目、类别对宾客满意信息进行整理统计。

(6)宾客满意度的分析评定和改进:

①公关销售部每月对收集的信息按《数据分析程序》的相关要求进行统计分

析，计算出喜来登酒店和各部门宾客满意率的项目、数量和百分比，确定宾客满意程度的特性及趋势，找出与目标值和竞争对手的差距和持续改进的问题，编制《宾客满意月度分析报告》。

②宾客满意的统计信息，输入《预防措施控制程序》以采取相应的预防措施，持续改进体系、服务质量及服务过程，提高宾客满意度。

延伸阅读　　令人羡慕的美差——酒店"试睡员"

"试睡员"的工作具体是做什么呢？第一，要挖掘新酒店。除假期外，平均每两周要考察3到5个酒店。第二，针对大型活动或项目考察酒店，比如针对世博和亚运会，比如酒店低碳服务的探访。不论是哪一类主题，他们的工作内容都不外乎搜索大量资讯，找到最新最热门的度假地、新开业酒店、行业动态。第三，总结不同类别的客人对酒店的不同要求，比如，带孩子的关注家具安全，带老人的想要电梯，商务型的就需要周边有可以方便宴请客户的餐厅。入住每一个酒店后，要进行酒店服务、酒店安全、价格、软硬件设施考察。酒店周边的交通、美食、景点情况也不能遗漏。然后整理成文字，通过点评系统和博客来呈现。

为了保障点评的公正性，"去哪儿网"对旗下的试睡员们提出了不少要求：尽量撇开自我的喜好，关注大众的需求；任何时候都不能私下接酒店的试睡邀请，若有酒店邀请网站派试睡员，那也要在酒店不知情的情况下入住；点评按一贯公正的原则，如果文字有时会显得主观，照片和视频要当作辅助性说明资料。

"去哪儿网"对试睡员的考核标准中有两项："去哪儿网"上的人气（鲜花数及用户回应）、在微博上与用户的互动质量及粉丝的数量。要获得较高的关注，试睡员私下得做很多功课。

如何在酒店不知情的情况下把考察做到位，各位试睡员都有自己的一套。试睡员们要根据酒店的不同类型而做不同的打扮，去青年旅馆要背个旅行包，穿高跟鞋就不太搭调；去商务型的酒店则不要太休闲运动；长头发时而弄卷，时而拉直，戴上墨镜、帽子，打造各种形象对他们来说没有难度；脚底板是最好的测试仪，光着脚走路可以测试地板干净与否；有时为了测试酒店服务员是否秉承客户至上的信条，就得刻意装得不入流。比如去五星级酒店穿T恤、拖鞋。有时会带两身衣服，一身普通，一身昂贵，看看所受到的服务是否有明显不同。

有酒店经营者对试睡员的出现表示了担忧，他们不知道试睡员什么时候会入住酒店，酒店存在的一些问题一旦被写成点评报告公布，对酒店的经营将产生不利影响。曾有酒店打电话来想要试睡员撤掉网上发布的不利评论。更多的酒店经营者，尤其是一些品质较好的经济型连锁酒店对试睡员的出现表示了欢迎。锦江之星市场总监在采访中说，酒店试睡员作为消费者与酒店之外的第三方，能够更好地起到监督作用,同时还可以在消费者和酒店之间搭建起信息沟通的桥梁。另外,酒店试睡员的深入点评还能提升高品质的连锁型酒店的品牌知名度和美誉度。

(资料来源:《南都周刊》)

第二节　旅游服务全面质量管理

案例 4-2

新顾客的老经验

张先生近来高兴事儿特别多。因为这个月为他带来了许多"第一":第一次获得公司的大奖;第一次乘坐飞机;第一次随旅行团出国旅游。在飞机上,他感到什么都那么新鲜、那么好奇。他原以为只有在电影里的机舱才那么明亮,没想到在真实世界里的感觉更好;他原以为有那么多人排队,一定会有人没座位,还在想自己要不要学雷锋让座给同行团友,没想到根本不用操那份心;他原以为飞机的颠簸会出现晕机,借着坐火车的经验故意要了一个靠窗的座位,难受的时候可以打开窗户透透气,上了飞机才发现没有这种可能性,更没想到反而把自己堵在里面了,每次内急都要先"通知"邻座的年轻人方能通行;他原以为火车上的饮料贵,飞机上的肯定会更贵,没想到背了几瓶矿泉水在安检时被自己灌饱后还得扔两瓶,感觉真可惜,为此还一直担心在飞机上太渴怎么办,没想到飞机上喝水喝饮料竟然都不要钱;他原以为……真是太多的"原以为"和"没想到"! 要乘坐8个多小时,又睡不着,张先生就边看影片边喝饮料,但又不敢多喝,喝多了总是打扰邻座多不好。好在邻座的小伙子想好好睡觉,见张先生跑得比较勤快,就干脆与他对换了座位,这就为张先喝饮料创造了条件。张先生最怕麻烦别人,但从不怕别人麻烦他,而且认为这是别人看得起他,使他有机会能"为人民服务",所以"靠走道坐"是他学习到的第一个经验。另一个经验就是,不要在空姐们推车送饭送饮料时上洗手间,否则会堵在走道上,进退两难。这种状况张先生已经遇到两次了,他可不想再像傻瓜一样站在过道的尽头等着空姐慢悠悠地完成工作任务,甚至连看都没有看到他,这种感觉真不好。

案例分析:
1. 张先生这样不停地反省自己,其实最应该反省的是谁?
2. 旅行社或机舱服务人员应如何让张先生打消顾虑,好好享受他的旅程?

一、服务质量五大差距模型

经过长期营销实践,美国服务营销学者蔡特哈莫尔、毕特和柏拉舒拉曼三人在1985年提出,建立一个以消除服务质量差距为目标的"服务质量五大差距模型"(the 5-gap model of service quality)(见图4-6),专门用来分析质量问题的根源,解决质量管理中的难题。

质量差距一——服务机构所了解的顾客期望与实际的顾客期望之间的差距。

主要原因有:对市场研究和需求分析的信息不准确;对期望的解释信息不准确;没有需求分析;从企业与顾客联系的层次向管理者传递的信息失真或丧失;臃肿的组织层次阻碍或改变了在顾客联系中所产生的信息。

质量差距二——制定的服务标准与所了解的顾客期望之间的差距。

主要原因有:计划失误或计划过程不够充分;计划管理混乱;组织无明确目标;服务质量的计划得不到最高管理层的支持。

质量差距三——服务企业的服务执行与制定的服务标准之间的差距。

主要原因有:标准太复杂或太苛刻;员工对标准有不同意见,例如一流服务质量可以有不同的行为;标准与现有的企业文化发生冲突;服务生产管理混乱;内部营销不充分或根本不开展内部营销;技术和系统没有按照标准为工作提供便利。

质量差距四——服务机构对顾客的承诺与服务实际之间的差距。

主要原因有:营销沟通计划与服务生产没有统一;传统的市场营销和服务生产之间缺乏协作;营销沟通活动提出一些标准,但组织却不能按照这些标准完成工作;有故意夸大其辞、承诺太多的倾向。

质量差距五——顾客的服务期望与顾客的服务感知之间的差距。

主要原因有:消极的质量评价(劣质)和质量问题;口碑不佳;对公司形象的消极影响;丧失业务。

通过分析差距模型,管理者可以发现质量问题的根源,并寻找适当的消除差距的措施。差距分析是一种直接有效的工具,它可以发现服务提供者与顾客对服务观念存在的差异。明确这些差距是制定战略、战术以及保证期望质量和现实质量一致的理论基础。

二、服务质量管理的三种模式

针对服务质量的五个差距如何进行管理?我们将重点探讨以下三种服务质量管理模式:产品生产模式、顾客满意模式和相互交往模式。

(一)产品生产模式

美国著名管理学家Theodore Levitt在20世纪70年代提出了"服务工业化"的观点。他认为管理人员可以引进流水作业,通过生产体系和人员合理分工,客观地控制无形产品的质量,企业可使用现代化设备(硬技术)和精心设计的服务操作体系(软技术),取代劳动密集型的服务工作,进行大规模生产,提高生产效率和质量。

产品生产模式取决于两个假设:

(1)管理人员能够全面控制投入生产过程中的各种资源和生产过程使用的技术。

(2)管理人员规定的质量、消费者感觉中的服务质量与消费者行为之间存在明显对应

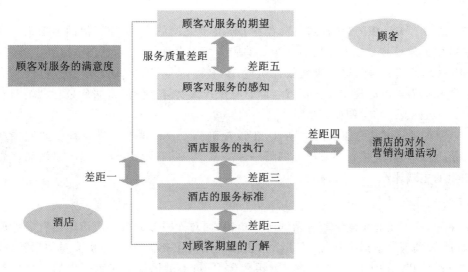

图 4-6　服务质量五大差距模型

关系。

在面对面服务过程中,这些条件并不存在,通常服务属性很抽象,企业能够完全控制的属性很少。在服务过程中出现的差错,会使消费者对一系列服务属性的看法产生不利影响。他们感觉中的服务质量是由他们在与服务人员短暂的交往过程中决定的。

产品生产模式具有管理人员容易确定质量标准、便于衡量和控制服务质量等优点,但也存在一些缺点:

(1) 把服务属性看成可以观察、可以测量的有形属性,不能表明服务过程和消费过程的特点;

(2) 把不同时间、不同场合、不同服务人员为不同消费者提供的不同服务等同起来;

(3) 把顾客的消费行为简单地理解为合理的经济动机,但实际上消费者的行为往往不是合理的经济动机激发的,而通常是由他们的特殊习惯、心理需要和社会习俗引导的;

(4) 只强调企业内部组织结构和管理人员规定的服务结果,忽视企业外部因素和消费者的感觉。

(二) 顾客满意模式

"顾客满意模式"是服务业应用最广泛的一种模式,服务质量不仅和服务结果有关,而且和服务过程有关。它强调消费者对服务质量的主观看法,认为消费者是否会选用并反复购买某种服务,在服务过程中是否会和服务人员合作,是否会向他人介绍这种服务,是由消费者对服务过程的主观评估决定的。

消费者满意程度研究极大地丰富了管理人员对服务质量的理解,促使他们重视服务质量的动态性、主观性、复杂性等特点。从而能够引导企业和服务人员建立以顾客为导向的服务质量模式,注重服务的过程管理和了解顾客的感受。但是,消费者满意程度模式也存在以下缺点。

(1) 片面强调消费者满意程度,使企业难以兼顾员工的利益、企业的利益和企业的社会责任。

(2) 忽视有关环境的影响,当消费者不了解企业之间的竞争,或当他们轻信某一企业广告宣传的服务属性和市场形象而对该企业的服务感到满意,这种满意都不是真正的满意。

(3) 根据消费者满意程度研究服务质量,要求管理人员将注意力从服务过程和服务结果上转移到消费者的心理感受。消费者满意程度模式实际上仍然将服务过程和消费过程分隔开来,并未克服产品生产模式的缺点。

(4) 顾客满意度具有很大的主观性,难以准确测量。在消费者满意程度研究中使用的许多测量方法,实际上仍在测量服务的另一种静态、客观、有形的属性,而不是测量消费者对服务质量的主观评价。

(三) 相互交往模式

近年来,许多企业管理学家和营销学家指出:面对面服务的核心应该是消费者和服务人员的交往,管理人员根据相互关系理论、角色理论等相互交往理论,分析面对面服务,指导面对面服务设计和管理工作。以美国波士顿大学 Peter G. klaus 为代表提出的这种理论特别强调了服务中的关系质量问题,在实施管理时比较难以掌握。

1. 面对面服务质量的影响因素

(1) 服务程序:在消费者和服务人员相互交往的过程中,与服务工作有关的行为方式是由企业的标准操作规定的,双方之间的"礼节性"行为是社会规定的。

(2) 服务内容:指消费者和服务人员需要完成的任务和需要满足的心理需要。

(3) 消费者和服务人员特点:消费者和服务人员同样重要,双方的行为方式与主观感觉也是面对面服务的要素。

(4) 企业特点和社会特点:企业特点、社会特点、文化特点等一系列外部因素也会影响消费者和服务人员的相互交往。企业管理人员的主要管理方法是做好服务组织工作,并支持、激励员工提供优质服务。

(5) 环境和情境因素:包括有形环境和服务时间,也包括与消费者和服务人员有关的特殊情况,如双方的心情、疲劳程度、消费者有多少时间接受服务等。

2. 面对面服务质量的构成

面对面服务质量是上述各个因素共同影响的结果,主要是由协调、完成任务和满意三个层次组成的。

(1) 协调:优质服务的首要条件是服务人员和消费者之间的礼节性行为和感情交流。如服务人员欢迎和尊重消费者,消费者对服务人员同样有礼貌。

(2) 完成任务:优质服务是消费者和服务人员都能完成各自的任务,实现服务的目的。

(3) 满意:消费者和服务人员都会根据自己的期望,评估满意程度。

这三类不同的服务质量管理模式适用于不同类型的企业,都无法普遍地用于企业的服务活动中。在实际工作中单纯地套用某一模式通常并不适合具体的服务工作,企业应在借鉴某一适用模式的基础上,分析服务特点及影响因素,对服务质量管理过程的各个环节采取相应的管理办法。

三、企业提高服务质量的意义

顾客服务已经成为旅游企业赢得竞争的最终武器。服务质量管理与企业的生存和发展息息相关。

第一，加强服务过程的质量管理有利于增强服务性企业的竞争力。在服务过程中，顾客不仅会关心他们所得到的服务，而且还会关心他们是"怎样获得"这些服务的，尤其是当同类型或同档次的服务性企业提供的服务大同小异的时候，"怎样提供"服务将成为顾客选择服务性企业的重要标准。

第二，加强服务过程的质量管理是防止服务差错、提高顾客感觉中的整体服务质量的有力举措。在服务过程中消费者和生产者必须直接发生联系，顾客必须参与到服务的生产过程中去才能最终享用到服务的使用价值。由于顾客高度参与了服务过程，给服务性企业的质量控制带来了很多难以预料的随机因素。顾客一旦对服务的某一方面不满，可能会导致他们对整个企业的全盘否定，这就是服务性企业经营管理中著名的 100-1＝0 效应。

第三，加强服务过程的质量管理有助于树立企业良好的市场形象，增强顾客"认牌"购买的心理倾向。研究表明，顾客购买服务的风险很大，为了降低风险，他们往往对自己认可的企业或市场形象好的企业有较高的忠诚度。从某种意义上来说，服务质量与企业形象是相辅相成的。一方面，加强服务过程的质量管理，可以大大提高顾客感觉中的整体服务质量，帮助企业树立良好的市场形象，培养顾客的品牌忠诚度；另一方面，服务性企业的市场形象又会对顾客实际经历的服务质量产生重大影响。

知识链接　ISO9000 质量管理体系在酒店的应用

用 ISO9000 标准进行酒店质量管理，并以通过 ISO9000 认证获得第三方注册认证证书，成为不少酒店企业提升服务质量的手段。

导入 ISO9000 质量管理体系的好处

1. 规范酒店的各项管理服务程序，有助于提升酒店的管理水平

酒店服务具有生产与消费同步的特点，酒店管理迫切需要一种能事先预防、过程控制、持续改进的管理方法，而这种方法正是 ISO9000 质量管理体系所具备的管理思想和体系运作模式。

导入该体系，酒店在初审阶段就对管理现状进行评估，将酒店管理和服务精细到每个人、每件事、每一天、每一处。除了接受内审，酒店还要进行管理评审，以及第三方的认证审核，对程序运行中产生的问题，不断进行改进，在规范的基础上进一步提高酒店管理和服务的水平。

2. 提升顾客满意度，利于企业树立良好的形象

导入该系统，酒店会建立以"顾客为关注焦点"的质量方针和质量目标，酒店还须对顾客的满意程度进行监视和测量，并对测量的结果进行改善。这些改善的结果是打造优质品牌的有力证据，对于树立酒店良好的外部形象起到重要作用。

3. 利于企业控制成本

酒店行业竞争激烈,控制成本费用的压力很大。导入 ISO9000 质量管理体系将大大降低管理成本;酒店管理更加精细化,用制度和程序将无谓的浪费减少到最低,降低各项费用开支。除了在节约开支方面作用明显外,在各项程序制度的指引下,酒店服务不断提升,顾客满意度得到提升,酒店营业收入也会随之增加。

导入 ISO9000 质量管理体系常见的问题

1. 重证书,轻改善,一些酒店管理人员认识有偏差

有些酒店导入 ISO9000 质量管理体系的目的,只是为了获得第三方认证的证书,认为导入的过程就是迎接检查的过程。因此,在导入过程中,往往采用"搞运动"的操作方式,认证结束,获取证书,质量体系的运作也就此结束了,导致质量管理体系流于形式。

2. 质量管理体系符合性、有效性不强

1) 咨询公司及内部员工专业性不强,体系策划存在明显缺陷

导入质量管理体系是一个技术性、专业性很强的工作,顺利完成贯标、认证,不仅需要咨询公司和酒店工作小组的鼎力配合,更重要的是咨询师和酒店项目小组对质量管理体系、酒店行业特点以及酒店的实际情况有足够的专业能力和把控能力。

2) 必须符合导入酒店的实际情况才能发挥作用

不少酒店由于多方面原因,在策划和导入体系时,不尊重酒店的实际情况,不量体裁衣,导致质量管理目标和方针严重脱离实际;有的酒店为了图方便,从网络或其他渠道下载成型的管理手册、程序文件和操作流程,但在实际运作时,很多服务程序会因自身条件不相符或者客源的限制无法实施。这一因素也是导致符合性、有效性较差的原因。

3) 员工流动率高、培训不到位,影响体系正常运行

质量管理体系发挥良好作用,需要建立在员工熟练操作的基础上。近几年,酒店员工流动率居高不下。新上岗的员工缺乏应有的体系培训,对体系的要求、运作模式缺乏了解,在日常工作中,无法按照操作文件的要求和标准提供服务。因此,员工频繁流动,再加上培训不到位,严重影响了体系的正常运行。

3. 程序繁杂,费用提升,基层员工难于应付

ISO9000 质量管理体系的运行依赖于文件、程序的控制。管理者为了更加严密地解决服务、管理中发现的问题,往往利用繁琐的程序加以控制,这样就会出现一个简单的问题需要多个部门、多个环节相互控制的问题。控制的环节越多,需要的人也越多,各项费用也会不断提升。

另外,在导入初期,酒店员工尤其是老员工,对体系的运行往往不习惯,感觉增加了很多额外的负担,往往会暗中抵制,有的为了交差,甚至伪造记录和文件。

解决的方法和思路

1. 最高管理者重视、全员参与,是顺利导入体系的组织保证

新的体系能够在酒店生根、发芽、开花、结果,需要全员参与,尤其作为酒店最

高管理者的总经理,必须提供各种必要的资源加以推进。最高管理者担任变革的带头人,有利于推动部门与部门之间的协调和沟通;让广大员工积极投入到导入体系的工作中去,也是顺利导入管理体系的基础条件。虽然在导入初期,由于管理理念和手段的变化,会给广大员工带来不便和额外的麻烦,甚至很不适应。但从长期来看,导入体系的目的不仅是改善工作,更是提升整体员工的服务意识和服务素养,对个人的成长和发展十分有利。

2. 选择成熟的咨询公司,搭建有执行力的项目小组,是成败的关键

导入体系除了需要领导的重视和员工的积极参与,作为项目责任人的咨询师、管理者代表和酒店内审员的素质和执行力更重要。因为项目实施的进度、文件策划水平的高低,甚至外审是否顺利,都与项目责任人密不可分。

3. 应充分利用管理评审评价手段实施

充分利用管理评审有效评价酒店业绩,对计划指标、指导文件和工作流程进行动态管理,才能使ISO9000质量管理体系的实施效果得以不断提升和改进。

评价酒店的业绩和管理体系不应流于形式,而应切实地评价其充分性、适宜性和有效性。除评价质量指标、财务指标外,还应评价服务水平与态度、员工素质、服务效率、新产品创新能力等指标。应根据指标的完成情况,结合政策和环境的变化,对已不适合的指标做出调整,对已不具操作性的指导文件和工作流程作相应更改,以做到持续改善。

(资料来源:中国旅游报)

延伸阅读　里兹·卡尔顿酒店的全面质量管理精髓

里兹·卡尔顿酒店(Ritz carlton)是酒店业中的第一个也是唯一一个获得"梅尔考姆·鲍尔特里奇国家质量奖"的酒店,它于1992年获得该项奖项。这项奖项是在美国国会授权下,以美国前商业部部长名字命名,由美国国家技术与标准学会设立的最有权威的企业质量奖。

今天,"里兹"已经成为豪华和完美的代名词。在《新英汉词典》中,它的中文注释是:极其时髦的,非常豪华的。

里兹·卡尔顿酒店的成功与其服务理念和全面质量管理系统密不可分。全面质量管理最初是在生产领域产生并得以应用,其基本含义包括以下四个方面:

第一,强烈地关注顾客。

第二,坚持不断地改进。

第三,改进组织中每项工作的质量。

第四,精确地度量。

在里兹·卡尔顿酒店,无论是总经理还是普通员工,都会积极参与服务质量的改进。高层管理者要确保每一位员工都投身于这一过程,要把服务质量放在酒店经营的第一位。高层管理人员组成了公司的指导委员会和高级质量管理小组。他们每周进行一次讨论,审核产品和服务的质量措施、宾客满意情况、市场增长率和发展、组织指示、利润和竞争情况等,要将其四分之一的时间用于与质量管理有关的事务,并制定两项策略来保证其市场上的质量领先者的地位。其第一项质量策略就是"新成员酒店质量保证项目",高层管理者确保每一个新成员酒店的产品和服务都必须满足集团顾客的期望。这一项目始于一个叫"7天倒计时"的活动,高层经理亲自教授新员工,所有的新员工都必须参加这项活动,公司总裁向员工们解释公司的宗旨与原则,并强调百分之百满足顾客的需求。百分之百满足顾客是里兹·卡尔顿高层管理人员对质量的承诺。具体来说,公司应遵循下列五条原则:

(1) 对质量承担责任;

(2) 关注顾客的满意;

(3) 评估组织的文化;

(4) 授权给员工和小组;

(5) 衡量质量管理的成就。

里兹·卡尔顿酒店长期秉承的全面质量管理的黄金标准如下。

(1) 信条:对里兹·卡尔顿酒店的全体员工来说,使宾客得到真实的关怀和舒适是其最高的使命。

(2) 格言:我们是为女士和绅士提供服务的女士和绅士。这一座右铭表达了两种含义,一是员工与顾客是平等的,是主人与客人的关系;二是酒店提供的是人对人的服务,强调服务的个性化与人情味。

(3) 直观三步曲:里兹·卡尔顿酒店将其服务程序概括为直观的三步曲。

① 热情和真诚地问候宾客,如果可能的话,做到使用宾客的名字问候。

② 对客人的需求作出预期和积极满足宾客的需要。

③ 亲切地送别,热情地说再见,如果可能的话,做到使用宾客的名字向宾客道别。

(4) 基本准则。

具有里兹特色的服务战略——注重经历,创造价值。

全面质量管理使里兹·卡尔顿酒店在竞争中处于有利位置,同时它在营销方面也不甘落后,采取一些有效的营销战略,使其经营管理更加面向顾客,它强调顾客的特殊活动,并通过其富有创造性的营销活动为顾客创造价值。

里兹·卡尔顿酒店通过对质量的严格管理取得了成功,它那枚由凯撒·里兹先生亲手设计的徽章走向了世界,由象征着财源的狮子头与英国皇家标记皇冠组合而成的图案(见图4-7)代表着里兹·卡尔顿酒店的超值服务已经越来越多地渗透到我们的生活之中。

图 4-7 里兹·卡尔顿酒店的徽章

问题讨论

1. 里兹·卡尔顿酒店是怎样超过客人的期望的?
2. 里兹·卡尔顿酒店的回头客信息系统中,最关键的环节在哪里?
3. 你认为里兹·卡尔顿酒店的经验在其他服务行业能推广吗?

 实践活动

尝试做一份5A级风景区的游客满意度调查表。

第五章

旅游服务中的顾客忠诚管理

本章导读

"粉丝经济"是当今盛行的一种经济形势。不管是企业还是个人,只要你拥有一群忠实的"粉丝",你就能做出有影响力的事情。苹果手机能够成就今日的辉煌,很大部分的原因是因为苹果很好地笼络了一大批的"果粉"。而小米呢,通过学习苹果,同样拉拢了一批忠实的"米粉"。在卖方市场日益向买方市场转变的今天,企业越来越重视顾客的情感体验。你可以发现,"顾客黏性"成了企业管理的潮词,不断见诸媒体。你也许会问,为什么越来越多的消费者喜欢钟情于一个品牌?"粉丝经济"势不可挡,而在这背后,作为关系营销的重要方面,顾客忠诚管理起到了至关重要的作用。本章将对顾客的忠诚效应及其价值展开详细的说明,并着重分析顾客忠诚管理在旅游业的应用。

学习目标

1. 知识目标:了解顾客忠诚的定义,了解顾客忠诚的形成过程,了解顾客忠诚的价值与衡量理解顾客价值评估理论。

2. 能力目标:掌握顾客价值衡量的方法,清晰认识和控制影响顾客忠诚的因素,掌握顾客忠诚管理的策略与技巧。

第一节 顾客的忠诚效应及其价值

案例 5-1

一"剪"钟情

一项调查发现,女人跟发型师的关系平均要比她们的婚姻维持得更持久。以英国女人为代表,她们认定同一位发型师的年限长达 12 年 5 个月,比婚姻的平均年限 11 年 6 个月几乎长了一年。

约有 53% 的妇女把她们的发型师视为生命中十位最重要的人之一。对 360 名女性进行的这项调查发现,约有 9% 的人说会把是否邻近她们的美发店作为搬家的首要考量因素。

一般而言,女人们要花费 1 年 10 个月的时间才能找到心仪的理发师来捣饬自己的秀发。

有人说:"我跟理发师认识的时间比跟我的孩子和老公都要久,实际上我想说的是她就是我的编外家人。要觅到一个能剪出你想要的样子的完美发型师绝对需要很长时间,因此一旦你找到了,就绝不会放手。我的发型师不是我生命中最重要的十人之一,而是最重要的五人之一。"

有人说:"我对我的发型师的私生活了解不多,但我会告诉她我生活中的一切。实际上,我跟她分享的东西比跟大多数闺蜜分享的还要多。我都想象不出她搬走了我该怎么办,我大概会说服老公也跟着她搬。"

有人说:"我不认理发店,只认理发师。我东家西家地折腾,花了五年时间才遇到克里斯(Chris),我终于等到了'一剪钟情'的理发师。他现在固定在两三家沙龙做,我就跟着他走,不管那家沙龙多难为我,让我等多久。"

这项研究由网站 Net Voucher Codes 发起。网站的发言人评论说:"女人跟发型师的关系最为接近,这是她们无法轻易放手的人。就像我们研究发现的,女人们要花费一年的时间才能找到她们中意的发型师,因此关系维持这么久完全就不难理解了。然而我们还是非常吃惊,因为几乎十分之一的女人在搬家时会把自己的发型师在哪儿当做重要考虑因素,像承诺一样不可轻易抛弃。"

案例分析: 英国女人对发型师忠诚,是因为对理发师提供的服务产品依恋,这种顾客忠诚很难有特别量化的指标。主要通过顾客的情感忠诚、行为忠诚和意识忠诚表现出来。其中情感忠诚表现为顾客对服务提供者的理念、行为和视觉形象的高度认同和满意;行为忠诚表现为顾客再次消费时对该产品和服务的重复购买行为;意识忠诚则表现为顾客做出的对该产品和服务的未来消费意向。

一、顾客忠诚的定义

(一)顾客忠诚

顾客忠诚表现为顾客购买行为的连续性。它是指顾客对企业产品或服务的依赖和认可、坚持长期购买和使用该企业产品或服务,同时表现出在思想和情感上的一种高度信任,是顾客对企业产品在长期竞争中所表现出的优势的综合评价。而衡量顾客忠诚的量化指标被称为顾客忠诚度,它是指受质量、价格、服务等诸多因素的影响,使顾客对某一企业的产品或服务产生感情,形成偏爱并长期重复购买该企业产品或服务的程度。

(二)顾客满意

顾客忠诚不同于顾客满意。菲利普·科特勒对"顾客满意"的定义是,一个人通过对一个产品的可感知效果与他的期望值相比较后,所形成的愉悦或失望的感觉状态。顾客忠诚度和满意度之间有密切关系。一般来说,顾客满意度越高,顾客的忠诚度就会越高;顾客满意度越低,顾客的忠诚度就会越低。

满意只是一种心理状态。你可以让顾客满意,竞争对手同样也可以让顾客满意,甚至更满意。仅仅有顾客满意是不够的,顾客忠诚才是目标。只有忠诚的顾客才会持续购买本企业的产品和服务,才能给企业带来长久收益。

二、顾客忠诚的形成

一般而言,顾客忠诚的形成要经历认知、认可、偏好与忠诚四个主要阶段(见图5-1)。

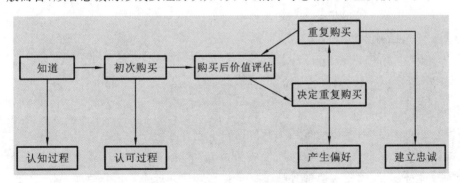

图 5-1 顾客忠诚建立过程动态图

(一)认知阶段

顾客对企业或品牌的认知是顾客忠诚的基础。在此阶段,人们倾向于选择已知的品牌,而不愿意选择从未听说过的品牌以减少购买风险,尤其是在可供选择范围很广的情况下。

顾客对产品或服务的认知途径有广告、商业新闻、经济信息、口碑等。顾客获得的产品或服务的信息,只表明产品或服务进入了顾客购买的备选集,还不能保证顾客就会购买。

在认知阶段,顾客与企业之间的关联很弱,企业只要有优质的产品和优良的服务就有可能把顾客争取过来。

（二）认可阶段

顾客对企业的情况有了基本的了解之后，接下来就是决定是否购买。顾客有了第一次的购买体验，很可能使顾客对产品产生认可。但这种认可只是一种表面的、脆弱的忠诚。

顾客购买了产品之后，会对这次购买行为进行评估，自问是否做出了正确的购买决策。如果顾客认为做出的购买决策达到了自己的期望或超出了自己的期望，就会产生满意感，从而对企业产生信任感，那么购买就可能进入第三个阶段——对产品或服务产生偏好。

（三）产生偏好阶段

在顾客有了愉快的购买体验之后，会逐渐对产品或服务产生偏好，并进一步产生重复购买的念头。

在这一阶段，首次出现了顾客承诺再次购买的情感成分，顾客已经对特定企业或品牌产生了一定程度的好感，不再那么轻易"背叛"该企业或品牌了。

但是，顾客此时还没有对企业的竞争对手产生足够的"免疫力"，可能还在寻找能够为其带来更高价值的产品或服务。

（四）顾客忠诚的形成阶段

如果企业加强对产生偏好的顾客的管理，巩固第三阶段的成果，让这种重复的购买行为继续下去，那么有些顾客就会逐渐形成消费行为的惯性，重复购买某一企业或品牌的产品或服务，并对企业产生情感上的依赖，与企业之间有了强有力的情感纽带。

三、顾客忠诚的意义

"忠粉"造就"穷游网"

"穷游网"是由创始人肖异2004年在德国留学时创办，主要为华人留学生提供自助游互助交流平台，上线的第一个月便得到了近万名网友的关注，其间甚至还出现了服务器托管商因为流量过大而解约的插曲。2006年，"穷游欧洲论坛"正式更名为"穷游"，加入了其他各大洲的自助游板块。2008年，肖异回国组建团队，"穷游"正式进入商业运作。2013年7月，阿里宣布以千万美金投资"穷游网"。穷游的服务宗旨是"让中国人的出境旅行更加容易，帮助大家获得更好的旅行以及生命体验"。

最开始"穷游网"的用户全是在欧洲的留学生，这些留学生把自己出去旅行的一些信息和一些时效性的东西分享出来。后来国内出境的人逐渐多了起来，觉得这个网站的信息质量比较高，因为在当地生活的人所提供信息的深度、准确度和新鲜度是偶尔去一次的人没法比的。再者就是社区的互助性。从"穷游网"建立的第一天起，社区里就有一种特别强的互相帮助的气氛。直到今天他们还会发很长的帖子，帖子的第一句话往往是："我今天在这里发帖是为了感谢当年我去旅行之前，曾经在这个网站获得过的帮助。"这就形成了特别好的循环。肖异说："以前的积累起了非常大的作用,我们的用户都是非常高端的、有号召力的意见领袖。一旦网站发力,我们就不用做什么宣传,因为他们都帮我们做了,这样发展就特别快。""在过去的十年,我们从没有做过大型的宣传活动,基本上都是靠口碑传播。最近几年通过如SNS、微博、微信的新潮刺激,形成的口碑宣传的速度在加快,力度也在加大。"

案例分析:"穷游网"的成功,说明顾客忠诚建立在前期缓慢积累的基础之上——把最好的用户留下来,把最好的气氛保持住,然后把最精准的讯息留下来。而在建立顾客忠诚以后,重复消费、口碑效应将会显现,企业打造出自己的"软实力"从而进入良性循环,立于不败之地。

顾客忠诚对于企业生存和发展具有非常重要的意义,主要表现在以下几个方面。

(一)降低运营成本

争取一个新顾客的费用是保持一个老顾客费用的5~10倍;获得新顾客需要付出成本,特别在供过于求的市场态势下,这种成本将会越来越高。但新顾客对于企业的贡献却是非常微薄的,有些行业,新顾客在短期内甚至无法向企业提供利润。相比之下,企业为老顾客提供服务的成本是逐年下降的。对待忠诚顾客,企业只需经常关心老顾客的利益与需求,在售后服务等环节上做得更加出色就可留住他们,既无需投入巨大的初始成本,又可节约大量的交易成本和沟通成本。企业与顾客的关系越持久,企业就越有利可图。

(二)重复消费

当顾客对某品牌的产品或服务有一定的依赖性,在感情上产生一定的偏爱后,就会自觉重复购买同一品牌的产品或服务,积极为企业做宣传和推荐,并且不易受外界尤其是竞争品牌的信息诱惑。

(三)口碑效应

忠诚顾客是企业及其产品或服务的有力倡导者和宣传者。忠诚顾客满意自己的购买经历,会将自己对产品或服务的良好感觉介绍给周围的人,主动向亲朋好友和周围的人推荐所忠诚品牌的产品或服务,甚至积极鼓动其关系范围内的人购买,从而帮助企业增加新顾客。据酒店行业统计分析,一位忠诚的顾客会向10~12位朋友推荐,一位不满的顾客会向5~10位朋友诉说他的遭遇;一个忠诚的顾客会给酒店带来87500元的价值,一个不满意的顾客会给酒店带来43000元到87000元的经济损失。忠诚顾客的口碑效应可见一斑。

(四)为企业发展带来良性循环

顾客忠诚的企业,增长速度快,发展前景广阔、潜力巨大,可以使企业员工树立荣誉感和自豪感,有利于激发员工士气;企业获得的高收入可以用于再投资、再建设、再生产、再服务,也可以进一步提高员工的待遇,进而提升员工的满意度和忠诚度;忠诚员工可以为顾客提供更好的、令其满意的产品或服务,这将更加稳固企业的顾客资源,进一步强化顾客的忠诚;顾客忠诚的进一步提高,又将增加企业的收益,给企业带来更大发展,从而进入下一个良性循环,如图5-2所示。

总之,忠诚顾客可使企业获得丰厚利润,保证企业的可持续发展。可以这样说,忠诚顾

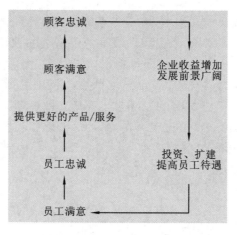

图 5-2 顾客忠诚循环图

客的数量决定了企业的生存与发展;忠诚的质量,即忠诚度的高低,决定着企业竞争能力的强弱。

四、顾客忠诚的衡量

案例 5-3

印象"锦江之星"

4名旅游管理专业的学生于2014年从武汉前往北京调研,北京三环外的"锦江之星"酒店给他们留下了深刻印象。在酒店大堂内,有一个很显眼的彩虹墙,上面有秩序地粘贴着一些五颜六色的小纸条。纸条上写着酒店通往北京各著名景点的交通线路指南,不同的颜色代表不同的景点,每个景点的小纸条有一沓之厚,用别针别着,方便住宿客人取阅。旁边还免费赠送北京地图。房卡办好以后,一行4人领着房卡准备去房间,进了电梯以后,按了楼层3,电梯一直没动静,他们以为电梯坏了,后来电梯又进来2位客人,只见他们把房卡放在电梯按钮处感应了一下,显示了4楼,这时电梯才开始上升。于是他们也贴了一下,3楼指示灯亮了。他们这才明白只有持本酒店房卡的客人才能进入相应楼层。他们在感叹科技发展之快之余,心理的安全系数又上升了一大截。第一次入住"锦江之星"酒店,给了他们很好的服务体验。

该"锦江之星"选址于三环之外、四环以内,目标市场定位为中低端市场,大多以学生群体、外来游客、临时借宿的人为主,大多数来店顾客都有在北京短期游玩的愿望和动机。

案例分析:该"锦江之星"酒店从顾客需求本身出发,设置了满足顾客需求的"彩虹墙",并免费给顾客提供了很实用的北京地图;此外,持房卡才能进电梯、入房间,让出门在外的人们觉得很安全、可靠、踏实,令其在初来乍到北京时吃上一颗定心丸。这种住店之外的免费服务的提供,让人觉得很贴心,人们每每谈起时都会心里念着、嘴上夸着,情感上偏向于"锦江之星"酒店,以后有住店需求时,行为上很大程度就会忠诚于"锦江之星"酒店。这就是服务经营与管理中提到的顾客忠诚的意义和影响,能够带来重复消费、引起良好的口碑效应。

美国旅游心理学家贾维斯(Javis)和梅耶(Mayo)根据顾客的购买行为和顾客的态度将常客和忠诚者区分开来,见表5-1。

表 5-1 忠诚者矩阵

		旅客对酒店及其服务的态度		
		肯定	中性	否定
旅客购买频率	经常	真正的忠诚者	虚假忠诚者	
	偶尔	不专一者、暂时不忠者	易变者	
	很少	很少接受酒店服务者	潜在使用者	不使用者

他们指出,真正的忠诚者偏爱某个企业及其服务,认为这个企业提供的服务最符合他们的需要,几乎总是选购该企业的服务。一家企业的常客包括真正的忠诚者,但也包括那些并不喜欢该企业及服务的虚假忠诚者。他们认为,那些既喜欢企业,又经常光顾企业的顾客才是企业真正的忠诚者。根据上述理论,顾客忠诚包括两个部分:情感部分——顾客对企业的理念、行为和视觉形象的高度认同和满意;行为部分——顾客的购买行为及顾客的口头宣传。

"顾客黏性"是衡量顾客忠诚度的重要指标,顾客黏性对于整个公司的品牌形象起着关键的作用,我们通常可以从以下几个方面来衡量黏性程度。

（一）顾客重复购买的次数

顾客重复购买的次数指在一定时期内,顾客重复购买某种品牌产品的次数。顾客对某品牌产品重复购买的次数越多,说明对这一品牌的忠诚度越高;反之则越低。

（二）顾客挑选时间的长短

通常,顾客挑选的时间越短,说明他对该品牌的忠诚度越高;反之则说明他对该品牌的忠诚度越低。

（三）顾客对价格的敏感程度

顾客对价格都非常重视,但并不意味着顾客对价格变动的敏感程度都相同。事实表明,对于喜爱和信赖的产品或服务,顾客对其价格变动的承受能力较强,即敏感度较低。而对于不喜爱和不信赖的产品或服务,顾客对其价格变动的承受能力较弱,即敏感度较高。对价格的敏感程度高,说明顾客对该品牌的忠诚度低;对价格的敏感程度低,则说明顾客对该品牌的忠诚度高。

（四）顾客对竞争品牌的态度

一般来说,对某种品牌忠诚度高的顾客会自觉地排斥其他品牌的产品或服务;如果顾客对竞争品牌的产品或服务有兴趣并有好感,则表明他对本品牌的忠诚度较低。

(五)顾客对产品质量问题的承受能力

偶然的、轻微的质量问题是任何产品都在所难免的。如果顾客对品牌的忠诚度较高,当出现这种问题时,他们会采取宽容、谅解和协商解决的态度,不会由此而失去对它的偏好。反之,如果顾客对品牌的忠诚度较低,当出现问题时,他们会深感自己的正当权益受到侵犯,会产生强烈的不满,甚至会通过法律方式进行索赔。

(六)顾客购买费用多少

顾客对某一品牌支付的费用与购买同类产品支付的费用总额的比值如果较高,即顾客购买该品牌的比重较大,说明顾客对该品牌的忠诚度较高;反之则较低。

五、顾客价值的评估

案例 5-4

知顾客者得天下

雷沃公司(RēVO)是一家专门生产优质太阳眼镜的公司,由美国一些前航空航天局(NASA)的科学家创建。作为业界新秀,雷沃开创了一种全新的优质高价的太阳镜系列,每副眼镜标价在150到300美元。

雷沃公司本可以运用生动的广告来强调产品的高科技含量——既能百分之百地防紫外线和红外线,又不会使镜片失真。而事实上,雷沃公司却另辟蹊径,从滑雪场、垂钓场和划船运动场着手,观察并和那些戴太阳镜的人交流,想方设法地了解这些潜在顾客在滑雪、钓鱼和划船时的感受。比如,当滑雪者从"猫跳道"上往下滑时,太阳镜是否会妨碍视线,影响滑雪者选择能够获得最大乐趣的路线?又或者,如果看得更清楚,垂钓者能不能钓到更多的鱼呢?雷沃公司尤其关注那些在各自领域内富有创新意识的顾客——他们热衷于自己的兴趣爱好,非得给自己配上最新、最好的装备不可。

为了实现顾客价值最大化,雷沃公司逐渐意识到,顾客需要的不仅仅是优质的雷沃太阳镜片——可以让他们在滑雪时滑得更顺畅,或者在钓鱼时能够看到更多的鱼,他们还需要匹配的镜架,既舒适又时尚。雷沃还发现,其目标顾客对自己的爱好一般都抱有长期的兴趣,因而如果镜架不合适,让顾客觉得长期佩带不舒服的话,镜片的技术含量再高也是枉然。

案例分析:许多公司对于顾客需求、公司的运营成本、产品或服务所能带来的效益以及投资者的预期等都会有一定的了解。然而,大多数公司却并不真正了解在提高绩效方面哪些是因,哪些是果。作为一家公司,其存在的目的不应该是打败竞争对手,而应该是针对自己所选定的目标顾客群,创造并不断提高顾客价值,使顾客能为公司带来更高的利润率,从而使公司赢利。

(一) 顾客价值评估理论——信息时代的经济学

21世纪是知识经济时代、信息时代,更是顾客价值经济时代。市场领先者的战略重心在于对顾客价值的关注,一个企业要想获得成功,在打破简单的顾客与销售、服务关系的同时,必须形成以顾客价值为中心的企业行为系统。因此,建立与顾客之间新的关系,将顾客价值放在企业发展的首位显得尤为重要。

那么,什么是顾客价值?很多人认为提升企业竞争力,提高服务、产品质量,为顾客创造价值,提升顾客满意度就是顾客价值。其实,顾客本身就有价值,让企业发展的最好办法就是让顾客的真正价值通过价格形式表现出来。

有些企业认为自己的产品质量在不断提高,服务水准也越来越高,但顾客却似乎越来越难伺候,最糟糕的是,顾客拥有量在减少,满意度与忠诚度在降低,这到底是怎么了?要留住顾客,就应当使顾客感到其所获得的效用(顾客价值)高于其所支付的代价(顾客成本)。SIGCESS公司通过多年的探索和研究,首创了"HAPPY365",对顾客价值进行评估。

1. 顾客资质评估

所谓顾客资质评估就是对顾客在特定时间周期内依据消费量的大小确定顾客的等级(通常可划分为一般顾客、忠实顾客、VIP顾客、银卡顾客、金卡顾客等),顾客等级不同决定着顾客价值的不同。等级越高,价值越高,顾客资质也就越高。而企业的效益大多数来自于高资质的顾客群体。正如世界最大零售商之一美国代顿—哈德森(Dayton—Hudson)公司通过对400万消费者的统计,发现了一个令人惊奇的事实:有2.5%的顾客的消费额占到了公司总销售额的33%。因此,运用特定的消费积分累积方式确定顾客资质,锁定高资质顾客群体将对企业的效益产生重大影响。

2. 顾客资源评估

所谓顾客资源评估就是对会员顾客周边群体价值顾客的评估。通过会员顾客周边群体价值顾客扩大顾客资源。同时,运用定额配额等有效方法评估顾客资源,在企业追求利润最大化的过程中起着重要作用。顾客资质越高,其周边群体价值顾客资源也会越多。因此,科学确定会员顾客周边群体价值顾客资源的标准,同时,给予不同资质顾客配以不同的定额配额,是企业扩大顾客资源,进而扩大利润的有效方法。有资料显示,沈阳商业城有效地运用顾客资源,使得会员顾客消费额占总销售额的比例逐年提高,甚至比普通顾客消费额高出近一倍。可见充分运用顾客资源,扩大顾客资源对增加企业利润有着巨大的优势和潜在的空间,同时也是现代"微利时代"获取营业利润的重要渠道。

(二) 顾客价值评估的方法

1. 实地观察法

一方面,要充分关注顾客的购买行为。如果条件允许,可以对顾客的购买频率、购买偏好进行记录、跟踪观察。当顾客的购买行为出现不稳定或是偏好变化时,要及时对顾客价值做出分析,确定该顾客的忠诚是否有转移倾向,从而做出决策。另一方面,要考察竞争者,也就是要了解竞争对手的顾客的特点。俗话说,"知己知彼方能百战不殆"。当掌握了竞争者的顾客价值后,就可以有针对性地采取策略以吸引对竞争者忠诚度较低的顾客,还可以对照自身,逆向思考"什么会使顾客在最短时间内流失",从而及时发现自己存在的不足,及时做

出调整。

2. 意见反馈法

与顾客忠诚一样,顾客价值也不是一成不变的。因此,有效的顾客价值评估不可能是静止的、一蹴而就的,而是依赖于与顾客的交流,并最终形成制度。企业可以通过电话或者互联网对顾客进行定期或不定期的回访,还可以通过寄送意见反馈表以及时掌握顾客信息。该方法的关键在于时机的选择,因为任何顾客都不希望有人来干扰自己的生活。另外,有条件的企业还应当建立顾客信息档案,并利用数据库对反馈的顾客信息进行处理,以保证企业对顾客价值评估所依据的数据具有时效性、准确性和全面性。但是,在运用意见反馈法时要注意保护顾客的隐私。

延伸阅读　　顾客不盈利该怎么办?

许多研究认为提升顾客满意度可以增加企业利润,即提高满意度能够增加顾客花费的份额,并因此带来更高的顾客消费额和利润。真的是这样吗?

对一些不同行业的研究结果同时支持这样的结论:顾客保持率和利润之间存在着关系。《哈佛商业评论》中有一篇研究报告被经常引用,即顾客保持率提高5%,会使公司利润增加25%到85%。

由于顾客满意度和顾客保持率紧密相关,顾客保持率又和利润密不可分,因此,很多研究人员已经试图在顾客满意度与企业业绩、顾客满意度与顾客保持率,顾客保持率与企业利润之间的联系上建立模型。与此不谋而合的是,越来越多的研究者和企业管理人员明确地将顾客保持率作为顾客忠诚度的最终测量指标,或作为推算提高服务质量所能带来的利润增加的最佳指标。所以,企业加强管理顾客消费结构(增加单个顾客的消费份额),会比仅仅提高顾客保持率制造更多的商机。麦肯锡公司也同样指出,如果公司既注重顾客花费份额,又提高顾客保持率,所产生的利润比仅仅注重顾客保持率要高出10倍以上。也正因为如此,目前在满意度研究领域十分盛行"花费份额"这个概念。

根据这些基本的逻辑,我们做出以下几种假设。

假设1:花费份额与顾客消费额正相关;

假设2:顾客消费额与顾客可盈利性正相关;

假设3:顾客满意度和顾客消费额的关系可以被顾客的花费份额所调节;

假设4:顾客花费份额和顾客可盈利性之间的关系可被顾客消费额调节。

研究结果证明了这些链效应中每个环节都和其之前的环节确有关联,同时调查结果还有令人意想不到的研究发现。花费份额与顾客消费额存在正相关,花费份额对于顾客满意度和顾客消费额有调节关系。然而,虽然顾客满意度和消费额存在统计学上的显著性关系,但是实际上这种关系非常微弱,相关系数为仅0.05。

尤其是对于管理层最为关注的结果——顾客盈利性这一方面,原来所提出的假设并没有得到验证。分析指出,顾客的消费额和顾客的盈利性的确相关,然而却是负相关。换句话说,顾客消费额越多,顾客所带来的亏损也越厉害。另外,花费份额和顾客盈利性之间也不存在相关关系。因此,假设2和假设4不成立。

研究发现,在所有顾客中,大型顾客往往要么是最具盈利性的,要么是最不具盈利性的。我们在上述的研究中加入盈利性变量,把顾客分为盈利的和不盈利的两种。针对具有盈利性的顾客,上述假设均成立。对于无盈利性的顾客,顾客满意度和花费份额的关系很微弱。对于有盈利性的顾客而言,相关系数为0.38,而对于无盈利性的顾客而言,其相关系数仅为0.07。满意度和盈利性之间的关系并没有人们想象的那么直接。对于盈利性顾客来说,消费额的增加的确提高了盈利性,而对于非盈利性顾客来说,情况恰恰相反。对于非盈利性顾客而言,其他因素对于花费份额所起的作用比服务水准提高更为重要。因此,如果公司希望通过提升满意度增加非盈利性顾客的消费额,不仅会使这些顾客更不具备盈利性,而且也不能有效地提高这部分顾客的花费份额。

评析:以上研究说明了顾客价值评估的意义。通过这些调查结果我们不难发现,了解顾客的盈利性水平非常重要。如果企业对非盈利性的顾客投入资源来提高满意度和花费份额,以期增加顾客消费额,这样做的实际结果反而是可能会减少公司的利润。

第二节　旅游业的顾客忠诚管理

案例 5-5

东方大酒店的成功秘诀

泰国的东方大酒店堪称亚洲酒店之最,几乎天天客满,不提前一个月预定是很难有入住机会的,而且客人大都来自西方发达国家。泰国的经济在亚洲算不上特别发达,但为什么会有如此诱人的酒店呢?我们不妨通过一个实例来看一下。

于先生因公务经常出差泰国,并下榻在东方大酒店,第一次入住时良好的酒店环境和服务就给他留下了深刻的印象,当他第二次入住时几个细节更使他对酒店的好感迅速升级。那天早上,在他走出房门准备去餐厅的时候,楼层服务生恭敬地问道:"于先生是要用早餐吗?"于先生很奇怪,反问:"你怎么知道我姓于?"服务生说:"我们酒店规定,晚上要背熟所有客人的姓名。"这令于先生大吃一惊,因为他频繁往返于世界各地,入住过无数高级酒店,但这种情况还是第一次碰到。于先生高兴地乘电梯下到餐厅所在的楼层,刚刚走出电梯门,餐厅的服务生就说:"于先生,里面请。"于先生

更加疑惑,因为服务生并没有看到他的房卡,就问:"你知道我姓于?"服务生答:"上面的电话刚刚下来,说您已经下楼了。"如此高的效率让于先生再次大吃一惊。于先生刚走进餐厅,服务小姐微笑着问:"于先生还要老位子吗?"于先生的惊讶再次升级,心想"尽管我不是第一次在这里吃饭,但最近的一次也有一年多了,难道这里的服务小姐记忆力那么好?"看到于先生惊讶的目光,服务小姐主动解释说:"我刚刚查过电脑记录,您去年6月8日在靠近第二个窗口的位子上用过早餐。"于先生听后兴奋地说:"老位子!老位子!"小姐接着问:"老菜单?一个三明治,一杯咖啡,一个鸡蛋?"现在于先生已经不再惊讶了,"老菜单,就要老菜单!"于先生已经兴奋到了极点。上餐时餐厅赠送了于先生一碟小菜,由于这种小菜于先生是第一次看到,就问:"这是什么?"服务生后退两步说:"这是我们特有的某某小菜。"服务生为什么要后退两步呢,他是怕自己说话时口水不小心落在客人的食品上,这种细致的服务不要说在一般的酒店,就是在美国最好的酒店里于先生都没有见过。这一次早餐给于先生留下了终生难忘的印象。

后来,由于业务调整的原因,于先生有三年的时间没有再到泰国去,在于先生生日的时候突然收到了一封东方大酒店发来的生日贺卡,里面还附了一封短信,内容是:亲爱的于先生,您已经有三年没有来过我们这里了,我们全体人员都非常想念您,希望能再次见到您。今天是您的生日,祝您生日愉快。于先生当时激动得热泪盈眶,发誓如果再去泰国,绝对不会到任何其他的酒店,一定要住在东方,而且要说服所有的朋友也像他一样选择。于先生看了一下信封,上面贴着一枚六元的邮票。六块钱就这样买到了一颗心,这就是客户关系管理的魔力。东方大酒店非常重视培养忠实客户,并且建立了一套完善的客户关系管理体系,使客户入住后可以得到无微不至的人性化服务。迄今为止,世界各国约有20万人曾经入住过那里,用酒店人员的话说,只要每年有十分之一的老顾客光顾酒店就会永远客满。这就是东方大酒店成功的秘诀。

一、影响顾客忠诚的因素

(一)顾客满意是影响顾客忠诚的重要因素

现代营销之父菲利普博士指出,我们的企业在日趋白热化的产品竞争中,找不到满意份额的市场和可持续成长的市场已成为其头号难题。想要占有一席之地靠什么?能让企业得益的唯一途径就是开拓顾客、留住顾客。"二八定律"告诉我们,80%的销售业绩,都是20%的顾客创造的。能够留住顾客必须让顾客满意,让他们的满意最大化,预期值最大化。

短缺时代已经过去,注定了今天的顾客就是上帝,他们更多的是需求,是挑剔,他们很少去宽恕,去理解。随着营销观念从"产品为中心"走向"以顾客为中心",顾客关怀和顾客满意日益成为企业经营理念的重要组成部分。顾客在不同的时期有不同的需求,其认知也就随之产生变化,市场环境和顾客需求的变化要求企业的营销方式发生相应的变革。一个企业想要取得成功,就必须想方设法为顾客服务,贴近顾客,关心顾客,使顾客满意。顾客忠诚很大程度上受顾客满意的影响。

(二) 顾客因忠诚能够获得多少利益

追求利益是顾客的基本价值取向,顾客忠诚的根本动力是顾客能够从忠诚中获得利益。调查结果表明,顾客一般乐于与企业建立关系,其主要原因是希望从忠诚中得到优惠和特殊关照,如果能够得到,就会激发他们与企业建立长久关系。图 5-3 所示为顾客价值构成与顾客获取成本关系。

如果老顾客没有得到比新顾客更多的优惠,就会限制他们的忠诚,这样老顾客会流失,新顾客也不愿成为老顾客。因此,企业能否提供忠诚奖励将会影响顾客是否持续忠诚。例如,企业实行累计优惠计划,那么对于频繁、重复购买的忠诚顾客来讲,一旦选择了这家企业,就可以享受奖励,而如果中途背叛、放弃就会失去眼看就要到手的奖励,并且原来积累的利益也会因转移而失效,这样就会激励顾客对企业的忠诚。当然,利益要足够大,要能够左右顾客对是否忠诚的选择。

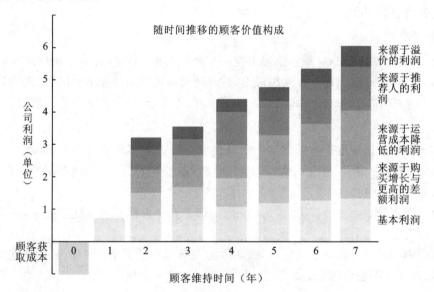

图 5-3 顾客价值构成与顾客获取成本关系

(三) 顾客的转移成本

转移成本是指因转换购买而要面临的障碍或增加的成本,是顾客为更换产品或服务的供应商所需付出的各种代价的总和,它不仅包括货币成本,还包括由不确定性所引发的心理成本和时间成本。

转移成本的加大有利于顾客忠诚的建立和维系。例如采取累计优惠、成套礼品等方法,可以提高顾客的转移成本,使顾客从主观上尽量避免转移。例如机票的贵宾卡、超市的积分卡、快餐店的组合玩具等,顾客一旦发生转移,就将损失里程奖励、价格折扣、集齐玩具等利益,这样顾客在更换品牌时就会慎重考虑,不会轻易背叛,而会尽可能地忠诚。

(四) 顾客的信任因素

顾客与企业建立长久关系的愿望还来自于希望减少购买风险,因为顾客的购买事实上

存在一定的风险。因此,与企业交易的安全感是顾客与企业建立忠诚关系的主要动力之一。顾客为了避免和减少购买过程中的风险,往往总是倾向于与自己信任的企业保持长期关系。

信任使购买行为的实施变得简单易行,同时也使顾客对企业产生依赖感。可以说,信任是使顾客产生忠诚的直接基础。

(五)顾客的情感因素

加拿大营销学教授杰姆·巴诺斯通过调查研究指出,顾客关系与人际关系有一样的基本特征,包括信任、信赖、社区感、共同目标、尊重等内涵,顾客关系的本质是建立顾客与企业间的情感联系,企业只有真正站在顾客的角度,给顾客以关怀,与顾客建立超越经济关系之上的情感关系,才能赢得顾客忠诚。

企业与顾客一旦有了情感交融,就会使企业与顾客之间从单纯的买卖关系升华为休戚相关的合作伙伴关系,当顾客与企业的感情深厚时,顾客就不会轻易背叛,即使受到其他利益的诱惑也会仔细权衡。

(六)管理因素

企业管理方式、制度等对顾客忠诚也有一定程度影响,例如,由于企业在顾客管理方面不够细腻、规范,企业对顾客的影响相对乏力,一旦与顾客联系的业务员跳槽,老顾客就可能随之而去。又如,对顾客的投诉和抱怨处理不及时、不妥当,也会影响顾客的忠诚。

(七)其他因素

顾客会因需求出现变化而退出某个市场领域。假设顾客原来喝白酒,现在注意保健而改喝葡萄酒,如果白酒生产企业不能跟上顾客需求的变化,及时满足顾客新的需求(如供应葡萄酒),顾客就会流失。

顾客会因不满意企业的行为,如污染环境,或不满意企业不承担社会责任,或不关心公益事业等而对企业不忠诚。

顾客会因为搬迁或经营地点转移,或者因为成长、壮大,或者因为企业业绩衰退甚至破产,或者因为企业的主要联系人辞职、退休等,而对企业不忠诚。

二、忠诚顾客的流失

(一)警惕顾客流失的"杀手"

顾客流失对于任何一个企业而言,都是一件很正常的事情。从表面上来看,顾客流失的原因可谓多种多样。不过,如果我们透过现象看本质的话,就会发现导致顾客流失的真正"元凶"是企业自己,而不是竞争对手和顾客本身。

总体来看,顾客流失有以下几点原因:

(1)企业人员流动或另立山头带走顾客,导致顾客流失,尤其是企业高管人员离职变动,很容易带来顾客群的流失,往往不仅仅是外部顾客的流失,还有作为企业内部顾客——员工的流失。

(2)因企业缺乏诚信导致顾客流失,尤其是企业不按服务标准行事,或者服务承诺不能兑现,以及不遵守服务水平协议而导致顾客流失。

(3) 顾客歧视导致的顾客流失,很多企业都明白"二八"法则,即80%的销量来自20%的顾客,于是对顾客进行分类、差异化管理,但却不会正确管理,尤其在服务政策上,过度向大顾客倾斜,使得很多小顾客因心理不平衡而流失。

(4) 企业发展战略调整,市场收缩战略表现为经营业务方向调整、业务范围缩小和转让部分产业,导致需求减少和不再需求;而市场扩展战略主要是顾客进入上游领域,而与原有供应商终止合作或逐步终止合作。

(二) 防止高价值顾客"跳槽"

大客户作为企业的"高价值顾客",若流失对企业的打击可能是致命的。企业要防止大客户"跳槽",最基本的做法是提升大客户的满意度,进而形成忠诚度,这要从战略和策略两个角度去解决这个问题。通过建立战略合作伙伴关系,两者结合才能"长久治安"。防止大客户"跳槽"的主要措施有以下几个。

其一,建立全方位沟通体系。大客户管理部门中的大客户营销人员、客户经理及其主管要定期或不定期地主动上门征求意见,客户经理能随时与大客户碰面,发现大客户的潜在需求并及时解决。要加强与大客户的感情交流,根据企业实际,要定期组织企业高层领导与大客户之间的座谈会,努力与大客户建立相互信任的朋友关系及互利双赢的战略伙伴关系,这样有利于规避与化解渠道冲突。

其二,建立最恰当的销售方式和激励系统。大客户与企业的合作具有一定的特殊性,而其特殊性就体现在模式创新性、价格特殊性、服务紧密性等诸多方面。这要求企业最大程度地接近大客户,掌握客户需求,采取最恰当的销售模式。企业所考虑为大客户建立销售激励政策,通过有效激励使大客户进行负激励,企业对大客户也要加以约束,并做到"有奖有罚"。

其三,建立合理的客户服务流程。目前客户服务中存在后台支撑体系不完善、效率低下等问题,其症结在于企业内部尚未健全流畅的业务流程,影响了客户服务质量。因而有必要建立由客户服务部牵头、为客户提供最合理的一揽子解决方案的系统流程。为更好地管理大客户,有必要建立工作组织职能链条,即企业→大客户管理部门→交叉工作组→大客户。

其四,建立信息管理系统。企业有必要引入大客户管理系统,以大客户的信息资料为基础,围绕大客户进行发展分析、价值分析、行为分析、贡献分析、大客户满意度分析,使决策层对大客户的发展趋势、价值趋向、行为倾向有一个及时准确的把握,并能对重点大客户进行一对一的分析与营销。

其五,积极实施服务补救。顾客服务补救是指对已流失的顾客采取"超满意服务"措施,最大限度地使顾客由不满变为满意,由不信任转为信任,最终赢回顾客。服务补救是避免顾客流失的重要手段,不仅要分析顾客当前的数据,还要对顾客的历史数据进行分析,采取全方位的顾客补救措施,让顾客重新回到自己的身边。

其六,在企业内建立大客户管理部门。企业组建专门管理部门,实现大客户管理职能,这在通信、邮政、银行等很多行业都已实施。很多跨国公司也是这样做的,例如中国在线预订的巨头——携程旅行网,拥有900多个大客户,与这900多个大客户之间的业务就是由大客户管理部来处理的,而其他客户的管理工作,则由一般的销售队伍来做。

三、顾客忠诚的策略

案例 5-6

万科特色的"6+2"服务法则

在地产界流传着这样一个现象:每逢万科新楼盘开盘,老业主都会前来捧场,并且老业主的推荐成交率一直居高不下,部分楼盘甚至能达到50%。据悉,万科在深、沪、京、津、沈阳等地的销售,有30%~50%的顾客是已经入住的业主介绍的;在深圳,万科地产每开发一个新楼盘,就有不少顾客跟进买入。金色家园和四季花城,超过40%的新业主是老业主介绍的。而据万科的调查显示:万科地产现有业主中,万科会员重复购买率达65.3%,56.9%的业主会员将再次购买万科的楼盘,48.5%的会员向亲朋推荐万科地产。这在业主重复购买率一直比较低的房地产行业,不能不说是一个奇迹。

万科有一个称为"6+2"的服务法则,主要是从顾客的角度考虑,分成以下几步。

第一步:温馨牵手。强调温馨牵手过程中发展商信息透明,阳光购楼。万科要求,所有的项目在销售过程中,既要宣传有利于顾客(销售)的内容,也要公示不利于顾客(销售)的内容。其中包括一公里以内的不利因素。

第二步:喜结连理。在合同条款中,要尽量多地告诉业主签约的注意事项,降低业主的无助感,告诉业主跟万科沟通的渠道与方式。

第三步:亲密接触。公司与业主保持亲密接触,从签约结束到拿到住房这一段时间里,万科会定期发出短信、邮件,组织业主参观楼盘,了解楼盘建设进展,及时将其进展情况告诉业主。

第四步:乔迁。业主入住时,万科要举行入住仪式,表达对业主的敬意与祝福。

第五步:嘘寒问暖。业主入住以后,公司要嘘寒问暖,建立顾客经理制,跟踪到底,通过沟通平台及时发现、研究、解决出现的问题。

第六步:承担责任。问题总会发生,当问题出现时,特别是伤及顾客利益时,万科不会推卸责任。

紧接着:一路同行。万科建立了忠诚度维修基金,所需资金来自公司每年的利润及顾客出资。

最后:四年之约。每过四年,万科会全面走访顾客,看看有什么需要改善的。

案例分析:万科出售的不仅仅是"商品",更重要的是给顾客提供的服务和一种体验。"每逢万科新楼盘开盘,老业主都会前来捧场",反映了顾客对万科的认知忠诚和情感忠诚。万科独有的"6+2"服务法则,是从顾客的角度出发,深入挖掘顾客所思所想,为顾客提供暖心的服务体验,让万科的服务文化植入人心、贯彻始终。顾客对万科企业服务文化的认可,是一种情感维系的方式建立起的顾客忠诚。

（一）努力实现顾客完全满意

顾客忠诚的获得有一个最低的满意水平，在这个满意水平以下，忠诚度将明显下降，最不满意的15%的顾客会积极去寻找其他更好的选择；在该最低满意水平线以上的一定范围内，忠诚度不受影响，即使顾客满意，也仍有很大的概率会流失；当满意水平达到某一高度，忠诚度就会大幅增长，最满意的15%的顾客具有相当高的忠诚度。可见，顾客越满意，忠诚的可能性就越大，而且只有最高等级的满意度才能实现最高等级的忠诚度。

（二）提供优惠，奖励忠诚

企业的利益建立在顾客能够获得利益的基础上，因此，企业要赢得顾客忠诚，就要对忠诚顾客进行财务奖励，用价格这一直观、有效的方式予以回报。

首先，要清除妨碍和不利于顾客忠诚的因素，废除一些不合理的规定，例如老顾客没有得到比新顾客更多的优惠和折扣。其次，企业要奖励重复购买，奖励的目的就是要让顾客中的忠诚者得到回报，让若即若离者得到激励。为此，企业要制定有利于与顾客形成持久合作关系的价格策略，设法让顾客在利益驱动下保持忠诚。

1. 奖励方式

奖励忠诚顾客的代表形式有频繁营销计划，指向经常或大量购买的顾客提供奖励，目的是促使现有顾客保持对企业的忠诚，从而建立企业与顾客的长久关系。奖励的形式有折扣、积分、赠品、奖品等优惠和好处，以此来表示对老顾客的关爱，降低他们重复购买的成本。例如，酒店向常客提供住十天赠送一天的优惠，饭店或零售商向经常光顾的老顾客提供折扣等额外利益。某餐厅将顾客每次用餐后结账的账目记录在案，自然，账目金额大的顾客都是该餐厅的常客。到了年终，餐厅将纯利润的10%按顾客总账目金额大小的比例向顾客发奖金。这项"利润共享"的策略，使得该餐厅天天客满。

又如，航空公司向经常乘坐本公司班机的旅客提供里程奖励。美国西南航空公司最早对积累了一定里程的乘客推出可与自己的伴侣一起享受一次免费的国内飞行计划。这一计划一经推出便大获成功，许多公司纷纷效仿也推出了各种各样的奖励计划，像西北航空公司和联合航空公司等都开发了频繁飞行计划，用来奖励忠诚的乘客。忠诚的乘客通过累积的里程数可获得折扣、免费机票或头等舱的高级座位。

2. 奖励注意事项

首先，要考虑顾客是否重视本企业的奖励，在奖励时不搞平均主义，要按贡献大小区别奖励。其次，要考虑奖励是否有效果。奖励效果一般由现金价值、可选择的奖品类别、顾客渴望的价值、奖励方法是否恰当、领取奖励是否方便等因素决定。再次，不能靠奖励孤注一掷。要注重为顾客提供长期利益，因为一次性促销活动并不能产生顾客的忠诚，而且还浪费了大量财力，即使促销有效，竞争者也会效仿跟进。最后，要考虑奖励能否坚持下去，奖励顾客忠诚往往要付出昂贵代价，因此企业要考虑自己是否有能力对顾客持续进行奖励，能否承受奖励成本不断上升的压力，否则就会出现尴尬局面——坚持下去，成本太高；取消奖励，影响企业信誉。

(三)提高顾客的转移成本

1. 加强与顾客的结构性联系

企业要不断让顾客有这样的感觉:只有购买我们的产品,才会获得额外的价值,而其他企业是办不到的。如果能够做到这一点,就可以增加顾客对企业的依赖性,从而坚定顾客对企业的忠诚。

2. 提高顾客服务的独特性与不可替代性

个性化的服务是顾客关系发展到一定程度时顾客的必然要求,企业如果能够为顾客提供独特的、个性化的、不可替代的服务,就能够达到提高转移成本、增进顾客忠诚的目的。为此,企业必须不断创新,不断提供竞争对手难以模仿的个性化产品或服务。企业还可通过技术专利等与竞争对手拉开差距,从而降低顾客的"跳槽率",实现顾客忠诚。

(四)增加顾客对企业的信任与情感牵挂

1. 增加顾客对企业的信任

一系列的顾客满意产生顾客信任,长期的顾客信任形成顾客忠诚。企业要建立高水平的顾客忠诚还必须把焦点放在赢得顾客信任上而不仅是顾客满意上,并且要持续不断地增强顾客对企业的信任,才能获得顾客对企业的永久忠诚。

(1)要牢牢树立"顾客至上"的观念,想顾客所想,急顾客所急,解顾客所难,帮顾客所需,以自己的实际行动取得顾客的信任。

(2)要提供广泛并值得信赖的信息(包括广告),当顾客认识到这些信息是值得信赖并可接受的时候,企业和顾客之间的信任就会逐步产生并得到强化。

(3)要重视和了解顾客可能遇到的风险,然后有针对性地提出保证或承诺,并切实履行,以减少顾客的顾虑,从而赢得顾客信任。

(4)要尊重顾客的隐私权。

(5)要认真处理顾客投诉,及时、妥善地处理顾客的投诉,赢得顾客的信任。

2. 增强顾客对企业的情感牵挂

联邦快递的创始人佛莱德·史密斯有一句名言:"想称霸市场,首先要让顾客的心跟着你走,然后才能让顾客的腰包跟着你走。"因此,企业在与顾客建立关系之后,增强顾客对企业的情感牵挂的方法是积极沟通、密切交往。企业应当积极地与顾客进行定期或不定期的沟通,如定期对顾客拜访或者经常性的电话问候,真正了解和重视他们的想法和意见,并邀请他们参与到企业的各项决策中,让顾客觉得自己很受重视。

对于重要顾客,企业负责人要亲自接待和登门拜访,努力加深双方的情感联系,并且发展联盟式的顾客关系。在顾客的重要日子(如生日、结婚纪念日、厂庆日等),采取恰当的方式予以祝贺,如寄节日贺卡、赠送鲜花或礼品等;或邀请顾客参加娱乐活动,如观赏歌舞、参加高级晚会等,投其所好,加强感情投资,表达对顾客的关爱,从而增进友情、强化关系。

(五)加强内部管理,为顾客忠诚提供坚实的保障

1. 通过培养员工的忠诚达到顾客的忠诚

员工的满意度、忠诚度与顾客的满意度、忠诚度之间呈正相关的关系,只有满意的内部

员工才能提供令顾客满意的产品和服务,员工的满意度提高 5%,顾客的满意度将提高 10%。因此,企业应该通过培养和提升员工的满意度与忠诚度,为提升顾客的满意度和忠诚度奠定坚实基础。

第一,寻找优秀的员工。企业应寻找那些特质、潜力、价值观与企业的制度、战略和文化相一致,才识兼备、技术娴熟、工作能力强、能够长期做出令人满意贡献的员工。

第二,加强培训。企业应培训员工树立"以顾客为中心"、"顾客至上"的理念,使每位员工认识到他们的工作如何影响顾客和其他部门的人员,从而又最终影响到顾客的忠诚和企业的生存,并给予相关知识和技能的培训与指导。

第三,充分授权。即企业要赋予一线员工充分的权利和灵活性,使员工感到自己受重视、被信任,进而增强其责任心和使命感,激发其解决生产、服务等各环节问题的创造性和主动性,使每位员工都积极参与到超越顾客期望的目标中去,群策群力赢得顾客忠诚。

第四,建立有效的激励制度。有效的激励可以激发员工的工作热情,挖掘员工的潜力,因此,企业要善于发现和嘉奖业绩突出的员工,并将员工的报酬与其满足顾客需要的程度挂钩,建立有助于促使员工努力留住顾客的奖酬制度。

第五,充分满足雇员的需要,尊重员工的合理要求。在员工培训和个人发展上舍得投资,及时解决员工遇到的问题,从而不断提高员工的满意度。

第六,不轻易更换为顾客服务的员工。熟悉就会亲切,熟练就会有效率。如果一个员工在一个工作岗位上待的时间长了,不仅可以了解工作的要求和做好工作的技巧,而且能够了解顾客的兴趣与需求。

2. 通过制度避免员工流动造成顾客的流失

有些顾客之所以保持与某家企业的往来,可能是因为与之联系的该企业员工的出色表现以及与他们建立的良好私人关系。如果这个员工离开了这家公司,顾客就可能会怀疑该企业是否仍能满足他们的要求。为了消除这种疑虑,企业要建立统一的员工形象,在平时就要将企业拥有高素质员工的信息不断地向顾客宣传。这样,即使其中一个员工流失,其他员工也可以顺利接替他的工作,继续为顾客提供优质服务。

案例 5-7

让人羡慕的开元度假村员工宿舍

据说 99% 的人在找工作的时候,都希望公司能提供一间宿舍。然而有 70% 的企业提供的宿舍只能称之为睡觉的窝,但到过开元度假村员工宿舍后,恐怕你就难以淡定了:这里拥有宽敞的宿舍面积、齐全的配套、还有海景!……看完后会发现,你需要一个招聘电话!

在享有"海南十大最美海湾"盛誉的棋子湾,隐藏着一个美丽的花园小区,它有着一个祥瑞的名字——千和家园,宿舍共有四栋楼,400 多间房间,总共可容纳员工近 1000 人。它面朝大海,春暖花开。小区内花草林木茂盛,一年四季绿意盎然,沐浴着和煦的阳光,头顶湛蓝的天空,背靠苍翠的青山,面对着一望无际的大海,承载着海南棋子湾开元度假村员工的欢声笑语(见图 5-4)。

图 5-4　开元度假村员工宿舍

　　不像其他堆满了吱呀摇晃的架子床的拥挤的员工宿舍,海南棋子湾开元度假村的员工宿舍分为单人间、双人间和三人间,每间都有 30 多平方米。

　　宿舍拥有独立的阳台、卫生间,配套有空调、热水器、书桌、靠背椅、衣柜、床头柜等家具,还接入了高速专线网络,并配有全套床上用品、保温瓶、垃圾桶、拖布、扫帚、簸箕等,让员工轻松拎包入住。

　　除此之外,每层宿舍还配有洗衣机,满足大家日常洗衣的需求。因为每间宿舍阳台都有晾衣杆,所以洗衣机分散在各楼层,更加方便员工洗涤后晾晒衣物,还能避免集中晾晒可能导致衣物错拿、或贴身衣物公区晾晒的尴尬。

　　在宿舍小区内配有桌球室、乒乓球室以及一个室外篮球场,傍晚时,男员工们打篮球,女员工们看打篮球并加油助威,另外还有宽阔的场地供大家打羽毛球。

　　不光上班期间可以在度假村员工餐厅用餐,休息时也可以在宿舍的员工餐厅用餐,或者去小区门口的员工超市买点零食水果。当然,有时还有外国友人借用员工餐厅的厨房给大家做地道的西餐。

　　从宿舍步行去棋子湾的小角海湾只需要 10 分钟,可以看落日、捡贝壳、抓螃蟹、撬生蚝;或者在笔直平坦的旅游专线上迎着夕阳奔跑、骑自行车,踏浪看海,亲近大自然。夏天的傍晚,席地而坐,看一场露天电影也是美美的享受。

　　宿舍附近有类似鼓浪屿的文艺小镇:休息天邀上几个同事去离宿舍不远的昌化小镇,拍几张美美的照片,分分钟做出一张电影海报,度假村员工随便拍拍就这么有镜头感。

(六) 建立顾客组织,稳定顾客队伍

　　企业运用某种形式将分散的顾客组织起来,建立顾客组织,如会员制或顾客俱乐部制,并向顾客提供价格或非价格的刺激,从而将一系列相对独立的与顾客的交易转变为具有密切联系的交易,使企业与顾客进入长期稳定的关系。建立顾客组织是巩固和扩大市场占有率、稳定顾客队伍的一种行之有效的办法,有利于建立长期稳定的主顾关系。

知识链接　　乐购公司赢得顾客忠诚度

乐购(Tesco)超市公司是英国最大的食品超市之一,该公司9年前开始实施的忠诚计划——"俱乐部卡"(clubcard),帮助公司将市场份额从1995年的16%提升到了2003年的27%,成为英国最大的连锁超市集团。乐购的"俱乐部卡"被很多海外商业媒体评价为"最善于使用顾客数据库的忠诚计划"和"最健康、最有价值的忠诚计划"。

乐购的成功在很大程度上要归功于以下三个方面。

顾客数据库: 乐购通过顾客在付款时出示"俱乐部卡",掌握了大量翔实的顾客购买习惯数据,了解了每个顾客每次采购的总量,主要偏爱哪类产品、产品使用的频率等。通过了解持卡人的爱好、消费习惯和购买行为,乐购会向他们馈赠喜爱商品的优惠券,这是一个双向互动的过程。

利基俱乐部: 乐购将这些顾客划分成了十多个不同的"利基俱乐部",比如单身男人的"足球俱乐部"、年轻母亲的"妈妈俱乐部"等。"俱乐部卡"的营销人员为这十几个"分类俱乐部"制作了不同版本的"俱乐部卡杂志",刊登最吸引他们的促销信息和其他一些他们关注的话题。一些本地的乐购连锁店甚至还在当地为不同俱乐部的成员组织各种活动。

个性化服务: 例如,乐购为女性购物者和对健康很在意的消费者特别推出了"瘦身购物车"。这种推车装有设定阻力的装置,使用者可自主决定推车时的吃力程度,阻力越大,消耗的卡路里就越多。推车购物过程中,顾客的手臂、腿部和腹部肌肉都会得到锻炼,相当于进行了一定时间的慢跑或游泳而得到的锻炼。手推车上还装有仪器,可测量使用者的脉搏、推车速度与时间,并显示出推车者消耗的热量。乐购发言人称,这种"瘦身购物车"造价是普通推车的7倍,但受到了目标群体的热烈欢迎。

1. 乐购会员卡制度(见表5-2)

表5-2　一般会员卡与乐购俱乐部卡对比表

大多数会员卡	乐购俱乐部卡
A. 积分计划章程繁琐,积分规则复杂,晦涩难懂 B. 不实惠,难兑换 C. 消费者不清楚自己的积分状态,也不热衷于累计和兑换,成为了忠诚计划的"死用户"	A. 积分简单,提供实在优惠 B. 具体细分,精准定位 C. 消费者方便实惠,延长忠诚周期 D. 发展潜在顾客,刺激消费

2. 顾客忠诚度维护措施（见图5-4）

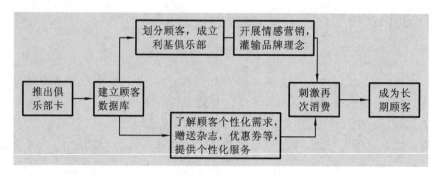

图5-5 顾客忠诚度维系图

实践活动

机智的化妆品公司老板

日本一家化妆品公司设在人口百万的大都市里，而这座城市每年高中毕业生相当多，该公司老板灵机一动，想出了一个妙点子，从此，他们的生意蒸蒸日上，成功地掌握了事业的命脉。

这座城市中的学校，每年都送出许多即将步入黄金时代的少女。这些刚毕业的女学生，无论是就业或深造，都将开始一个崭新的生活。她们脱掉学生制服，开始学会修饰和装扮自己。这家公司的老板了解到这个情况后，每一年都会为女学生们举办一次服装表演会，聘请知名度较高的明星或模特儿现身说法，教她们一些美容的技巧。这些女学生事先都会收到公司寄来的请柬，这些请柬也设计得相当精巧有趣，令人一看就目眩神迷，哪有不去的道理？因而大部分人都会寄回报名单，公司则根据这些报名单准备一切事物。据说每年参加的人数，约占全市女性应届毕业生的90%以上。公司在招待她们欣赏、学习的同时，老板自己也利用这一机会宣传自己的产品，表演会结束后他还不失时机地向女学生们赠送一份精美的礼物。这些应邀参加的少女，除了可以观赏到精彩的服装表演之外，还可以学到不少美容知识，又能个个中奖，人人有份，满载而归，真是皆大欢喜。因此许多人都对这家化妆品公司颇有好感。

在她们所得的纪念品中，附有一张申请表。上面写着：如果您愿意成为本公司产品的使用者，请填好申请表，亲自交回本公司的服务台，您就可以享受到公司的许多优待。其中包括各种表演会和联欢会，以及购买产品时的优惠价等。大部分女学生都会响应这个活动，纷纷填表交回，该公司就把这些申请表一一登记装订，以便事后联系或提供服务。事实上，她们在交回申请表的同时，或多或少都会买些化妆品回去。如此一来，对该公司而言，可谓一举多得，不仅吸收了新顾客，也实现了让顾客忠诚的理想。

结合以上案例谈谈如何培养顾客的忠诚度？

第六章

旅游服务中的失误与服务补救

本章导读

服务产品具有无形性、异质性、并发性和易逝性等特征,同时还具有服务质量评价主观性的特点,这些都注定了服务失误不可避免且大量存在。即使对于有着最佳服务意识的、世界级的服务系统来说,服务失误也是难以避免的。只要有一次服务失误就可能导致顾客不满,并可能永远失去该顾客的信任。在这种情况下,企业该怎么做才能避免因服务失误而导致的利益损失?能否通过成功的服务补救而增加利益?

服务补救可以提供一个机会去弥补这些缺陷并让顾客留下正面服务的印象。恰当、及时和准确的服务补救可以缓解顾客的不满情绪,并部分恢复顾客满意度和忠诚度,某些情况下,甚至可以大幅度提升顾客满意度和忠诚度。服务补救不仅仅是企业重新获得消费者满意的一种手段,同时也是一种改进服务质量的有效工具,因此本章就带领大家来了解一下服务失误产生的原因及如何补救失误。

学习目标

1. 知识目标:了解什么叫做服务失误,以及服务失误的原因和各种表现,同时学习服务产生失误之后应采取怎样的策略解决,赢回消费者的满意度。

2. 能力目标:在参与相关服务工作的过程中,能有效识别服务失误,并且及时采取措施进行服务补救,让顾客对你的服务满意。

第一节 服务失误的原因及表现

案例 6-1

"小失误,大代价"

旅游管理专业毕业生小李,在初接触酒店服务之后,就已经意识到了服务失误管理的重要性。刚到酒店,小李被分配到酒店客房中心工作,有次轮到小李值夜班,接班手续办完没多久,小李就接到顾客电话,一位中年男子用沙哑的声音说:"明天早晨6点10分叫醒。"小李立马记下了客户的叫醒要求,然后立即转告总机,当小李接通总机电话后,才突然发现,自己竟忘了问清客人的房号,根本不知道是哪位顾客预订的叫醒服务,小李查看了刚才的电话机键盘,结果这部电话机没有号码显示屏,小李顿时心慌,立即将此事向总机说明。总机称也无法查到房号。于是小李的领班马上报告值班经理。值班经理考虑到这时已是三更半夜,不好逐个房间查询。再根据客人要求一大早叫醒的情况看,估计十有八九是明早赶飞机或火车的客人。现在只好把希望寄托在客人也许自己会将手机设置叫醒。否则,就只有等待投诉了。

第二天早晨8点左右,一位男性顾客来到总台,投诉说酒店未按他的要求叫醒,使他误了飞机,其神态沮丧而气愤。早已在大堂等候的大堂副理见状立即上前将这位客人请到大堂咖啡厅接受投诉。大堂副理了解到,该客人是准备一大早赶往机场,与一家旅行社组织的一个旅游团成员汇合后乘飞机外出旅游。他在要求叫醒时,以为服务员可以从电话号码显示屏上知道自己的房号,就省略未报。而由于这样的服务失误,打乱了顾客的旅游行程,酒店必须想办法进行补救,酒店方面立即与这家旅行社联系商量弥补办法。该旅行社答应可以让这位客人加入明天的另一个旅游团,不过今天这位客人在旅游目的地的客房预定金270元要由客人负责。接下来酒店的处理结果是:为客人支付这笔定金,同时免费让客人在本酒店再住一夜,而且免去客人昨晚的房费。这样算下来,因为一次小小的失误,导致酒店经济损失共计790元。所幸的是,顾客由于服务失误产生的经济损失等酒店都进行了及时的补救和合理的赔偿,并取得了顾客的谅解。

案例分析: 服务失误在所难免,当服务失误招致了比较重大的损失,或者导致了客人的严重不满时,服务提供商要主动承担应有的责任。只要顾客要求与原服务价值相当甚至更低的补偿,那么酒店就可以将其归为合理的抱怨予以处理;尽量采用客人提出的方法,并让客人参与调查。这样既可以表示对客人的尊重,也能够体现出企业的公正,从而有效地消除顾客的不满。

一、服务失误的概念及类型

(一)服务失误的概念

服务失误(service failure)是顾客对服务传递中没有满足其期望的一个或多个方面的感知。简单来说就是服务表现未达到顾客对服务的要求及评价标准。

从这一定义中我们可以看出,服务失误取决于两个方面:一是顾客对服务的评价标准,即顾客的服务预期所得;二是服务表现,即顾客对服务真实经历的感受,也就是顾客对服务过程中的实际所得。只要顾客认为其需求未被满足,或是企业的服务低于其预期水平,就预示着企业有可能发生服务失误。服务失误的大小可以表述为由于服务失误而给顾客带来的损失的大小,服务失误的严重程度会对顾客满意度产生影响,失误的严重程度越大,顾客的满意度越低;服务失误发生在不同时间阶段也需要有不同的对待。

(二)服务失误的类型

1. 过程失误与结果失误

服务失误按照服务的发展阶段可以分为:过程失误和结果失误。服务失误的结果维度涉及顾客实际从服务中得到(或损失)的经济利益,而过程维度涉及顾客如何获得服务,即其获得服务的方式。因此,所谓的结果失误是指,企业没有能够满足顾客的基本需求,或者说没有完成核心服务。例如,由于某种原因,顾客向某家酒店预约房间失败。而过程失误则是指在履行核心服务的过程中出现了瑕疵,或提供方式出现某种程度的损失。例如,顾客在酒店前台登记入住时遭遇工作人员的粗鲁对待。

2. 可控失误与不可控失误

企业服务失误类型包括不可控制的失误类型和可控制的失误类型。企业服务系统出现故障,天气恶劣等不可抗拒的随机因素的影响等,这些属于不可控制的失误;因为服务人员个人的原因导致服务顾客时状态欠佳,服务技巧欠娴熟等,这些都属于可以控制的失误。当顾客期望的服务与企业提供的服务相去甚远时,有时尽管并不是企业的责任,但是顾客往往会归罪于企业,感到不满,这也会导致服务失误。

3. 结果性失误、程序性失误及互动性失误

按照服务接触的程度,服务失误可分为以下 3 种类型。

(1)结果性失误,是指那些没有能够完成顾客预期的基本服务内容而造成的失误情形,这类失误是与服务提供者的明确承诺紧密相关的,这一般也与服务的核心结果有关。这类失误比较常见,比如,饭店不能为顾客提供预点的菜肴,旅馆不能兑现旅客预定的票务,理发店不能为顾客剪出理想的发型等等。

(2)程序性失误,是指那些关于服务传递的规章、政策、方法等制度或习惯所造成的服务失误,比如服务延迟、顾客等待等。

(3)互动性失误,是指由那些直接人际互动过程所造成的服务失误,比如一线员工与顾客的人际交流失败,员工的服务态度和礼仪不当等等。

二、服务失误的原因

现实生活中服务失误产生的原因是变幻莫测、多种多样的,但系统分析并了解服务失误

产生的本质原因,有助于企业在服务管理中找到规律,并找出应对方案。服务失误之所以可能发生主要是因为服务的质量会受到一些因素的影响,而这些影响因素也正是我们探究服务失误成因的突破口。服务质量一般受到服务产品本身、服务提供者、服务接受者以及一些外在因素的影响,因此导致服务失误的原因正是这几方面。

1. 服务质量构成的特殊性

服务产品的质量水平不完全由提供服务的企业决定,还受到顾客的影响。服务质量是一个主观的范畴,取决于顾客对服务质量的主观预期与实际感知的服务水平之间的对比。服务质量是由技术质量、职能质量、形象质量和真实瞬间构成的。

(1) 技术质量是服务过程中的产出,即顾客最后从服务中得到的东西;

(2) 职能质量是服务推广过程中,顾客所感受到的服务人员在执行职责时的行为、态度、着装和仪表给顾客带来的利益和享受;

(3) 形象质量是企业在社会公众心目中形成的总体形象;

(4) 真实瞬间是服务过程中顾客与企业进行服务接触的过程。

2. 服务提供者的原因

从服务提供者(企业)的角度来看,失误包括服务的系统性失误和员工的操作性失误两个方面。系统性失误是由于服务架构的缺损而导致服务中的失误,通常表现为,企业的服务体系不够完善,设计不科学,服务架构不完备,服务要求不到位,缺乏有效的服务监督管理体系或没有完备的服务保障措施来满足顾客的要求等。员工的操作性失误一般表现为提供服务的员工在接待顾客的过程中,因违反服务规程而出现的行动迟缓、态度欠佳、业务不熟、用语不当等现象,从而引发服务失误或服务失败。上述服务失误的出现,既可能与企业的服务理念有关,也可能与员工的素质有关,还可能与店家对服务的监管不力有关。

3. 顾客方面的原因

从服务接受者(顾客)的角度来看,服务具有生产与消费的同步性等特点。在很多情况下,顾客对于服务失误也有一定的责任。顾客的服务期望中既有显性的服务需要,也有隐性的服务欲求,还有模糊的服务期盼。如果顾客无法正确地表述自己的服务期望,就会带来服务失误与失败。

4. 外在随机因素的影响

在有些情况下,随机因素也会造成服务失误。如电脑病毒突然发作,引发收银系统发生故障,导致顾客长时间排队等候而引发不满等。对于由此造成的服务失误,企业补救的重点应是如何及时准确地将服务失误的原因等信息传递给顾客,与顾客进行沟通,以期得到顾客的理解。

三、服务失误的后果

服务失误的后果有隐性后果和显性后果之分,服务失误的显性后果是导致顾客的流失。目前,随着竞争的不断加剧,零售企业间的竞争十分激烈。在激烈的竞争下,服务的失误、失败必然会导致顾客的流失。而服务失误的隐性后果则是"坏口碑"的形成与传播,即因不满意顾客的"抱怨"在周围人群中迅速传播,使潜在顾客对企业产生不良印象。由于服务产品具有较高的不可感知性和经验性等特征,顾客在接受服务、购买产品前,大多从人际渠道获得服务或产品信息,他们通常会认为来自关系可靠的人群或专家的信息更为可靠。因此,口头传播是消费者普遍接受和使用的,并以此收集相关服务产品的信息。"坏口碑"传播导致的结果是企业形象受损,潜在顾客减少,竞争能力下降,形成恶性循环。可见,服务失误的后果是严重的,对失误的服务进行及时补救则是至关重要的。

知识链接

Westbrook. RA(1981)提出服务失误的来源主要有三个方面:(1)销售系统,产品销售系统的提供能力;(2)购买系统,零售点的选择、实际购买和收受产品;(3)消费系统,产品购买后的使用和消费。1990年,Bitner等在"Diagnosing Favorable and Unfavorable Incident. Journal of Marketing"中对服务消费事件的服务失误进行了分类。他们将服务失误分为三大类:

(1) 服务提交的系统失误,主要是指企业提供的核心服务的失误,包含员工的三种类型的失误(无法提供服务、不合理延迟服务时间、其他核心服务失误)。

(2) 员工对于顾客需求的反应,包括员工对个别顾客的需要和特别请求的反应。

- 顾客特殊需求,例如为素食主义者准备饭菜;
- 顾客特殊偏好,例如顾客偏爱甜食,不喜辣味,要求更换饭菜口味;
- 顾客自承错误,例如顾客丢失酒店房间钥匙。

(3) 员工自发而多余的行为,如对顾客的关照、不寻常的员工行为、文化规范下的员工行为、整体的体验、逆境下的反应。

延伸阅读　联邦快递如何快速补救服务失误?

联邦快递是全球最具规模的快递运输服务公司,为全球超过235个国家及地区提供快捷、可靠的快递服务。联邦快递设有环球航空及陆运网络,通常只需一至两个工作日,就能迅速运送时限紧迫的货件,而且确保准时送达。联邦快递公司旨在提供精准快速的快递服务,为了提高服务准确性,降低服务失误率,该公司利用Powership自动系统跟踪有关货件的行踪资料,以了解服务类别、送货时间及地

点。这样服务人员可以及时了解到是否发生服务失误,并在第一时间采取补救措施。同时,服务人员记录和分析顾客的投诉以评估服务补救的效果,并以此了解服务失误发生的原因并做出相应的改进措施,之后把这些信息收集整理,建立数据库,用于改进内部工作程序,以避免下次服务失误的发生。当顾客打电话给联邦快递的时候,只要报出发件人的姓名和公司的名称,该顾客的基本资料和以往的交易记录就会显示出来,极大地提高了服务补救质量。

在这一服务补救过程中,美国联邦快递公司制定了非常严格的服务标准。公司承诺于第二天上午十点之前送达物件,这样顾客会很清楚地了解其应获得的服务水准。同时公司也非常重视员工的培训与授权、组织学习等。公司有相当好的培训制度,每时每刻联邦快递公司都有3%~5%的员工在接受培训,每年在员工培训方面的花费约为1.55亿美元。特别是对于一线服务员工,服务和服务补救技巧是必不可少的培训内容。同时,公司大胆授权一线服务员工解决顾客问题。公司注重从补救经历中学习,通过追踪服务补救的努力和过程,服务人员能够获知一些在服务交付系统中需要改进的系统问题。

 实践活动

讲述自身经历过的服务失误,并讨论引起这些失误的原因。

第二节 顾客对服务失误的反应

 案例 6-2

一流酒店也会疏忽

文华东方酒店因服务一流而成为行业的佼佼者,其出众的服务和优异的管理经常获得国际大奖,但是这并不代表他们的服务就不会出现失误。有两位客人讲述了他们在文华东方酒店的住店经历——预订酒店时,两位客人得知他们将在机场享受酒店的有偿专人接机服务,下飞机之后,他们乘坐付费豪华轿车迅速抵达酒店。去客房途中,前台服务员向他们介绍了酒店以及客房的各种特色服务。然而两位客人从服务员的介绍中发现:接机服务员只向他们推荐了酒店最贵的豪华轿车的迎接服务,实际上,从机场到酒店还有费用低廉的出租车服务。两位客人开始怀疑服务员有故意"宰客"之嫌。

第二天，两位客人打算步行十分钟去会议地点，由于当时下着大雨，他们就向前台借了一把雨伞。服务员在前台储物柜里寻找了5分钟之后，非常抱歉地说："所有免费雨伞都借出去了。"客人无奈地接受了这个解释，但由于是台风季节，客人就想最好还是为以后几天预订两把雨伞，预订雨伞的请求马上被前台服务员记录下来。但事情并没有想象中那么顺利，在接下来的三天里，一直下雨，两位客人也一直没有借到雨伞。他们不相信像文华东方酒店这样的酒店会没有足够可供出借的雨伞，也不明白为什么每天总是无法预订到雨伞，最终他们质问了服务台，才发现服务部根本就没有可供借用的雨伞，两位客人被告知他们可以在酒店的零售店购买。

某天晚上，其中一位客人用客房的直拨电话给家里人打电话，他仔细研究了计费方式，最后算出如果加上服务费、各种税收以及外汇兑换费用等，他大概需要花费5澳元。打完电话后却发现他打的4分钟电话需要45澳元。他把这个情况反映给客服部经理，希望能给出合理的解释，客服部经理做了简单调查，承认服务指南上的电话计费方法容易让人产生误解，并向客人保证她会考虑解决这个问题。

连续三次的服务疏忽引起了两位顾客的强烈不满，一次又一次的隐形"欺骗"，不仅导致了两位顾客的经济损失，同时也对顾客的住店心情造成了很大影响，两位顾客决定维护自己的权益，向酒店的管理层进行投诉，他们写了一封投诉信，表达了对雨伞欺骗事件、豪华轿车欺骗事件以及误导性电话收费指南的不满。针对这封投诉信，文华东方酒店该如何进行服务补救？怎样的补救才能赢回两位顾客的信任？

案例分析：在上述案例中，顾客对文华东方酒店的服务失误反应大致经历了四个阶段：第一阶段，默默忍受，怨自己运气不好；第二阶段，质问前台；第三阶段，向经理反映；第四阶段向管理层写投诉信。文华东方酒店在整个服务过程中出现了多次失误，两位顾客对酒店服务失误的反应从默默忍受到最后爆发，将问题暴露出来，引起管理层的重视。而在很多现实案例中，大部分人处于第一阶段，默默忍受，而随着消费者维权意识的觉醒以及对服务质量要求的日渐提升，越来越多的顾客走向第二阶段，向服务提供者抱怨或者在问题解决不力后向管理层反映问题。

一、顾客对服务失误的反应

面对日常生活中的服务失误，消费者有各种不同的反应，这可能与消费者自身的性格、学历等有关，同时也与服务失误的类型与受失误的影响程度有关，而我们首先要弄清楚的是，顾客面对各种服务失误可能有哪些反应，由此才能提供更具有针对性的服务补救，以及大大降低服务补救的滞后性。顾客对服务失误的反应，大致可以分为"作为"和"不作为"两个方面，如图6-1所示。

（一）顾客"不作为"

"不作为"是指顾客针对出现的服务失误并没有采取任何行动，一部分顾客选择继续停留在原服务提供者处，继续接受服务，另一部分顾客会更换服务提供者。在服务产品需求大于供给的状况下，大多数顾客在服务失误发生之后选择了不作为，选择忍气吞声，对自己进

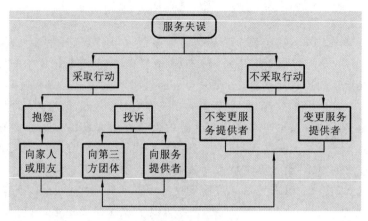

图 6-1　顾客对服务失误的反应

行积极的心理暗示:"这只是小失误,不碍大事,也许是自己运气不好"等,然后继续接受该服务;然而在服务业到达供大于求的阶段时,顾客有了更多的选择权,一旦出现服务失误,许多顾客会马上选择其他服务提供者,而不是默默忍受失败的服务,也不是花更多的精力去抱怨或投诉。

(二)顾客"作为"

随着消费者维权意识的觉醒,顾客对服务失误的重视日益凸显,因而顾客应对服务失误时更倾向于"作为",即针对服务失误主动采取一些行动,例如抱怨和投诉。

(1)向家人或朋友抱怨。这类抱怨,主要目的是发泄不满情绪和传播一些负面消息,阻止自己的亲朋好友再去所在服务提供者处消费。

(2)向服务提供者抱怨。向服务提供者抱怨又包含向服务员抱怨、向相关经理抱怨以及向企业管理层投诉等不同等级的抱怨。

(3)向第三方团体投诉。第三方投诉主要是指顾客通过政府部门、公共媒体、商会、消费者协会等第三方组织,以求服务供应商或企业能够对其损失进行合理的补偿。

根据抱怨和投诉的处理结果,顾客会对服务提供者采取的应对策略和补救措施作出评价和衡量,最后决定是否继续接受原有服务提供者提供的服务或变更服务提供者。

二、顾客对服务失误的抱怨

抱怨是人们表达不满的一种方式,根据《韦伯斯特第三国际词典》,抱怨是指:"表达内心不平,不满意,反对,愤恨或者遗憾。"根据消费心理学的研究,抱怨可能是有目的的或者是无目的的。有效识别抱怨的本质,也是进行服务补救的重要基础。

有目的的抱怨是为了改变事情并不想要的状况而表达的。例如,对服务员抱怨一份牛排没有煮熟是有目的的抱怨。在这个例子中,抱怨者是希望服务员纠正这种状况。

无目的的抱怨并不期望改变不想要的状况。这类抱怨远多于有目的的抱怨。例如,关于天气的抱怨,如"真是太热了!"并没有真正希望改变这种情况。另一种无目的的抱怨是一种对第三方发出的,并不是针对最初的服务者发出的有目的的抱怨。比如说"觉得酒店附近的马路太嘈杂"。

(一) 抱怨者的种类

抱怨分为有目的和无目的两种,对抱怨者也需要进行明确的分类,以为服务提供者进行服务补救提供清晰的指导。按照抱怨反应方向、是否传播负面消息以及是否转换供应商等三个方面将抱怨者分为:消极者、发言者、发怒者、积极分子和恐怖分子五大类(见表6-1)。

表 6-1　抱怨者的类型

	抱怨者类型	抱怨反应方向			是否传播负面消息	是否转换供应商
		供应商	周围的人	第三方		
1	消极者	×	×	×	×	×/√
2	发言者	√	×	×	×	根据抱怨处理的情况而定
3	发怒者	√	√	×	√	
4	积极分子	√	√	√	√	
5	恐怖分子	√	√	√	√	√

1. 消极者

这类顾客极少会采取行动,他们一般不会向服务人员诉说任何事,也不大可能向第三方或周围的人抱怨,他们怀疑抱怨的有效性,因而不会传播一些负面消息,一般会选择默默忍受或转换提供服务的供应商。这类抱怨者不利于服务供应商及时采取补救措施,提升服务形象,留住顾客。

2. 发言者

发言者乐于向服务人员抱怨,他们认为抱怨对社会有益且有效;他们不大可能传播负面消息、改变服务供应商及向第三方发泄不满。该类顾客有助于企业改进和提升服务质量和服务体验,给予服务提供者改正的机会。

3. 发怒者

该类顾客更有可能向服务供应商抱怨,并且极力向周围的人以及朋友、亲戚传播负面消息,一般不会向第三方讲述不满,他们相信抱怨会给社会带来利益,但很少给服务提供者改正的机会。

4. 积极分子

这类顾客在各方面更加具有抱怨的积极性:向服务供应商、家人朋友以及第三方团体抱怨。他们会传播负面消息,非常乐于抱怨,并且对所有抱怨的潜在正面结果都持有非常乐观的态度。这类顾客比较利于服务供应商进行改进,留住顾客并且赢得更多的顾客。

5. 恐怖分子

该类顾客比较极端,会极力向服务提供者进行控诉以及向周围的人传达较多的负面消息,甚至发布具有煽动性的负面评论,同时也会向第三方发泄不满,并且不会给供应商进行服务补救的机会。这类顾客是服务提供者需要密切注意的,否则会给企业带来巨大的损失,并且不利于保持形象和留住顾客。

(二) 影响顾客抱怨的因素

可以从抱怨的投入与产出两个方面考虑影响顾客抱怨的因素。简而言之,顾客认为自己抱怨的投入要大于产出的时候,通常会选择沉默,而当顾客认为抱怨产出的利益要大于投入时,则倾向于向服务提供者、周围的人以及第三方抱怨。当然,能够左右顾客抱怨的因素还有抱怨的便利性、顾客个性等,顾客会考虑发生的服务失误是否对他有很大的影响,抱怨必须付出的时间成本与精力值,以及抱怨能给自身及社会带来多大的利益和贡献价值。表 6-2 所示为影响抱怨的要素。

表 6-2　影响抱怨的要素

抱怨投入	抱怨产出		抱怨渠道	抱怨者自身的因素
	正面结果	负面结果		
时间成本	心理抚慰	心理挫败		个性和性格;受失误影响的程度
经济成本	经济补偿	经济损失	是否便利	
情感与精力	尊重感	形象与名誉受损与受威胁		
社会支持	社会贡献	社会负面影响		

(三) 顾客抱怨的原因

顾客之所以选择抱怨,是因为服务失误导致服务质量没有达到他们的期望,并且想要通过抱怨解决问题,他们基本上相信抱怨的投入会小于产出,并且具有较为便利的抱怨渠道,且自己乐于抱怨,但有些人则只是想发泄不满情绪,并不在乎抱怨的投入产出比。抱怨的原因分析如下:

(1) 相信投诉会带来积极效果;
(2) 对其他人或社会有益;
(3) 相信自己会获得合理的赔偿;
(4) 相信应该得到公正的对待和优质服务,且认为服务本应做好;
(5) 抱怨是抱怨者得以恢复某种控制力的方式;
(6) 惩罚服务供应商和提供者;
(7) 仅仅是喜欢抱怨或制造麻烦。

(四) 顾客不抱怨的原因

服务具有无形性,顾客对服务提供过程的评价基本上是主观的。因此,顾客一般很难给出客观的评论,服务生产与消费的不可分离性导致了顾客经常会对服务过程提供输入,因而也会影响服务产品的输出,最后即使遇到不想要的结果,也往往倾向于责怪自己;许多服务技术性和专业性较强,需要具有专业的知识与技能,因而顾客有时认为自己没有能力提出专业的评价或抱怨。顾客不愿意抱怨的原因可以大致归纳为以下几点:

(1) 浪费时间与精力,需付出时间成本与心力;
(2) 不相信对自己或别人有积极意义;
(3) 抱怨不便利,不知道通过什么渠道抱怨;
(4) 认为失误是自己造成的,并且得不到赔偿;
(5) 缺乏相关的专业知识和法律知识;

（6）没有受到足够大的影响和造成很大的损失，不足以抱怨。

（五）顾客抱怨时的期望

当顾客投入精力与时间时，期望都会随之提高。他们期望问题能迅速得到解决及获得帮助，期望对其产生的损失和不便进行合理的补偿，期望在服务过程中得到亲切热情的对待。

顾客期望得到公平公正的对待，这是从顾客自身角度出发的带有感性色彩的公平。这种公平又包括过程公平、结果公平、互动公平。过程公平是在服务提供过程中，顾客享受到的政策规定公平、服务等级以及时限公平等；结果公平是指顾客得到对等的服务质量；互动公平是指顾客在与服务人员互动沟通的过程中被有礼貌、耐心和诚实对待。

知识链接　　　抱怨是金！

由于服务行业的特殊性，顾客遇到服务失误时在抱怨与不抱怨、投诉与不投诉之间左右徘徊，因为顾客不知道失误是否是由自己造成或者他们不确定是否能获得应有的赔偿，因此大多数顾客即使有不满的地方也不投诉，选择了沉默。然而沉默并没有给大多数企业带来好运，顾客不投诉，不是企业的福气，而是企业的损失。据有关资料统计，一个不满意的顾客会把他不满的态度告诉10个人，其中的20%会告诉20个人，其破坏力不可低估。因此，妥善处理顾客的抱怨对一个企业的经营管理至关重要。当时如果处理好顾客的抱怨，70%的顾客还会继续购买；如果能够当场解决，95%的顾客会继续购买。从中我们可以看出处理好顾客抱怨是多么的重要，那么我们在实际工作中该如何处理这些抱怨呢？1个观念："抱怨是金。"有研究发现，提出抱怨的顾客，若问题获得圆满解决，其忠诚度会比从来没遇到问题的顾客要高。因此，顾客的抱怨并不可怕，可怕的是不能有效地化解抱怨，最终导致顾客的离去。相反，若没有顾客的抱怨，倒是有些不对劲。哈佛大学的李维特教授曾说过这样一段话："与顾客之间的关系走下坡路的一个信号就是顾客不抱怨了。"在过去的观念中，顾客一旦抱怨，经营者就会认为他们是在找麻烦、添乱，而且只认识到抱怨给经营者带来一些负面影响。但实际上这种观念是偏颇的，从一定意义上讲，顾客的抱怨往往比顾客的赞美对企业的发展更为重要，因为抱怨表明企业还能够比现在做得更好，你的顾客会比现在还要更多。对大多数顾客来说，他们很少对你抱怨，相反的，他们总是一声不哼地选择其他服务，或者不再接受这种服务。但是如果顾客的抱怨得到鼓励，他们就会产生信任感。顾客抱怨往往说明他们真正信任你，因为他们有更高的要求，你满足他们要求的过程就是企业提升的过程。所以，当顾客向你抱怨时，不要把它看成是问题，而应把它当作是天赐良机，所谓"抱怨是金"。

延伸阅读

面对顾客抱怨时是洗耳恭听还是充耳不闻？是闻之色变还是闻之则喜，然后有则改之无则加勉呢？笔者认为，从某个角度来说，顾客抱怨是"金"。顾客对产品或服务质量不满意就会抱怨，尽管有的抱怨听起来似乎很刺耳，但大凡独具慧眼的企业都善于"听话听音"，从顾客的抱怨声中捕捉新产品、新服务的契机，改进服务流程，提升服务质量，满足顾客需求，进而获得市场。要知道，顾客抱怨的内容，正是企业工作改善的方向，如果能及时消除这些抱怨，就是真正增加了企业的资产。从一定意义上说，企业永恒的资产是那些忠诚于本企业品牌的顾客。谁拥有更多高忠诚度的顾客，谁就拥有了更多的资产。具体到服务业，在新形势下，企业既要面对激烈的市场竞争，又必须面对顾客越来越高的服务质量要求。只有以顾客为中心，满足顾客需求，把顾客满意放在第一位，才能获得顾客和市场。

实践活动

问题1：抱怨的顾客会接受服务补救还是转换服务提供者，什么因素影响着顾客的决策？

问题2：你是否遇到过服务失误但不愿意提出抱怨的经验？为什么？

第三节 服务失误应对与服务补救

希尔顿的特别服务补救

希尔顿酒店在服务补救方面的措施主要有：酒店首先对员工进行客户关系管理（customer relationship management，CRM）入门培训，告知服务补救的重要性，使服务补救理念融入企业文化之中。酒店还制定了严格统一的服务标准，设立宾客档案经理的职位，负责顾客信息的汇总并建立数据库，从而保障在每个宾客接触环节都可以识别某个顾客及其个人偏好。结合顾客反馈的消息不断改良顾客信息库，这样在失误发生后,能根据顾客的个人偏好、特殊要求以及在各个接触点中过往的服务失误采取有针对性的补救措施。

在上述补救过程中,酒店积极开发顾客投诉渠道,为顾客建立了"服务补救工具箱"供顾客投诉和反馈消息,以保证服务补救的成效,从而消除客人因为服务失误造成的不快。在希尔顿酒店,员工被授权可以花费2000美元为顾客解决问题。尽管这笔钱很少用到,但公司这一激励措施使员工行使其补救权力时不用担心受罚。

美国通用电气六西格玛服务补救理念

美国通用电气公司(GE)的收入从以往85%的收入来自销售产品转变为今天的75%的收入来自服务,公司有一套全面的服务补救战略。其完善的报修系统能保证公司对顾客投诉及时做出反应,如平均响应时间2小时的线上服务,使工程师可以在顾客需要的第一时间到达现场,并以精湛的维修诊断技术及强大的后台技术支持,及时准确地判断故障并解决问题。在接到顾客投诉后,服务人员通过公司数据库中的顾客和产品资料,能迅速分析和解决问题,从而提高了反应速度。

在上诉服务补救过程中,公司将生产线上品质管理的六西格玛标准运用到顾客服务上,为服务制定了严格的标准。公司积极鼓励并支持顾客投诉,努力为顾客开辟了投诉渠道。如公司每年为一天24小时、一年365天不间断运作的通用电气回复中心花费1亿美元,该中心每年要处理300万个电话。GE的所有产品上都印有电话,鼓励顾客遇到困难时,直接向公司寻求支持。同时,公司注重对员工的培训,工程师定期接受与世界同步的维修技术培训,服务人员也要接受服务技巧和公司服务理念培训,以努力达到公司六西格玛的服务标准。公司挑选了大批高素质的员工并激励他们不断学习公司的精神、主张以及赖以生存的基础,这之中当然包括了服务补救理念的传播和学习。

麦当劳严格的标准化服务

麦当劳通过制定一系列制度使其服务流程不断标准化。公司在第一时间内采取措施解决顾客问题,分析失误发生的原因并对其服务标准进行调整。在这一过程中,首先,公司对其提供的产品和服务有具体的标准,如任何麦当劳食品,一经制作出来,如果3小时内没有全部卖完,剩下的一律倒掉。公司积极为顾客提供投诉渠道,将投诉电话公布在店堂里,当顾客对其服务不满时,可直接拨打免费电话投诉。同时,麦当劳公司注重员工培训与组织学习。公司要求每个在麦当劳工作的员工都需要具有适合这项工作的个性,新员工正式上岗以前都要完成为期3天的在岗体验,以了解公司的服务理念。员工一旦被接纳,就会立即通过餐馆和汉堡包大学开始对其进行培训。培训内容包括产品和环境的质量标准、公司的服务理念和文化理念,以及工作人员的服务态度和精神,所有培训出来的员工都要得到宾馆餐饮培训公司、环境健康研究所和各种教育机构的认可。

案例分析:总结以上案例可以看出,这些一流企业都认识到服务补救是一个包括服务售前、售中与售后的过程,它们都是将服务补救行为作为一个循环的过程来实施

的,其在服务补救上有几个共同的关键步骤:首先,企业通过数据库或服务失误预警系统预测服务失误可能发生或出现的环节。一旦发生服务失误,企业迅速采取行动,尽快解决顾客问题,弥补服务失误。其次,积极分析服务失误发生的原因并加以改进。最后,将顾客反馈的相关信息搜集、分类和整理并建立服务补救数据库。

一、服务补救概念

(一)服务补救的概念

"服务补救"一词,最早由英国航空公司在其"以顾客为先"的活动中首次提出,他们把服务补救(Service Recovery)定义为,组织为了抵消由于服务失误或者失败而产生负面影响的努力。狭义的服务补救是指服务提供者在发生服务失误后所做出的一种及时和主动性反应,主要强调及时性和主动性这两个特点。而广义的服务补救则是指针对服务系统中可能导致失误或已发生失误的任一环节所采取的一种特殊措施,它不仅包括失误的实时弥补,也涵盖了对服务补救需求的事前预测与控制,以及对顾客抱怨和投诉的处理。

本书中的服务补救是指服务企业员工在为顾客提供服务的过程中出现失误以后,企业、员工所采取的弥补性、挽救性行为。

在服务接触中,服务传送与其提供者是不可分离的。在服务传送的任何一个接触点都可能发生失误。企业在发现服务失误时,应采取行之有效的服务补救措施,减低可能发生的负面影响。恰当并及时的服务补救和真诚、主动的服务补救行为,可减弱顾客的不满情绪,有效化解矛盾,避免服务危机,最终赢得顾客的满意,换取顾客的忠诚,树立企业形象,提高企业声望。

(二)服务补救与抱怨管理的区别

第一,服务补救具有实时性特点。这是服务补救与顾客抱怨管理一个非常重要的区别。顾客抱怨管理一般必须等到一个服务过程结束之后,而服务补救则必须是在服务失误出现的现场。如果等到一个服务过程结束,那么,服务补救的成本会急剧上升,补救的效果也会大打折扣。

第二,服务补救具有主动性特点。顾客抱怨管理有一个明显的特点,就是只有当顾客抱怨时,企业才会采取相应的措施,安抚顾客,使顾客满意离去。顾客抱怨管理"不抱怨不处理"的原则,将严重影响顾客感知服务质量和顾客满意,从而影响顾客忠诚,使企业在竞争中处于不利的境界。但服务补救则不同,它要求服务提供者主动地去发现服务失误并及时地采取措施解决失误,这种前瞻性的管理模式,无疑更有利于提高顾客满意和忠诚的水平。

第三,服务补救是一项全过程、全员性质的管理工作。而顾客抱怨管理则是由专门的部门来进行的、阶段性的管理工作。一般来说,服务补救具有鲜明的现场性,服务企业授权一线员工在服务失误发生的现场及时采取补救措施,而不是等专门的人员来处理顾客的抱怨。

表6-3所示为服务补救与抱怨管理的区别。

表 6-3　服务补救与抱怨管理的区别

		服 务 补 救		抱 怨 管 理
实时性	强	服务补救发生在服务过程当中,在服务失误现场	弱	抱怨管理不具有实时性,一般只能发生在服务过程结束之后
主动性	强	服务提供者主动地去发现服务失误并及时地采取措施解决失误	弱	只有当顾客进行抱怨时,才会采取相应的措施
全员性	强	服务企业授权一线员工在服务失误发生的现场及时采取补救措施	弱	只有专门处理抱怨和投诉的管理人员才能实施补救

二、服务补救悖论

(一)服务补救悖论

服务补救悖论(service recovery paradox:SRP)最早是在 1992 年,由 Mccollough 和 Bharadwaj 提出,它是指服务失败后,服务商采取的补救措施为顾客带来的满意度超过失败前的满意度。

服务补救悖论认为,服务失败后的有效补救不仅能够维持顾客满意,甚至还能将满意提升到更高的水平。当服务人员与在顾客服务接触的过程中出现任何问题,如果把握得好、处理得当,其实都是一个机会,一个超出其职责范围赢得顾客终身信赖的机会。

(二)服务补救悖论的条件

服务补救悖论并不是在任何情况下都可以发生的,掌握好服务补救的度和补救悖论发生的条件,才能给企业带来正面的补救效应。

1. 服务类型约束

从服务类型上看,适合风险较小或者容易补救的服务。反之,如果服务失误严重,对顾客伤害大,则任何高水平的补救都不会恢复顾客的满意。如医疗事故造成患者终身残疾或身心痛苦,美容失误导致顾客毁容等,无论企业采取何种补救措施都难以弥补顾客的损失。

2. 企业层次要求

从企业类型来看,只有服务和补救水准都较高、服务补救系统完善的企业才适宜实施服务补救悖论。如果企业服务质量较低,服务失误频繁发生,企业就不能有计划地实施服务补救悖论;如果企业补救能力差,就会造成顾客第二次失望,进而增加顾客新的不满。当然,高水平的服务补救并非过度补救,它意味着按照服务标准或顾客期望第二次给予顾客提供服务。如果补救水平过高,一是会大幅度增加企业补救成本,致使企业得不偿失;二是会提高顾客期望,为企业以后的服务留下隐患。

3. 顾客类型锁定

从顾客类型上看,通情达理、容易满足的顾客更适合服务补救悖论。首先服务补救悖论的直接目的是弥补顾客损失,建立顾客忠诚,若顾客得理不让人或漫天要价,就会极大地增加企业补救成本和补救难度。其次,服务补救也是为了推动顾客口碑传播,以唤起其他顾客对企业的好感。

4. 补救频率控制

西方学者研究发现，一位顾客能够容忍一家企业出现1至2次服务失误，但服务过程中出现多次失误，顾客会把失误的原因更多地归咎于企业服务质量的不稳定，即使有努力的补救措施，也只能暂时化解顾客的不满，很难让顾客产生很高的满意度和建立顾客忠诚，因为顾客面临企业再次失误、不予补救或不予足额补救的风险，企业应该控制好服务补救频率。

三、服务补救方式

一流酒店也会疏忽（续）
——服务补救实例

针对两位客人发来的投诉信，文华东方酒店采取了一系列出色的服务补救措施，给这两位客人留下了深刻的印象。接下来我们一起来看文华东方酒店到底怎样化险为夷。

1. 立即反映

两位顾客发出投诉信没多久，一名客房服务员来到他们的房间，赠送了他们一篮新鲜的水果，并且带来了一封楼层经理的信件。

2. 诚恳致歉

接着服务部经理亲自拜访并承担"雨伞问题"的责任，她为给客人带来的不便表示道歉，并向他们赠送了全新的雨伞，还为他们提供了免费的豪华轿车送机服务。不仅如此，电话费的问题也得到很好的解决，客服部经理很有礼貌地解释电话费用没有错，但是她对服务指南所造成的误解表示道歉，接着他们又收到了住店经理的道歉信，这位经理对服务部未能借给客人雨伞承担了全部责任。

3. 丰富的补偿以及折扣优惠

除了客房部送出的新鲜水果，还有服务部经理赠送的雨伞以及免费豪华送机服务，为了安抚客人，客服部提出给客人的电话费提供百分之十的折扣，这一系列的赔偿和补偿措施，弥补了由于酒店服务失误带给客人的不便和直接经济损失。

4. 及时改正

这一系列的服务补救措施给人留下了深刻印象，酒店为其失职承担了责任，各相关部门经理也及时承担了各自应该承担的责任，一切问题都得到了及时解决。此外，酒店为防止此类问题的再次发生，当天晚些时候，两位客人亲眼目睹前台的员工忙着往柜子里摆放可供外借的雨伞。酒店还马上通知机场服务员以后必须告知每一位客人所有的交通选择。至于电话收费，酒店及时修改了服务指南，清楚地说明了电话的正确计费方式。

显然，文华东方酒店非常重视这一封投诉信，酒店员工们真正把这封信当成一次提高服务质量的契机，事实上，这两位客人认为这次服务补救措施已经弥补了他们对酒店服务的不满,并且在一定程度上加深了他们对文华东方酒店的印象,而且他们表示,下次还会选择入住文华东方酒店。

案例分析:服务补救的时机选择非常重要,一条基本的原则是服务补救越迅速越好。快速有效的服务补救不仅可以提高顾客对服务质量的满意程度,而且企业补救的成本也要比缓慢补救小得多。另外,真正及时有效的服务补救必须依靠有效的服务补救系统。一个有效的服务补救系统通常包括三个组成部分:①借助不间断监控服务系统,及时发现服务失误;②及时、有效地解决服务失误;③从质量问题和服务补救中吸取经验教训。

(一)服务补救方式

关于服务补救的方式和手段,许多学者进行了深入的探讨,比较具有代表性的是按照产业类型进行归纳的服务补救方式,主要有零售业、餐饮业、通信业等,下面是4位学者对相关产业服务补救方式的探索,内容如表6-4所示。

表6-4 服务补救方式探讨一览表

学者	Kelly et al.(1993)	Hoffman et al.(1995)	郑绍成(1997)	廖桂森等(2000)
产业	零售业	餐饮业	零售业	通信业
一般补救策略	提供折扣 更正错误 主管或员工介入解决 额外补偿 更换产品 道歉 退款	免费 折扣 赠送优惠券 管理者或员工介入解决 替换 更正	更换 免费赠送 折价优惠 赠送礼物 赠送优惠券 现场人员口头抱歉 管理人员出面处理 立即改正服务态度	道歉 承认错误并改正 金钱上的补偿

服务补救的方式多种多样,不同的企业文化、不同的企业类型提供的补救方式也具有较大的差异性,但总体来说,服务补救方式大致可以分为以下三种:经济补偿、行动补偿以及心理补偿,如图6-2所示。

其中最为普遍的补救方式是经济补偿,主要是指针对服务失误给顾客造成的直接经济损失进行补偿,一般有打折优惠、退费免费、赠送礼物、提供优质招待以及赔偿失误造成的额外经济损失。例如航班晚点,乘客会获得免费的食物,并且航空公司在必要条件下会提供住宿。

行动补偿是指为了让顾客感受到服务提供者的重视,采取实际行动以带给顾客安全感,一般立即纠正会让顾客觉得受到了极大的尊重,认为他们的问题引起了重视并能较快地解决。例如客人在餐馆吃饭,等菜的时间超过了合理时间,服务员立即过来解决问题会比较容易获得信任,而直接忽视客人的等待或者在回答客人问题时模棱两可的态度更容易导致顾客厌烦情绪的升级。

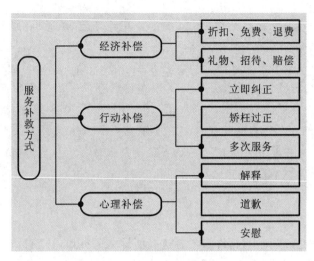

图 6-2 服务补救方式

心理补偿是指对顾客进行心理上的安慰,一般表现为清晰的解释、诚恳的道歉以及耐心的安慰。诚挚的道歉往往是让顾客接受服务补救的敲门砖,同时也是服务补救的第一步,服务提供者首先必须承认自己的错误,摆正服务态度,顾客才会给予服务提供者改正的机会,后续服务补救措施才得以进行,忽视心理补偿的服务补救,即使得到了顾客暂时的原谅,也不能得到顾客心理上的认同,难以实现顾客忠诚。

以上三类服务补救方式极少单独出现,一般都是三种方式结合在一起的,不仅要给顾客物质上的补救还要在行动上表现积极性,同时也要重视顾客的心理感受。

(二)服务补救流程

服务失误差异性较大,对应的服务补救工作也比较复杂,但一般都需要经过这样的一个流程:识别问题、主动承认错误、及时回应、采取行动、圆满解决问题、跟踪服务、吸取经验、导入服务补救系统,如图 6-3 所示。

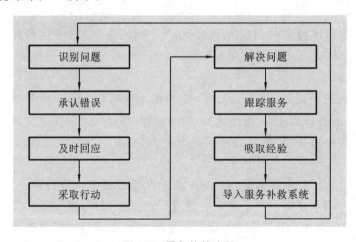

图 6-3 服务补救流程

从上图可以看出，服务补救是一个循环的流动的过程。即预测潜在服务失误、采取补救行动、分析服务失误发生的原因并加以改进、搜集整理顾客反馈信息、建立数据库、根据数据库信息预测下一阶段的潜在服务失误。

服务人员需要对服务失误进行预测和识别，发现问题之后，无论顾客是否向服务人员抱怨，员工都应该主动承认错误，给予顾客诚挚的道歉，并迅速通过一系列的补救措施来弥补服务失误给顾客带来的不便与损失。解决问题之后，需要跟踪并反馈顾客在接受服务补救之后的动态，并与之建立起长期的服务关系，提高顾客忠诚度。同样重要的是从每一次服务补救的经历中吸取有价值的经验，并导入企业的服务补救案例库当中，为建立服务补救数据库提供素材来源，服务失误的提前预测可以很大程度上降低服务失误率，同时也有助于企业员工在第一时间识别同样的问题，从而能立即采取相关补救措施。通过数据库反映的信息，改进内部工作程序并预测下一服务阶段可能出现的服务失误。

四、服务补救策略

真正意义上的服务补救是具有实时性、主动性和全员性的，它是一系列贯穿整个服务过程中的服务行为，因而对应的服务补救策略也是贯穿整个服务流程的，在这一流程中，应避免服务失误、鼓励和引导顾客抱怨，并对顾客的抱怨进行及时回应及反馈，在处理服务失误过程中公平对待每一位顾客，并不断从服务补救经历和流失的顾客身上汲取经验和教训。

（一）预防服务失误

每一个服务过程都是由一系列的关键事件，即顾客和公司相互影响的节点所组成的。能有效地实施服务补救的公司事先就会预知到他们服务提供过程中最可能发生失误的地方，从而提前预防，降低服务失误的发生率。预防服务失误可以从以下几个方面着手。

1. 深化企业质量文化，减少失误发生概率

引导员工对自身或他人的工作进行一个评定与反思，从根本上提升企业的整体形象。同时，运用标杆管理，对员工的工作质量进行审评，根据顾客的满意程度制定相对的激励及惩罚措施，给员工的工作制定一个基本的底线，从而有效地减少失误发生的概率。

2. 培训员工，提高服务准确率

服务失误大多发生在员工流动性较大的岗位，企业应当特别关注员工流动率较高的地方。许多流动率高的职位都是由低报酬的顾客接待人员来承担的，而这些员工经常缺乏激励或没有掌握有效的补救技巧。因此企业更应该加强员工培训，不仅仅是技能上的，还需要有服务态度和责任心上的培训和引导，提高员工素质，树立认真仔细对待服务的正确观念。

（二）积极鼓励顾客抱怨和投诉

如果顾客感到不满，大部分人不会向服务提供者投诉，而是选择向周围的人如亲戚朋友等抱怨，极力传播负面消息，这样不仅会让企业失去很多潜在的顾客，更会严重地影响到企业的形象和口碑。因此，要积极鼓励和引导顾客投诉，对于顾客投诉的应对不能只停留在口头上，而应积极地采取措施。

1. 拓宽投诉渠道,简化投诉程序

为了获得服务补救的最佳效果,需要拓展顾客投诉或抱怨的渠道,降低他们的时间和精力成本,这样顾客再进行抱怨投入产出衡量时,会更多地选择向服务提供者抱怨。企业还要采用各种方式培训顾客如何进行投诉,简化投诉程序,如通过促销材料、产品包装、名片等顾客能够接触到的媒体,告知顾客企业接受顾客投诉部门的联系方式和工作程序。

2. 主动进行顾客调查,对服务提供过程主动监测

服务补救并不是被动的顾客抱怨处理,决不是"顾客抱怨才补救",而是一种主动出击,主动对顾客进行各种形式的调查,了解顾客的真正需求和真实评价,从中获得补救依据。同时企业也要主动对员工提供服务的全过程进行实时监督,不仅能避免许多低级服务失误的出现,还能为后续服务提供借鉴。

3. 树立欢迎投诉的企业文化

要在企业内部建立尊重顾客的企业文化,并通过各种渠道告知顾客企业尊重他们的权利。更重要的是让全体员工认识到顾客的投诉是可以为企业提供取得竞争优势的重要线索,而不是给工作带来麻烦。让企业的管理层认识到那些直接向企业投诉的顾客是企业的朋友和忠诚的用户,而对企业"沉默"的顾客会给企业造成更大损失,他们最容易转向与企业的竞争对手交易,而且还会散布对企业不利的信息。

4. 制定明晰的服务标准即补偿措施

许多顾客在遇到服务失误之后决定不投诉的原因很大部分是因为企业服务标准模糊不清以及补偿措施模棱两可。顾客在复杂的服务标准定义之下,不知道投诉能否获得成功或者能否弥补其受到的损害。因此,为鼓励顾客直接向企业反映情况,企业应制定明确的产品和服务标准及补偿措施,清楚地告诉顾客如何进行投诉及可能获得的结果。

(三)重视顾客问题并及时反馈

顾客认为最有效的补救就是企业一线服务员工能主动地出现在现场,承认问题的存在,向顾客道歉(在恰当的时候可加以解释),并将问题当面解决。企业应做到使顾客始终处于知情状态。一般情况下,顾客希望看到企业承认服务失误并知道企业正在积极采取措施解决这一问题。如果不能当场解决服务失误,就应当坦诚地告知顾客,企业正在努力,但需要一段时间。当问题得到解决后,应告知顾客解决的结果,以及企业从这次服务失误中所得到的经验教训和将来如何避免此类事情的发生。服务失败后,企业员工的反应速度越快,顾客得到的问题反馈越快,服务补救的结果成功可能性越大。

(四)建立服务补救预警系统

有效的服务补救策略需要企业不仅能通过顾客的抱怨和投诉来确定企业服务失误的原因,还能查找那些潜在的服务失误。服务失误和服务错误可以在任何时间、任何地点发生,这需要通过对服务过程、人力资源、服务系统和顾客需要进行详尽的分析,寻找服务失误的"高发地带",预测补救需求和采取措施加以预防。有时,一个服务失误会引发一系列反应(如航班的误点),对这一类问题必须高度重视,做好预防工作。复杂的IT系统是引发服务失误的另一危险"地带",因为从目前的技术水平来分析,智能化程度再高的机器也不能和人相比。当然,通过引进新的系统可以较好地解决这个问题,寻找服务失误的"高发地带",采

取措施,可以使服务补救取得更好的效果。

（五）测算补救的成本和收益

服务失误会导致顾客流失,这样就需要企业获取新的顾客来弥补顾客流失所造成的损失。更重要的是,顾客流失会给企业带来"坏口碑"。获取新顾客的成本通常比维系老顾客的成本要高出好几倍。而"坏口碑"对企业的影响使企业获取新的顾客更加困难。良好的服务可以有效地避免因服务失误而付出的额外费用,但企业很少能意识到服务失误所带来的经济损失。因此,较为准确地测算这笔费用有利于提高企业的质量意识。一个重要的衡量指标就是顾客终生价值,即企业在顾客整个生命周期里从顾客那里获取的全部价值。如果某一顾客的终身价值远低于为了弥补服务失误所增加的服务成本时,就应该思考是否有必要采取服务补救措施和补救的投入强度。

（六）适当授权,提高补救效率

从企业的一线员工到经营管理者,都要树立对待服务补救的正确观念,把每一次服务补救都当成提高服务水平的机会。而这种正确观念的树立决不是一蹴而就的,要在平时的积累中完成。除了加强员工服务补救意识外,还要授予一线员工适当的补救权力,以利于员工在服务失误出现后第一时间做出反应,而不需要经过繁冗的上报和申请的手续,这样一方面会大大提高服务补救的效率,降低服务补救成本,另一方面也在很大程度上赋予了员工更强的责任感和主人翁意识,从而避免服务过程中由于员工疏忽造成的失误。例如希尔顿酒店员工被授权可以花费 2000 美元为顾客解决问题,这一激励措施使员工行使其补救权力时不用担心受罚,消除了员工及时进行服务补救的后顾之忧。

> **知识链接**　　服务承诺,一种特殊的服务补救
>
> 服务承诺是指对于销售产品的期望质量或使用寿命的一种保证,常常伴有补偿的承诺。对顾客而言,公司给出的服务承诺是对其服务结果补偿的一种保证,一定程度上安抚了顾客在遇到服务失误后的不安与焦虑,顾客会因此对服务提供者产生一定的安全感。有效的服务承诺是无条件的,并且是具有实际意义的。有效的服务承诺可以补充企业的服务补救策略,同样,作为一个服务工具,它有助于顾客接受服务补救,实现服务补救策略。
>
> 一个好的服务承诺促使企业关注其顾客。一个有效承诺为企业设立了清晰的服务标准。实施服务承诺时既是一个绝佳的补救机会,既令顾客满意也有助于维持顾客忠诚。实施承诺产生的相关信息可以被追踪,并导入服务补救系统。服务承诺降低了顾客的购买风险并建立了对服务提供者的信任。

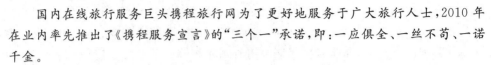

延伸阅读　　《携程服务宣言》的"三个一"承诺

国内在线旅行服务巨头携程旅行网为了更好地服务于广大旅行人士,2010年在业内率先推出了《携程服务宣言》的"三个一"承诺,即:一应俱全、一丝不苟、一诺千金。

目前,携程已经在游客旅行意外处理、电子客票服务等方面设立了具体可行的措施,以期进一步提高其综合服务水准。

(1) 旅行遇自然灾害可获赔偿:如果在受灾期间,通过携程度假产品,前往受灾目的地的携程会员,可获全价退款补偿;对已订购,尚未成行的会员,也可取消行程,获全额退款。

(2) 1小时飞人通道:携程在机票预订领域首创"1小时飞人通道"电子机票极速预订服务,承诺在舱位保证的前提下,乘客只需提前1小时预订,并使用信用卡付款,即可凭身份证件办理登机。

(3) 制定海外团队游标准:对眼下海外团队游市场存在的"低质低价"、"强制购物"等一系列严重问题,携程宣布推出"海外团队游标准",以几十条细则来规范自身的度假产品。

里兹·卡尔顿酒店的服务准则

一个信条:对于里兹·卡尔顿酒店的全体员工来说,使宾客得到真实的关怀和舒适是其最高的使命。员工保证为宾客提供最好的服务和设施,使宾客始终享有热情、轻松和优美的环境与气氛,使宾客在里兹·卡尔顿酒店的经历充满愉快和幸福,甚至要尽量做到宾客未表达的愿望和需要都得到满足。

一句座右铭:"我们是为女士和绅士提供服务的女士和绅士!"一是强调了员工与宾客之间是主人与客人的关系;二是酒店提供的是人对人的服务,不是机器对人的服务,强调服务的个性化与人情味。

三步服务:热情和真诚地问候宾客,如果可能的话,做到使用宾客的名字问候客人;对客人的需求做好预期,积极地满足客人需要;亲切地送别,热情地说再见,如果可能的话,做到使用宾客的名字向客人说道别。

二十项基本要求(摘选):

(1) 所有员工要知道他们的内部宾客——同事和外部宾客——顾客的需要,这样就可以保证按照他们的期望来提供产品和服务,并要注意使用宾客所喜欢的便笺来记录宾客的需要。

(2) 每一位员工要不断认识整个酒店存在的缺点。

(3) 每一位员工接到顾客投诉以后应该接受投诉并进行处理。

(4) 每一位员工要保证使投诉的宾客立即得到安抚。要快速行动,立即纠正问题,一定要在处理好问题以后的20分钟内再打一个电话给宾客核实一下问题是否已经解决到使宾客满意的程度。要做一切你可能做的事,决不要失去顾客。

（5）要用宾客问题一览表来记录和处理宾客不满意的每一件小事。每一位员工被授权去解决问题和防止问题的重复发生。

（6）要陪同顾客到酒店的一个区域去,而不是仅指明如何到那个区域去的方向。

（7）在接听电话时要注意礼节,要做到在铃响三声内回答,并伴随着微笑。在需要时,要对打电话者说:"请您拿着电话等一会儿好吗?"不要筛选电话,在可能的情况下要尽量接通电话,而消除再转的电话。

实践活动

选择一家你熟悉的企业,描述一下你将如何为该公司设计一项理想的服务补救策略。

第七章

服务运营与服务体系设计

本章导读

服务运营类型并不是一成不变的,随着时间的推移和市场的变化,许多行业的服务运营本质也在发生着变化。以餐饮业为例,传统的餐厅可以有较高的顾客化服务水平和中等程度的劳动密集度,与顾客的相互作用更强,属于服务车间类型;雅致、个性化的美食餐厅则以特定目标群体为客源,以顾客化服务为目标,与顾客的接触程度不断提高,可以归为专业型服务;而对于快餐业来说,顾客化服务和顾客的相互作用程度都很低,劳动密集程度也较低,属于服务工厂类型。

服务流程是指顾客享受到的由企业在每个步骤和环节上为顾客所提供的一系列服务的总和。一家企业服务体系设计一旦确立后,通常就不会有人再去考究其是否正确,而服务质量问题往往就出在服务体系本身。本章讨论如何安排服务运营流程,进行服务利润链分析,利用服务蓝图设计服务运营体系。

学习目标

1. 知识目标:通过本章学习,理解并掌握服务运营、服务利润链、服务蓝图等核心概念、内容及其特征,学习了解服务运营流程管理和服务蓝图在旅游业中的应用。

2. 能力目标:在理论基础和案例学习的基础上,自主分析旅游企业的服务利润链及服务蓝图。

第一节 服务运营流程与服务利润链

案例 7-1

东航班机"集体返航"背后的玄机

2008年3月31日,中国东方航空云南分公司从昆明飞往大理、丽江、西双版纳等六地的14个航班在飞到目的地上空后,乘客被告知飞机无法降落,航班又全都飞回昆明。事发后,东航对外宣称,飞机"集体返航"是因为天气原因。不过这一解释引发了乘客的质疑,因为在同一时间的相同航线上,除了东航的航班外,其他航空公司的所有航班都安全降落。显而易见,这次事件是由于所有飞行员对工作不满意,或者说他们对公司不认同,从而造成了几万名乘客滞留。

案例分析: 大多数时候,服务企业更重视面对面接触的服务人员的素质或是顾客的满意度,而往往忽略了顾客看不到的面对面服务接触环节。在整个航行中,飞行员都处于个人的空间中,无法得到来自顾客的正面评价,而"备受冷落"。面对高强度的工作、终身制的工作合约、不合理的薪酬水平,飞行员的不满最终爆发。前台员工管理和后台员工管理同样重要,只有了解并妥善管理服务蓝图中的每个环节,才能确保旅游企业均衡持续发展。

一、服务运营管理

(一)服务运营管理的含义

服务运营是将人力、物料、设备、资金、信息、技术等生产要素(投入)变换为无形服务(产出)的过程。服务运营管理(service operations management,以下简称 SOM)是指对服务业企业所提供服务的开发设计的管理,对服务运营过程及其运营系统的设计、计划、组织和控制。SOM 的内容包括完整服务项目(service package)和服务提供系统(service delivery system)的设计,服务运营活动的计划、组织与管理,服务营销与服务运营的集成,服务提供过程中对质量、成本、时间的控制等。

服务运营管理的基本问题与制造业企业运营管理的基本问题是类似的。但是,与制造业企业所产出的物质形态的产品相比,服务业企业产出的主要是一种非物质形态的"无形"产品,其生产与消费几乎是同时进行的,且具有较强的时间相关性、地点相关性与服务设施相关性。这种产品的特殊性从以下几个方面决定了服务业运营管理不能照搬制造业企业运营管理的方法。

(二)服务运营管理的特点

服务产出的特点决定了服务运营和管理过程与制造业相比,呈现出很大的不同。表 7-1

所示为服务业运营管理与制造业运营管理的不同点。

表 7-1 服务业运营管理与制造业运营管理的特点对比

内　　容	服务业运营管理	制造业运营管理
运营的基本组织方式	以人为中心组织运营； 需求有很大不确定性，无法预先制定周密的计划； 及时预先规范好服务程序，仍然会由于服务人员的随机性和顾客随机性产生不同结果	以产品为中心组织运营； 根据市场需求预测或订单制定生产计划，并在此基础上采购所需物料，安排所需设备与人员； 以生产进度、产品质量和生产成本为控制对象
产品和运营系统设计方式	服务与服务提供系统同时设计； 服务提供系统是服务本身的一个组成部分（即服务的"环境"要素），两者的设计不可分离	产品和生产系统可分别设计； 同一产品可采用不同的生产系统来制造，例如，可以采用自动化程度截然不同的设备生产同一产品
库存调节供需矛盾的作用	无法预先把"服务"生产出来，无法用库存来调节需求，例如，航空公司无法把某航班的空座位存起来销售给第二天的顾客	可以通过库存来调节供需； 可以充分利用一定的生产能力，预先将产品制造出来，以满足高峰时的需求和无法预期的需求
顾客在运营中的作用	积极作用：促使企业提高服务效率，提高服务设施利用率 消极作用：造成服务干扰	制造业企业生产系统相对封闭，顾客在生产过程中不起作用
职能间界限划分	生产运营、销售、人力资源管理职能很难区分，必须树立三者集成的观念，用集成的方法进行管理	生产运营、销售、人力资源管理三者职能划分明显
需求的地点相关性	生产与消费同时发生，服务提供者与顾客必须处于同一地点； 不是顾客到服务地（如到餐厅就餐），就是服务提供者上门服务	生产与消费相对分离，销售地点需要靠近顾客，服务设施须分散化
人力密集特性	服务组织中员工地位更重要； 员工的知识、技能与表现对服务运营效率影响极大； 服务业中的技术进步更多体现为员工技能的更新和管理水平的提高	制造业对人力的依赖相较服务业略低

（三）服务运营的类型划分

不同的服务类型，其产出特点可能有很大差别，相应地，其运营和管理特点也不相同。

必须在把握共性的基础上对个性进行分析,通过不同的分类维度和不同的视角分析服务运营的类型,提高服务运营管理水平。服务运营类型具体划分如下:

1. 按运营特点分类

按运营特点,服务运营可以分为项目型、批量型、流水线型、流程型四种类型,具体特点见表 7-2。

表 7-2 按运营特点的分类描述

类 型	运 营 特 点	服务类型示例
项目型	运营时间长,数量少,每一次运营均各有特点	法律服务、咨询
批量型	运营时间短,数量少,顾客化的产品	医疗、餐饮
流水线型	运营时间短,数量大,标准化产品	洗车、自助餐馆
流程型	没有明显的运营开始与结束,是持续性的过程	保安、消防

2. 按运营流程分类

服务工厂(service factory),是指服务流程的劳动密集程度较低(即服务设施设备成本占比较大),顾客接触程度和顾客化服务的程度也很低的服务类型。运输业、酒店、休假地以及银行等金融服务业的"后台"运营都是这种类型(见表 7-3)。

表 7-3 按运营流程的分类描述

		顾客接触程度与服务顾客化程度	
		低	高
劳动密集程度	低	**服务工厂** 航空公司 运输公司 酒店 健康娱乐中心	**服务车间** 医院 汽车修理 其他修理业
	高	**大规模服务** 零售 批发 学校 商业银行的支行	**专业型服务** 医生 律师 会计师 建筑设计师

服务车间(service shop),当顾客的接触程度或顾客化服务的程度增加时,服务工厂会变成服务车间。医院和各种修理业是服务车间的典型例子。

大规模服务(mass service),有较高的劳动密集程度,但顾客的接触程度和顾客化服务程度较低。零售业、银行的营业部门、学校、批发业等,是大规模服务的例子。

专业型服务(professional service),当顾客的接触程度提高,或顾客化服务是主要目标时,大规模服务就会成为专业型服务,例如,医生、律师、咨询专家、建筑设计师等提供的服务。

二、服务运营策略

案例 7-2

西南航空公司的服务价值

西南航空公司不指定座位,不提供餐饭,与其他航线共享售票系统,但是顾客对该公司的评价仍很高。顾客看中的是密集的离港航班次数、准时的服务、友好的员工及低廉的票价(低于市场 60%~70%的票价)。该公司可以实行低票价的部分原因是,训练有素、灵活性强的员工可以执行几种类型的工作,并能够让旅客在 15 分钟或 15 分钟以内转机。

案例分析:"为什么我必须选择你?"这是每一个企业都会面对的顾客提出的最基本的问题,该问题的答案正是企业组织形式的核心理念。这不仅仅是广告中宣传的那些表面文章。不同的答案意味着企业在运营流程中可能采取的对策完全不同,包括运营的组织形式、规则和流程,雇佣员工的标准,安排工作岗位的方式,给予员工的报酬,购买装备和技术等等。

(一)服务策略

服务策略理论包括四个基本要素:目标市场的核心、服务的内涵、运营策略的研发、服务传送系统的布置。

1. 目标市场

和那些物质产品生产厂家的工人们不同,服务业的每一位员工都要清楚地了解自己企业的目标市场。比如,一家高档珠宝店的目标市场是那些愿意购买价值 1 万美元耳环的人,然而下一位走进商店的顾客可能只是想买一只价值 10 美元的手表——商店里甚至没有这样的商品。当这样一位顾客占用了销售人员的时间,并且在店堂里大声聒噪的时候,真正的目标市场顾客可能会对这家商店的服务感到不耐烦,甚至愤然离去。即便角色转换一下,同样的问题也一样存在:一家专卖廉价珠宝的商店一定无法满足那些高档商品的消费者,而销售人员同样需要应付他们。服务业和物质产品生产行业的区别之一,就在于人们需要应付那些目标市场之外的潜在消费者。

2. 服务的内涵

服务的定义是从顾客的角度出发来制定的:顾客需要什么样的结果?从顾客的角度来说,服务的内涵就是顾客选择某一家特定企业的理由。这种选择可以是意识中的,也可以是实际发生的。服务的内涵还包括一种安全、愉快的感觉,或者很简单,服务就是速度——比如美国联合包裹运送服务公司(UPS)和联邦快递(FedEx)的核心服务概念。

3. 运营策略

运营策略的定义是从企业的角度出发来制定的:我们应该采用什么样的结构来完成服务?哪些要素值得我们投入资金、时间和人力?人力资源、市场、运营和财务之间,应该采用

什么样的组织形式？

一个普通机场的汽车出租代理,可以很轻易地辨认出那些急于拿到汽车钥匙出发的客人,这些客人希望柜台服务人员的速度能够尽量快。但是,柜台服务人员追求的是让每一辆车尽量满员,因为他们的收入是和客人的数量成正比的,他们希望每一升汽油都能承载尽量多的客人。运营策略需要协调"速度"与"收益"的矛盾。

4. 服务传送系统

作为服务组织的内核,服务传送系统是由企业中的相关人员、流程、设备、产能、工具等要素共同组成的,一个好的创意在服务传送系统中有可能和服务的内涵产生冲突。例如租车服务,服务传送系统强调的是充分利用每一分钟抓住所有顾客,提高公司的利润,以此形成延续的服务体系,但是这样势必会降低服务的速度,也就是与服务的内涵产生了冲突。

(二) 产能策略

对于大多数服务型企业来说,产能计划的制定比物质生产企业困难。生产性企业可以简单地根据未来一段时间内的平均需求来制定产能。对于很多服务型企业来说,未来的平均需求这一概念根本毫无意义,因为市场需求可能具有很强的季节性,每天的需求都有可能发生很大的变化,甚至在同一天内都有不同时段的波动。如果一个生产性企业发现它的顾客总是在下午2点到3点之间购买自己的产品,这对它的生产计划不会产生任何影响,但是对服务型企业来说,这就是一个相当重要的信息。

服务型企业的产能决策比生产性企业更复杂、更重要。生产性企业平衡短期产出与需求的手段很简单,只要适当利用库存或者推迟某些后台订单的出货时间。对大多数服务型企业来说,产能的"库存"就是员工的工作时间,或者某个暂时闲置的设备,比如旅馆的房间或者飞机上的座位,而这种库存是不能储存到将来再使用的。后台订单在服务业中是不存在的。想象一下,如果某个企业的员工宣称他将在下一个星期二再与某位顾客交谈,这位顾客有可能立刻会转向其他企业寻求服务。因此,当需求小于供给时,总会产生暂时的供求不平衡,造成员工的无聊或者设备的闲置;而当供给小于需求时,顾客又很容易转向购买企业的竞争对手所提供的服务。

知识链接 冰淇淋的产能策略安排

一家冷饮店的顾客对冰淇淋(单位:支)需求如下:

工作日:100~300
星期六:500~1500
星期日:500~1100

对于生产冰淇淋的企业来说,安排产能是一件很简单的事情,它可以将一周内的平均需求做如下计算:

$5×(100+300)/2+(500+1500)/2+(500+1100)/2=2800$

因此,它每天只需要生产400(2800/7)支冰淇淋,并且将一小部分产品预留在库存中,在需求较大的时候卖出去。

而对于那些必须在顾客走进店门时才将冰淇淋倒进蛋卷筒的服务人员来说,简单的计算就完全不适用了。他必须为自己安排一个合适的服务产能策略。常用的服务产能策略包括:

(1)完全供给策略,是指总是保证足够的产能。以冷饮店为例,假设每位员工能制作10支冰淇淋,如果经理希望总是有足够的人来满足顾客的最大需求,那么星期六冷饮店里就需要有15名员工,星期日11名,其余工作日中每天3名。雇佣大量的兼职员工是不可能的,那么这种策略就要求冷饮店雇佣足够多的全职员工来满足要求。

这种策略的服务质量固然是很高的,但是成本也一样很高,且员工也会有大量的时间处于空闲状态,无事可做。具有这种特征的企业一般都是高利润的销售行业(例如珠宝、豪华汽车)以及那些顾客中拥有很多富人的行业(例如私人司机、私人银行),还有那些靠运输速度获取竞争优势的行业应该采用这种策略。

(2)匹配策略,是指根据需求改变产能。以冷饮店为例,这种策略将在星期六雇佣10名员工,在星期日雇佣8名员工,其他时间里每天雇佣2名员工。星期六和星期日那些超出平时数量的员工全部雇佣兼职员工。这种方式适当平衡了服务质量和成本之间的取舍,很多服务型企业中都采取这种比较典型的模式,包括大部分中低档餐馆和电话销售公司。

(3)主动策略,是指使需求适应企业的产能,通过价格、销售或者预约体系,推平需求高峰,使需求与企业的产能相适应。这种模式主要应用在高资本投入的行业中,例如航空公司和旅馆,还有一些高收入的专业服务人员,例如医生和律师都会采用这种模式。

(4)控制策略,是指将产能的利用最大化。这种策略潜在的动力就是通过竞争让每一名员工的空闲时间都减少到零。该策略通常使用在公共事业部门和低利润率的服务行业,以及那些员工报酬较高的行业,因为企业需要充分利用每一名员工的工作能力。例如,有很多内科医生都会精心安排自己的时间表,以至于他们的候诊室里总是坐满了人。这种策略会牺牲一部分高峰时期的销售,但是保证了所有的时间里企业都在满负荷运转。

(三)增长管理

1.多点服务的生命周期

许多销售课程中都会提到大家所熟悉的产品生命周期,实际上多点服务也存在生命周期。图7-1描述了一个成功企业的增长周期。

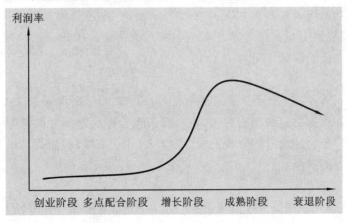

图7-1 多点服务企业的生命周期

每个阶段的焦点就是企业不同阶段发展策略的核心。企业策略会随着时间的推移自然地发生变化，也就是说在不同的发展阶段，企业必须采用不同的运营结构、销售策略，雇佣不同类型的员工，来适应企业内部发生的变化。表7-4所示为多点服务企业的生命周期各阶段的特征。

表7-4 多点服务企业的生命周期

阶　　段	特　　征
创业阶段	利润率是很低的，因为这时候服务的概念和服务传送系统都还在形成当中。经历了创业阶段之后，只有一小部分企业能够获得进一步的发展，进入多点配合阶段
多点配合阶段	这个阶段中，企业必须从发起人的出发点和原有特征中蜕变出来，形成一个可以不断复制的、类似于"蛋糕模"的格局
增长阶段	如果企业能够在原有特征蜕变中获得成功，就将进入到下一个阶段——增长阶段，通过不断复制形成许多单元
成熟阶段	企业完成品牌的维护和延伸，同时这也是企业利润率最高的阶段
衰退阶段	由于复制过程中的竞争压力、顾客品位变化等各方面的原因，企业可能进入衰退阶段，也有可能重新考虑服务的内涵，进入再生阶段

1）创业阶段

在最初的创业阶段，对于一个企业来说最重要的是创始人在当地的销售网络、公共关系和能够激励员工努力工作的人格魅力。在这个阶段，大多数员工获得的报酬相对较少，而且，还有可能根本拿不到什么报酬，因为这个阶段的大部分企业最终都会失败。然而它们还是要坚持找到创新的途径，围绕服务的内涵发展服务策略和相应的传送系统，或者在寻求市场对自身的接受时修改服务的内涵。

2）多点配合阶段

在多点配合阶段，企业必须选择合适的，关于销售、运营和人力资源等各方面的最佳战略并且将其标准化。扩张的意愿必须转化成可以复制的程序，让其他员工通过简单的手册或者规则就能成功地再现同样的格局。在这个阶段，企业还必须发展自身的培训、会计体系，并且将运营流程制定好。在这个发展过程中，代表创业阶段的、创始人自身的个性、唯一性将慢慢地退出企业的管理策略。

3）增长阶段

一旦进入增长阶段，企业就必须完整地完成自身的运营流程和未来发展目标的构思。这个阶段企业必须培养自身的销售能力，将自己的概念推广给更多的消费者和管理者。这个阶段大范围的广告比区域内的公共关系更为重要，也更有效，投资者和销售者必须找到企业规模扩张所需要的资金。

4）成熟阶段

在成熟阶段，企业会在销售方面遇到一些困难，比如维护自身在市场上的地位、保持企业对市场的敏感性，以及维持人们所谓的"新鲜感"。在经营中，要注意保证标准的执行以及运营控制,而减少管理过程中感性因素的作用;企业这时必须注意雇佣一些来自不同地区的员工。一线的员工此时不再处于创新过程,相反,他们的工作开始变得安然而稳定,同时也枯燥起来。维持员工的热情和激情变得困难起来。

5) 衰退阶段

最后,当服务的内涵变得陈旧时,人们必须重新设计服务的内涵,在一个巨大的、已经适用于旧的内涵的网络中重新贯彻新的运营理念,这个时候企业领导的个人魅力又将成为企业的活力来源。

2. 行业滚动增长

在服务型企业的增长阶段,通常会使用一种叫做行业滚动增长的策略。这种策略从实质上来说是一种资本运作手段,也就是利用购买上市流通的股票,收购同行业内的一些小公司。通常,一个小型的、私有的"夫妻店"可以用自己的所有权入股,成为一个包含了许多类似小单元的大企业的一部分。

滚动增长的成功之处在于,各个彼此独立然而相互竞争的单元共享了各自的设施、货源及行家经验。当一个企业的滚动增长成功之后,它就会被看作是维护区域内市场和同行关系的核心,同时,还能为下属的小单元带来规模效应。

3. 特许经营

传统的内部投资扩张模式的另一个替代品就是特许经营权的设置。对于服务型企业来说,特许经营是一种很重要的策略选择。专营店的开设能够从财务、销售、人力资源和运营领域等各方面改变一个企业内部的工作方式。设置特许经营权是服务行业中常见的一种管理模式,美国大约有1500家专营商(出售特许经营权的企业)以及30万家以上的专营店。零售总销售量的三分之一左右是通过专营店实现的。美国商业界特别擅长于专营店的经营。专营店每年为美国贸易带来价值10亿美元的顺差,是美国对外贸易中特别坚强、抵抗逆差的力量。特许经营权模式的优缺点如表7-5所示。

表 7-5 特许经营权模式的优缺点

	优 点	缺 点
财务	自我增值;能够使资本快速增长;风险较小	降低成功服务概念的利润率
运营	经销商的品牌精神	控制较为困难
人力资源	可以直接成为所有者;企业利润最大化激励联盟的形成	在专营店中的影响能力受限;专营店利润最大化阻碍联盟的形成
营销	所有加盟商均可共享品牌和广告营销,由此可以分摊营销成本	限制市场渠道;区域改革扭曲市场信息;可能造成品牌分化;特别事件处理更加困难

如表7-5可知,在一个企业快速增长的过程中,有很多因素会影响企业关于特许经营权的决策。从财务上来说,如果一个服务的内涵是非常成功的,设置特许经营权将大大地降低企业的利润率,因为利润中有一大部分都归经销商所有。因此,也有很多企业在起始阶段设

置特许经营权,等企业步入成熟阶段后再将其购回。

采用特许经营权模式的企业和采用公司所有模式的企业从根本上来说是不一样的。公司所有模式下的企业在扩展过程中必须拿出自己的资本,而特许经营权模式下的企业只需要对那些申请成为经销商的人说"可以"或"不行"就够了。由于经销商个人利益建立在利润上,而上缴给企业的利润却建立在销售收入的基础之上,企业在市场销售方面的计划,在实际推行过程中往往会产生很大的障碍,因为其中涉及了经销商和公司所有的销售部门之间的利益关系。

三、服务运营流程

(一)服务运营流程的含义

服务运营流程是指企业把一定投入变换为一定产出的一系列任务,对于服务业企业来说,产出的主要是服务,其中的一系列任务包括接待顾客、与顾客沟通、按照顾客的不同要求为顾客本身或顾客的物品提供服务,其服务流程主要由提供服务所经历的步骤、顺序、活动构成。

对于一个服务业企业来说,即使已经设计了很好的服务产品和服务提供系统,制定了周密的竞争策略,但最后顾客是否满意,还取决于服务过程中顾客的感受。因此,服务流程的管理是最终赢得顾客必不可少的一环,需要企业精心地管理和控制。

我们把服务过程中顾客与服务组织的接触称为"服务交锋"。顾客是否对一项服务满意,很大程度上取决于"服务交锋"的那段时间或者那一刻。因此,服务流程的管理和控制还需要对服务交锋特别关注。

(二)服务运营流程的类型

服务流程作为一个"投入——变换——产出"的过程,其最后产出的结果不是一件有形产品,而可以被描述成为"一种行为,行为的结果或一种努力"。虽然有些服务的结果是用物品来表示的,例如,咨询专家的报告,但是在所有的服务中最重要的是顾客的身体、精神、资产或信息的变换过程。

因此,根据顾客本身及其资产进入服务流程的不同情况以及服务主要作用于顾客本身还是顾客的资产,可以将服务运营流程划分为四种,如表7-6所示。

表7-6 服务运营流程分类

项目	可 接 触	不 可 接 触
顾客	作用于人体: 要求顾客在服务过程中必须在场,即身处服务设施内。顾客与服务组织及某员工、设施在一段较长的时间内有紧密接触。 例子:交通客运、外科手术、免疫服务、美容美发	作用于人的精神: 服务的结果主要针对顾客的精神发生作用,使其感到愉悦、增加知识,得到信息或改变想法。有时并不要求顾客身处服务设施内。 例子:娱乐教育、艺术展览、音乐会、电视节目

项目	可 接 触	不 可 接 触
顾客资产	作用于顾客的有形资产(物品处理): 要求顾客提供其物品,但不一定要求顾客在场;或服务组织上门服务,顾客只需给出足够的服务信息和指示。 例子:修理维护、服装干洗、住宅保护、花园修整、包裹递送	作用于顾客的无形资产(信息处理): 在顾客和服务组织接触并提出要求后,顾客没有必要在场。 例子:网络服务、证券服务、保险服务、软件开发、文件处理

(三) 服务运营流程的应用

1. 服务流程图

服务流程图包括业务流程图和相对应的信息流程图。它是服务组织向顾客提供服务的过程和完成该过程所需要素的组合方式的信息图,展示服务行为、工作方式、服务程序和路线、设施布局、材料配送、资金流向等信息(见图 7-2)。

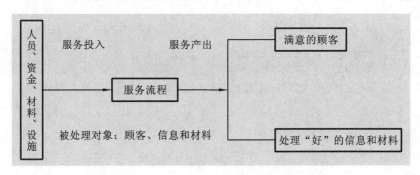

图 7-2 服务流程图

它们是运作管理最重要的工具之一,是分析、改变流程的向导,也是确认和消除流程瓶颈、平衡流程各部分能力的基础。它们通过细分相关工作及其流程而提高流程运作效率,同时也说明市场营销如何受运作的约束,说明公司能销售出去什么、销售不出去什么。永远不要低估业务流程图或信息流程图的作用。必须清楚地知道每一步运作中顾客处于流程的什么位置。表 7-7 所示为服务流程图的分类及各类型的特点与作用。

表 7-7 服务流程图分类

服务流程图	内 容	特 点	作 用
业务流程图	包括流程的步骤次序、设备和技术的选择、流程各步骤所需的能力、需要完成的任务等内容	对流程的描述,是一张顺序图	说明各个运作步骤之间的前后关系或并行关系
信息流程图	包括如何确定这一系列具体流程的有关信息	表明在信息流程图中应该有什么样的流程信息	区分了处于不同层次的管理者和普通工人的工作,并描述了他们之间的信息是如何流动与反馈的

案例 7-3

Ogle—Tucker 别克车的维修服务流程

1. 业务流程图

图 7-3 所示为别克车的业务流程图。

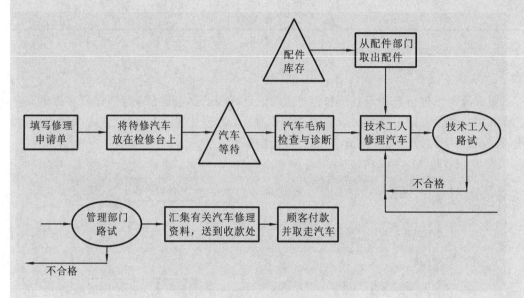

图 7-3　别克车的业务流程图

(1) 在业务流程图中,不同的符号代表以下不同的含义。

长方形——表示一个操作步骤,要进行的某项活动。

三角形——表示存货点或表示处于等待的状态。

椭圆形——表示检查流程。

箭头——表示流程流动方向。

(2) 有的运作步骤可能会循环,即由一个运作步骤会有两个箭头线分别指向其他步骤。例如,当一辆汽车在管理部门路试时没有通过就会返回,由技术工人再次修理。另外,可以并行完成的运作步骤与必须按顺序完成的步骤应清楚地区分。

(3) 有些运作步骤是在顾客在场的情况下完成的,可以在流程图中清楚地标明这些步骤。因此,一个服务流程图可以分成两个部分,一部分是顾客亲自参与的流程,另一部分则是与顾客分离的后台操作流程。

2. 信息流程图

图 7-4 所示为别克车的信息流程图。

尽管业务流程图和信息流程图的概念本身非常简单,但它们对于公司的运作管理却是十分重要的。案例 7-3 中修理 Ogle—Tucker 别克车的服务流程图就是一个

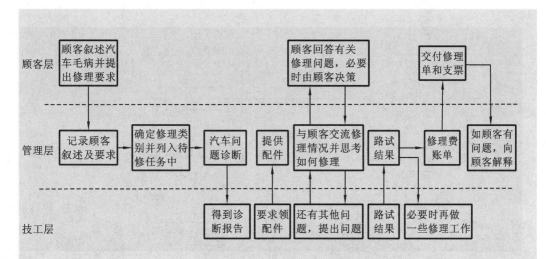

图 7-4 别克车的信息流程图

典型代表。如果想要考察流程流动的细节，重新确定工人是如何完成各种工作目标的，那么只需在此基础上再建立更详尽的业务流程图及信息流程图即可。可以表述的相关数据包括：

(1) 能力，按照流程流动的顺序，可以确定流程各步骤所需的能力。例如，检查完成这些流程所需要的员工人数（如上例中接待顾客的服务人员数）及设备数等等。

(2) 时间，包括完成每个流程平均花费时间，时间偏差大小，顾客一般情况下的等候时间，人员、物料、信息的传递时间，全部流程花费时间等等。

(3) 员工，包括为了完成整个修理工作需要的员工数量，具备各种技能的员工数量。

(4) 质量水平，一般情况下，随着工作流程的进行，质量水平可能会有所下降。应弄清楚质量水平下降的原因，如何才能保证质量水平稳定并一次性通过检验。

(5) 成本核算，各个流程必须有对应的成本核算，成本包括劳力、物料、设备成本以及对应的质量成本。通过成本核算，公司能够清楚地知道钱花在了哪些地方。

服务流程图往往用很大的纸绘出，并挂在墙上，以方便人们查看。通过跟踪业务流程图和信息流程图的各项数据，服务人员和管理人员能够非常容易地检查每一项业务，知道每项业务是如何进行的，以及如何才能改进这些业务流程。通过对这些问题的思考以及给出合理的建议以解决可能出现的问题之后，就可以简化流程，减少服务人员数目或者简化物料供应，从而使服务提供系统得到改进。

2. 系统流程图

系统流程图是改进服务流程的简单可视化工具，是分析和改进流程的第一步。图 7-5 是最常用的系统流程图图形，许多文字处理程序包的标准配备就是一套相当完整的图形符号。

箭头表示产品、信息客户或是任何感兴趣的事物的流程方向；

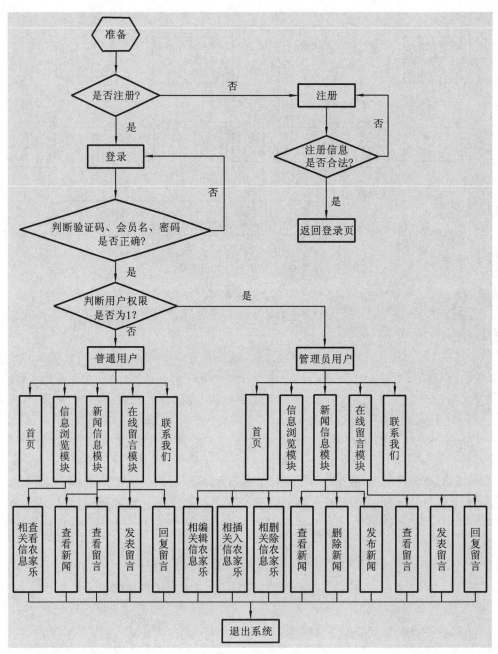

图 7-5 系统流程图示例

菱形表示系统流程中的决定;一个箭头通常只能指向一个菱形,但一个菱形却可以引出两个或更多的箭头来表示这个决定可能产生的结果;

矩形表示具体工作。

3. 甘特图

甘特图又叫横道图,是第一次世界大战期间,由科学管理运动的先驱之一亨利·劳伦斯·甘特发明的。它以图示的方式,通过活动列表和时间刻度,形象地表示出任何特定项目的活动顺序与持续时间(见图 7-6)。凭借图形概要化、易于理解、有专业软件支持、无须复杂计算和分析等特点,甘特图被广泛地应用于中小型项目。

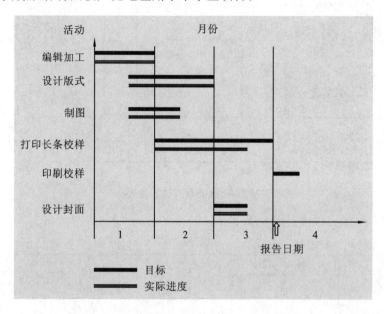

图 7-6 甘特图

在甘特图中,横轴方向表示时间,纵轴方向并列机器设备名称、操作人员和编号等。图中以线条、数字、文字代号等来表示计划(实际)所需时间、计划(实际)产量、计划(实际)开工或完工时间等。

四、服务利润链分析

(一)服务利润链理论分析

1. 服务利润链

服务利润链(service profit chain)是形象揭示利润、顾客、员工、企业四者之间驱动递进关系的逻辑链条。该理论 1994 年由詹姆斯·赫斯克特等学者提出,这项历经二十多年、追踪考察了上千家服务企业的研究,从理论上揭示出:服务利润链可以形象地理解为一条将"盈利能力、客户忠诚度、员工满意度和忠诚度与生产力之间联系起来的纽带,它是一条循环作用的闭合链条,其中每一环节的实施质量都将直接影响其后的环节,最终驱动企业的盈利成长。

由图 7-7 可知,利润与回报的增长都来自于忠诚的顾客,顾客的忠诚又始于顾客满意,而顾客满意往往会受感知服务价值的影响。

2. 服务利润链(SPC)模型

哈佛的研究者们对 SPC 模型(如图 7-8)有如下描述:"利润和增长主要来自顾客忠诚的激励,顾客忠诚是顾客满意的直接结果,顾客满意很大程度上受提供给顾客的服务的价值的影响,价值通过满意的、忠诚的、有生产效率的员工来创建;员工满意,主要来自于使员工运

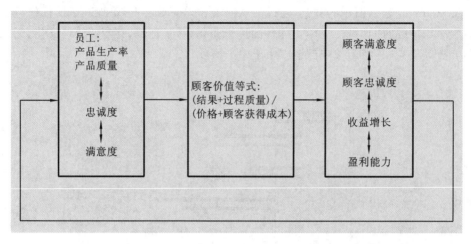

图 7-7 服务利润链的要素

送给顾客的高品质服务的支持和政策。"

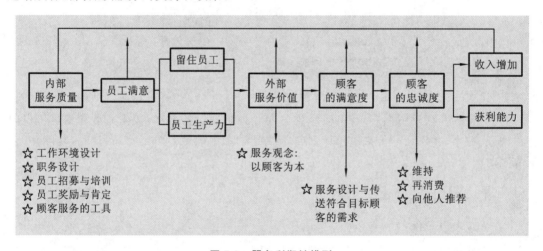

图 7-8 服务利润链模型

服务利润链的研究主要涉及员工、顾客、组织业绩 3 个主题及其之间的关系。这一模型建立了一个将员工行为、顾客态度和企业业绩联系在一起的逻辑框架,以此构成了服务利润链的驱动机制。

(1) 内部质量驱动员工满意。内部服务质量描述了员工的工作环境,它包括员工的挑选和开发、奖酬和认可,对服务信息的获得,技术和工作设计。例如,USAA 是一家面向军官的金融服务公司,它有一套复杂先进的信息系统的支持。该公司总部位于圣安东尼奥郊区,占地几公顷,很像一所学校的校园。该公司拥有专门用于培训的 75 间教室,员工在此可以得到最新技术发展水平的相关工作培训。过硬的内部质量使该公司的员工满意度大大高于同行业的其他公司。

(2) 员工满意度影响员工保留率及生产率。在大多数服务工作中,员工跳槽的真正成本是生产率的损失和顾客满意度的降低。在个性化的服务企业中,低员工流动率是与高顾客满意度密切相关的。例如,西南航空公司一直是利润较高的航空公司,部分原因是该公司拥有较高的员工保留率,它低于5%的员工流动率在该行业是最低的。

(3) 企业员工保留率与生产率影响服务价值。高服务价值来源于企业员工高保留率和高工作效率,企业员工的工作是服务价值产生的必然途径,而员工的工作效率无疑决定了他们所创造价值的高低,只有高忠诚度的员工才能产生高的服务价值。

(4) 服务价值影响顾客满意度。对于顾客来说,服务价值可以通过比较获得服务所付出的总成本与得到的总利润来衡量。

(5) 顾客满意度影响顾客忠诚度。施乐公司对其顾客进行过一次调查,使用的是5分制,从"非常不满意"到"非常满意"。调查发现,"非常满意"的顾客再次购买施乐产品和服务的可能性是"满意"顾客的6倍。该公司称这些"非常满意"的顾客为"传道者",因为他们会转变那些不接受公司产品的人的看法。另一极端为"恐怖分子",这些对产品"非常不满意"的顾客会产生不好的口碑。

(6) 顾客忠诚度影响获利性与成长。因为顾客忠诚度增加5%,利润可以增长25%~85%,市场份额的质量可根据顾客忠诚度来衡量,因此,顾客忠诚度应得到与市场份额的数量一样的关注。

服务利润链模型具有实际的可操作性,它告诉我们企业如何把注意力放在员工和顾客这两方面,为他们提供满意的服务,从内部创造员工价值,从外部创造顾客价值,以此来驱动企业的成长和业绩,提高企业在市场中的竞争力。

3. 服务利润链与战略服务愿景

服务利润链反映了企业、员工、顾客和利润四者之间的关系;战略服务愿景为管理提供了实施利润的方式,都反映了一个重要的目标,即围绕着一种实现顾客想要的结果的服务内涵,获得市场、经营和人力资源的核心。

(二) 利用服务利润链

服务企业的核心就是为顾客提供的服务的价值,它能够产生另外两种关键结果——顾客满意度和忠诚度。而价值主要是通过那些满意的、忠诚的、生产率高的员工来实现的。这些指标合起来就构成了我们所说的服务利润链。

那些明白服务利润链并按其进行管理的组织,它们同时还按照精心组织的原则和做法进行管理,这些原则和做法使它们能够从激烈的竞争中脱颖而出。

1. 强调成本收益的比较,每个链环都有产生利润的使命

服务利润链每个链环有机联动并产生正效应的驱动力在于利润。要使服务利润链整个发挥有效作用,任何一个链环都要有利润可图。否则,就有可能出现某个(些)链环断链,而使整个服务利润链失效。

利润是比较的结果。处在各个链环中的主体——内部顾客(员工)、外部顾客,把自己"得到的"价值同"付出的"成本相比较,得大于失(即有利润)时满意、得不偿失则不满意,最后反映在他们对工作的态度或购买决策上。

知识链接　　　合理待遇组合

从可计量的成本与收入来考虑,企业对待外部顾客一般不会做亏本买卖,从顾客那里得到的价格收入应该大于成本付出。同理,企业对待内部顾客也不应该出现"账面亏损",即企业给予员工的各类待遇总和应该是个不超过其"贡献值"的"合理数"。问题的难点就在于,企业怎样评估员工的"贡献值",企业怎样确定及满足员工的"合理待遇"。员工贡献有可以量化的部分,但服务业员工提供服务让外部顾客感受得到的服务质量大多数情况下是难以量化的。

例如,微笑服务次数并不容易跟踪计数,微笑的迷人程度更加无法度量,且因人而异。员工贡献的服务质量不仅与员工的技能有关,更重要的是与员工的态度有关。员工"贡献值"难以度量,"合理待遇"的制定本身就少了一个关键参照值。此外,不同员工个人偏好有异,企业内部不同层级、不同职能机构的工作没有统一认同的可比性,社会及同业还对企业有影响,员工对自身待遇的期待往往让管理者难以预测。这就要求企业做好薪酬与绩效管理,关注和参照社会与业界动态,在待遇中注入人文关怀元素,用愿景引导员工的心理期待,以确定有吸引力的"合理待遇组合"。在"合理待遇组合"的前提下,用优秀的企业文化和管理制度,通过员工积极性、创造性的激发和忠诚度的增加来提高员工"贡献值"。"合理待遇组合"给了员工想要的"利润"。企业则通过员工"贡献值"增加产生超出员工"合理待遇组合"总值的"溢出",使服务利润链各个链环都为企业创造"利润",保证整个企业服务利润链发挥有效作用,最终为企业盈利。

2. 要求找出关键链环,并确保其主体有利润可图

服务利润链,每个链环都必须有机联动,对服务利润链有机联动影响最大的就是关键链环,关键链环的主体"利润"必须得到确保。

1) 不同业态企业,服务利润关键链环不尽相同

服务企业类型众多,具体各服务行业提供服务的流程、涉及的服务设施装备,以及需要的服务技能、服务的信息差异很大。

有些服务环节特别依赖特定的服务设施装备或特定的服务技能。这些"特别依赖环节"往往构成服务利润链的关键链环,例如:理发服务的关键链环是理发师的使用管理;网上银行服务的关键链环是网络交易安全技术及管理;民航运输服务的关键链环应该是飞行安全保障与管理。中国民航快速发展,飞行员缺口大,培养体制落后,导致飞行员的使用和管理成为目前我国民航服务利润链的关键链环,本章案例 7-1 就是反面例证之一。

2) 不同发展时期,企业服务利润链关键链环会有所转化

服务企业在发展过程中,从进入行业门槛到业务成熟,不同时期服务利润链关键链环会

有所转化。在发展初期,如何在业界站稳脚跟、如何赢得外部顾客眷顾往往是关键链环;成长期,如何改善员工工作条件和工作待遇以及如何引导员工价值取向成为这个时期服务利润链的关键链环;成熟期,服务利润链关键链环应该是外部服务的优化,即设法为外部顾客提供最高的顾客让渡价值。对于因资源稀缺造成的服务利润链关键链环,解决资源短缺问题后,原先的关键链环可能会自行转化。以中国民航服务业为例,改进飞行员培养方法,延长飞行员飞行年限,引进国际飞行员,建立飞行员富余储备,配合飞行员数据库建设和转会交易市场化,中国民航 SPC 关键链环就不一定还是飞行员的使用和管理。

3. 要有内部服务"质量组合拳"概念

服务界面之外的外部顾客服务效果,取决于服务界面之内的企业内功。一线员工(内部顾客)劳动生产率、忠诚度、满意度又决定于企业内部服务质量。SPC 理论要求有"质量组合拳"概念,要从工作流程环境、员工队伍技能、硬性制度环境、软性制度环境、企业领导榜样五个方面并举,抓好内部服务建设和管理,创造高质量的服务。

1) 搞好服务工作流程和工作环境规划、设计、布置和保持

服务工作流程和工作环境规划、设计、布置和保持是搞好服务的基本工作。它是外部顾客感受服务质量的外在形象,是服务企业的"窗口"。同时,它又是服务企业一线员工工作的日常环境。常年置身于这些流程和环境之中,对员工的身心影响是长期的——不环保的装修有害员工身体;不科学的服务流程或设施布局会增加员工的行程并导致出错率升高等。

2) 从员工招聘、培训等方面着手塑造一支掌握较强服务技能的一线员工队伍

缺乏提供服务所不可或缺的技艺和能力,再想干好也是枉然,培养掌握较强服务技能的一线员工队伍是服务管理和决策的题中之义。人悟性有别、体质有异,不同的服务工作需要选拔招聘相应的"苗子"进行技能培训和素质培养。譬如,要胜任飞机驾驶,需要特别好的身体素质,要经过长期规范而严格的专门训练,一个普通飞行员的培养费用超过 200 余万元,一个机长的培养费用多达 600 万到 800 万元。

3) 设立公平合理的考评、激励、分工、分配的企业硬制度环境

建制成章的各类企业管理文件构成了企业"硬性"的制度环境,其中考评、激励、分工、分配等制度关系到员工的切身利益,特别要做到公平合理。复杂的"人"的管理是最难的管理。服务企业应该本着"用人所长、因才施用"的原则合理安排工作岗位和分配任务量,还要设法合理考评和给予"合理待遇组合",起到激励作用。

4) 营造和谐融洽、团结合作、积极进取、乐于贡献的企业文化软环境

群体文化的软力量裹挟着个体的行为,企业文化作为"软性"制度环境,影响着企业员工的作为。健康的企业文化有利于企业管理成本下降、管理有效性增加,是对"硬性"企业制度的帮衬。服务企业要及时适当地弘扬有利于和谐、合作、愿意进取、讲求贡献的人与事,惩戒与之背离的消极作为,引导和促进和谐融洽、团结合作、积极进取、乐于贡献的企业文化。

5) 企业领导的榜样力量

企业领导的榜样力量是最为重要的因素。管理者,特别是高层管理者将为企业各级员工忠于职守产生巨大的榜样力量。健康的企业文化氛围很大程度上也取决于企业创立者及高层管理者的思想道德和行为方式。受员工尊敬、爱戴、信赖、亲近的企业领导,其令易行,

其政亨通,对其他四个方面工作的指挥、协调和控制容易生效。

4. 企业需要发展和应用切合自身特点的服务利润链审计工具

服务利润链理论强调服务市场份额的"质量"比服务市场份额的"数量"更重要。而反映"质量"的满意度、忠诚度等很多指标参数都不是会计账簿可以记录的。服务利润链各链环的绩效衡量(即成本收益的比较)并不直观、非常困难,而这一点恰恰又对服务利润链实际应用十分重要。

那么,企业适用什么样的服务利润链审计工具呢?罗伯特·卡普兰的平衡计分卡(the balanced scorecard—BSC)打破了传统的只注重财务指标的业绩管理方法,从学习与成长、业务流程、顾客、财务等四个角度审视企业自身业绩。这一方法的基本思想与服务利润链所强调的理念不谋而合,平衡计分卡可以为服务利润链审计所借鉴。

由于服务企业千差万别,服务利润链各链环的构成要素大不相同,所以,像基本会计准则那样的统一记账方法难以为服务利润链审计所找到。也就是说,服务利润链审计需要各服务企业借鉴 BSC 等科学的业绩管理方法,结合自身特点,发展属于自己的有效的服务利润链审计工具。

第二节 旅游服务蓝图设计

一、服务蓝图

服务蓝图是详细描绘服务传递系统的地图。服务过程中涉及不同的人员,无论他们的角色或个人观点如何,都可以理解并客观地使用它。服务蓝图直观上从几个方面展示服务:描绘服务实施过程,接触顾客的地点,顾客角色与员工角色,服务传递过程中的可见要素。它提供了一种可以把服务合理分块的方法,再逐一描述过程的步骤和任务,以及执行任务的方法和顾客能够感受到的有形展示。

开发新的服务或改善已有的服务,最关键的是将服务概念开发、服务过程开发及市场测试等阶段准确地描绘出来。特别是能客观准确地将服务过程的特点加以描绘,并使之形象化。这样,顾客、员工和管理者都会清楚地知道正在做的服务是什么,以及在服务实施过程中自己所扮演的角色。通过服务蓝图,可以很好地解决上述问题。

(一)服务蓝图的构成

服务蓝图作为服务传递系统的一种可视技术,它由感知与满足顾客需求的一组有序活动组成。如图 7-9 所示,包括顾客行为、前台员工行为、后台员工行为、支持过程以及可视分界线、互动分界线及内部互动分界线。前台员工行为与顾客行为由一条互动分界线隔开,而可视分界线将前台员工与后台员工隔开,有时在后台员工与支持过程之间由一条内部互动分界线分开。

(1)顾客行为,包括顾客在购买、消费和评价服务过程中的步骤、选择、行动和互动。例如,在法律服务中,顾客行为可能包括决定请律师、与律师交谈等。

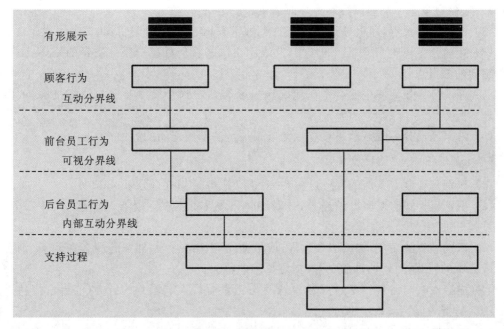

图 7-9 服务蓝图的构成

(2) 前台员工行为,是顾客能观察到的员工的行为和步骤。例如,在法律服务中委托人(顾客)可以看到律师(服务人员)的行为,可能包括会面、出具法律文件、出庭辩护等。

(3) 后台员工行为,是发生在幕后的员工的行为。这些行为对前台的服务活动有支持作用。例如,法律服务中,律师的会面准备和文件准备等活动。

(4) 支持过程,包括内部的服务及员工的服务步骤和互动行为。如在法律服务活动中,受雇人员的法律调查、秘书准备文件等。有时,支持性活动可被包含在后台员工行为之中,不加分离。

在设计有效的服务蓝图时,特别要注意应从顾客对服务过程理解的观点出发,逆向导入实施系统。顾客行为、前台员工行为、后台员工行为、支持过程等 4 个部分,分别由互动分界线、可视分界线及内部互动分界线三条分界线分开。

(1) 互动分界线,表示顾客与组织间直接的互动,一旦有一条垂直线穿过互动分界线,即表明顾客与组织发生接触。

(2) 内部互动分界线,用以区别接触顾客人员的工作和其他支持性服务人员的工作,垂直线穿过该线,表明发生了内部接触。

(3) 可视分界线,把顾客能看到的服务行为和看不到的行为分开,即把员工在前台与后台的工作分开,该线在服务传递系统的设计中具有重要的意义。

服务蓝图的最上方列出了服务的有形展示。有形展示是将无形的服务有形化。因为服务本身是无形的,顾客常常在购买之前通过有形线索对服务进行判断,并在消费过程中或在消费完成后对服务进行评价。每个接触点上方都应列出服务的有形展示。

(二) 制定服务蓝图的必要性

(1) 提供一个服务的全局观念,让员工把服务视为不可分割的整体,并与"我做什么"关联起来,从而在员工中加强以顾客为导向的重点。

(2) 识别出失误点,即服务行动链上的薄弱环节,确定质量改善目标。

(3) 互动分界线阐明了顾客的作用,并表示出顾客在何处感受服务质量的好坏,由此促进被感知的服务设计。

(4) 可视分界线促使企业有意识地确定出顾客该看到什么以及谁与顾客接触,从而促进合理的服务设计。

(5) 内部互动分界线显示出具有互动依赖关系的部门之间的界面。

(三) 服务蓝图的设计步骤

(1) 识别需要制定蓝图的服务过程,并对整个服务过程进行分解;

(2) 识别目标顾客对服务的经验,针对细分市场中顾客的具体要求,制定具体服务,使服务过程更加清楚明白;

(3) 识别顾客的角色,描绘服务过程,或称描绘顾客的行为,即描绘顾客在购买、消费和评价服务中的行为,对于内部服务,应描绘员工的行为;

(4) 描绘前台与后台员工的行为,主要区分哪些是顾客能看到的行为(前台),哪些是顾客看不到的行为(后台);

(5) 把顾客行为、服务人员行为与支持功能按步骤相连;

(6) 为每个顾客行为步骤加上有形展示。

二、服务蓝图设计

案例 7-4

酒店服务蓝图设计

顾客行为:是指顾客消费酒店服务的行为,包括预订客房、办理登记手续入住酒店、在酒店中接受各种服务、结账离开酒店。

前台员工行为:是指顾客能看见的酒店服务人员表现出的行为和步骤,包括顾客入住酒店,前台服务人员的服务有迎接服务、行李服务、登记服务、结账服务等。

后台员工行为:能够影响酒店前台服务质量,但顾客看不到的行为,包括前厅服务人员的夜间稽核、餐厅服务员的餐前准备等。

支持过程:是指酒店内部服务或者支持服务人员履行服务的步骤和互动行为。包括酒店的工程维修、保安服务、电话总机、采购工作等。

有形展示:是指顾客在酒店服务现场可以看到的用于提示服务质量的实体内容,包括酒店的装潢设计、设施设备、服务物品等。

如图 7-10 所示为酒店服务蓝图示例。

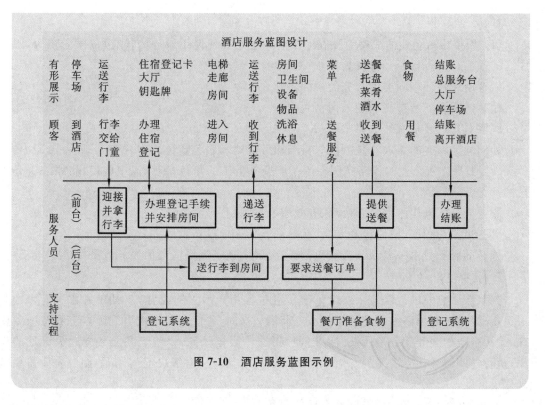

图 7-10　酒店服务蓝图示例

（一）旅游服务蓝图的内涵

旅游服务蓝图是描述旅游服务传递过程的可视技术,是详细描绘旅游服务系统的"引导图"或"指示图"。如同技术人员一样,旅游服务过程中的不同人员可以通过旅游服务蓝图,理解旅游服务的实施过程、接待顾客的地点、顾客的角色以及服务的可见要素,如图 7-11 所示。

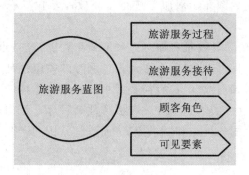

图 7-11　旅游服务蓝图

（二）旅游服务蓝图的使用

根据旅游企业不同的战略意图,可以采用不同方式使用服务蓝图,即横向使用、纵向使用和全面使用。

1. 横向使用

（1）如果旅游企业的战略意图在于了解顾客是如何使用服务的，则可以横向使用，跟踪顾客的行为，并提出如下的问题：

顾客使用各种不同类型服务的规律是什么？

顾客使用服务的参与程度如何？

顾客对有形展示有什么要求？

如何满足顾客的需求？是否能保持与服务战略和服务定位相吻合？

（2）如果旅游企业的战略意图在于了解服务员工的角色，则可以横向使用，跟踪服务人员的行为，并提出如下问题：

服务人员的操作流程是否合理、有效率、有效果？

哪些员工与顾客直接接触？在什么时间？什么地点？发生的频率如何？

顾客的服务是由一名服务人员直接负责到底，还是需要向其他服务人员交接？

2. 纵向使用

如果旅游企业的战略意图在于了解服务过程不同因素的组合，或者在大背景下识别某一员工的位置，则可以纵向使用旅游服务蓝图。这时，我们会清楚地看到顾客有哪些服务要求，旅游企业的服务任务是什么，由谁来执行这些服务任务，哪些人在服务中起关键性的作用，执行这些服务任务需要内部组织提供什么样的支持。为解决上述问题，旅游企业需要考虑以下问题：

在关键性服务环节上，需要什么样的服务人员？

为支持关键性的服务接触，服务人员需要做哪些后台工作？

相关的服务接触需要提供什么样的支持行为？

在不同的服务环节之间是如何衔接的？

3. 全面使用

如果旅游企业的战略意图在于对服务进行重新设计，则可以从总体上全面使用旅游服务蓝图。

首先，需要了解服务的总体特征和服务过程的复杂程度，这是重新设计服务的基础。然后对顾客接受服务的行为进行观察，发现重新设计服务的关键性环节，并进行改进。同时考虑这些变化要求服务人员如何改变行为，需要组织内部提供怎样的支持。另外，还要考察有形展示的内容是否需要发生变化，这些变化与服务战略目标是否保持一致。最后，旅游服务蓝图还用来发现服务过程的失误点和瓶颈点，进而进行分析和研究，提出解决问题的方案。

（三）旅游服务蓝图的建立

1. 建立旅游服务蓝图的意义

（1）提供全局性的视点，让员工树立整体性的服务意识，找准自己在蓝图中的位置，并考虑自己能为整体性服务做些什么，从而在员工中树立以顾客为导向的服务意识。

（2）识别服务过程中的薄弱环节，然后确定服务质量改进的目标。

（3）通过服务人员与顾客的接触线，发现顾客在何处感受并评价服务质量，从而促进服务的设计。

(4) 通过内部互动分界线的显示,发现顾客在服务现场的接触点,以促进服务质量的持续改进。

(5) 通过显示服务过程的构成要素和关系,以促进服务战略的形成。

(6) 为识别成本、收入以及向不同的服务要素投资提供基础。

(7) 为外部营销和内部营销活动提供重要的基础。

(8) 提供一种由表及里的提高服务质量的途径。

2. 建立旅游服务蓝图的步骤

1) 识别制定旅游服务蓝图的意图

在开发旅游服务蓝图之前,首先需要识别建立服务蓝图的目的,并就此在组织内部达成共识。服务蓝图可以在旅游企业的不同层面上开发,既可以在整体层面上开发,不涉及具体的服务细节,如酒店的整体服务蓝图;也可以在职能部门的层面上开发,如酒店前厅部服务蓝图;还可以就某一具体业务进行开发,如送餐服务蓝图。另外,还可以基于某些特定的细分市场或某些服务产品进行服务蓝图设计,如会议服务蓝图、婚宴服务蓝图等。

2) 识别顾客接受服务的经历

任何旅游企业都服务于特定的细分市场,而不同细分市场的顾客需求存在差异,他们对服务质量的期望也不相同。因此,旅游企业需要根据顾客的需求,确定顾客接受服务的经历和过程。如团队观光顾客和商务散客对酒店的服务需求存在差异,他们在酒店中的活动规律也不相同。

3) 从顾客角度描绘服务过程

该步骤是指顾客在咨询、消费以及评价中所经历的选择和行为。如果描述的是内部服务,则顾客就是参与外部顾客服务的员工。从顾客角度认识服务过程,可以将注意力集中在关键性服务环节和关键服务要素上,避免从主观角度认识顾客需求,造成服务资源的浪费和顾客满意度的下降。

4) 描绘前台和后台员工的行为

首先画出顾客与服务人员的接触线以及区别前台行为和后台行为的可视分界线。然后从顾客角度和服务人员的角度设计绘制过程,并区分出前台行为和后台行为。若是对现有服务的描述,可以向一线服务人员征询其行为,以及哪些行为顾客可以看到,哪些行为发生在后台。

5) 把顾客行为、服务人员行为和支持性行为进行组合

首先画出组织内部服务的互动分界线,然后识别出服务人员的行为与内部职能部门的联系以及联系的程度。从中可以发现服务行为的关键性支持因素,也就是说这些因素与顾客满意度的关联性较强,需要引起旅游服务企业的高度重视。

6) 在顾客行为上加上有形展示

旅游服务蓝图开发的最后一个步骤就是在蓝图上添加有形展示的内容,以此说明顾客在每一个服务经历中所需要的有形物质以及看到的实体内容。这些物质实体可以通过照片、录像等形式加以反映,以帮助分析有形展示对顾客感知服务质量的影响以及是否与企业的服务战略和服务定位保持一致。

案例 7-5

宜家(IKEA)零售商店——自助式服务流程

宜家(IKEA)家居集团是一家著名的家具制造商和零售商,由瑞典人坎普雷德于1943年创建。在全球38个国家和地区拥有311个商场,其中有17家在中国内地。宜家产品主要包括座椅、沙发系列,办公用品,卧室系列,厨房系列,照明系列,纺织品,炊具系列,房屋储藏系列,儿童产品系列等约10000个产品。其产品特点是:价格低廉、便于拼装。由于实现了模块化设计,顾客可自助购买各种家具组装件,并按自己的想法拼装成多种不同形式的完整家具。

宜家家居以出色的自助式服务流程设计著称。具体自助式服务流程如图7-12所示:

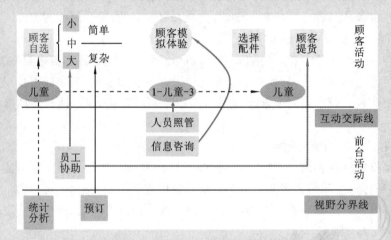

图7-12 宜家家居的自助式服务流程图

案例分析: 自助式服务是服务运营流程中十分独特的一个类型,目前也十分流行。提供自助式服务必须在服务设施和服务安排上有精良的设计,宜家的设计就充分说明了这一点。同时,推行自助式服务还可降低人员成本,非常适于采用总成本领先战略的服务组织。

实践活动

1. 讨论有没有必要对顾客进行培训?为什么?
2. 对某物业管理公司的服务进行调查,绘制其服务蓝图,对比其服务特色并提出改进建议。

第八章

服务需求与服务供给能力管理

本章导读

经济的蓬勃发展使得服务业的发展日新月异,人们不再拘泥于追求生理需求和安全需求,而是将目光放到更高层次的社会需求和尊重需求等方面。面对多样化、个性化的服务需求,旅游企业该如何提升自身的服务能力?如何提供高质量的服务供给?如何实现服务的供需平衡?本章从服务需求和供给的角度进行分析,为旅游企业实施服务需求管理和服务供给管理提供有效指导和借鉴。

学习目标

1. 知识目标:通过对本章的学习,了解服务供需平衡的定义和状况;了解服务供需失衡的现象和原因;掌握服务需求和服务供给的特点。

2. 能力目标:在对本章知识点了解、掌握的基础上认识服务供需平衡的必要性;熟悉服务需求管理的基本策略;掌握旅游企业服务能力管理的基本策略。

第一节　旅游服务供需平衡状态分析

案例 8-1

一张机票引发的官司

一张机票引发了一场官司,也正是这场官司完善了一项民航管理措施。

一位乘客通过电话向上海民惠航空服务有限公司订购机票,言明在虹桥机场登机。第二天,民惠公司送来一张中国南航股份有限公司(以下简称南航公司)CZ349航班机票。出发当天,这名乘客兴冲冲地赶到虹桥机场,但怎么也找不到自己要乘坐的航班,一打听才知道该航班应在浦东国际机场登机。于是只好办理退票手续,另购下一个航班的全价机票。

这名乘客事后将上海民惠航空服务有限公司、南航公司告上法庭,庭审中,两被告辩称,作为承运人和出票人,他们都按"行规"操作,使用自动打票机填开机票。机票上标有国际通用机场代码,"pvg"表示浦东机场,"sha"表示虹桥机场。作为受过高等教育的原告,对此应当认知,即使有疑问也可通过各种渠道随时询问。

法院调查后发现,绝大部分乘客对专用机场代码并不清楚,承运人有义务在出售的机票上使用我国通用文字,清晰地标明航班起降机场名称,或以其他方式明确说明。据此,依照《合同法》有关条款,法院判令南航公司退还原告机票款770元,并赔偿80元。

案例分析: 我国航空公司的机票如果都是英文,肯定不方便本国游客。如果强调"高学历的消费者"应该能看懂,这就是强盗逻辑,服务提供者不能妄加猜测或自行定义需求者的"应当行为",只有充分考虑服务需求的现实情况,提高服务供需匹配度,才能完善企业服务能力。

一、服务供需平衡基本概念

(一)服务供需平衡定义

服务供需平衡即服务能力与服务需求的平衡,是指对于具有独立服务功能的机构来说,其服务能力能够满足服务需求,不存在服务能力供给过剩或者是服务能力供给短缺的问题,从而实现服务供给与服务需求的最佳匹配,这些机构包括商场、机场、火车站和餐厅等。从服务供给和服务需求管理的目标来看,它是要实现服务供给与服务需求的平衡,从而将服务系统各方面的损失(包括空闲损失、机会损失和顾客损失等)降到最小。

企业所面临的市场需求往往是波动的,而企业的生产供应能力通常是一定的。因此,对于企业管理者来说,无论是制造业企业还是服务业企业,如何使供需达到平衡都是一个重要的管理问题。

对于制造业而言,解决供需平衡的方法多种多样。它不仅可以利用库存,预先把产品制造出来,以满足高峰时的需求或无法预期的需求,还可以利用加班、外协或推迟供货等方法。但是对于服务业而言,由于服务产品与需求存在特殊性,不可能有库存,因此供需矛盾的解决就显得困难重重。

(二)服务供需平衡状况

服务能力与服务需求之间存在着四种平衡状况,如表8-1所示。

1. 需求过度

当需求大于最大服务能力时,即服务需求超过服务机构最大可提供的服务容量,造成多出来的顾客离开服务机构,给企业带来机会损失。在这种情况下,一些潜在顾客可能离开,而且可能是永远离开。

2. 需求大于最优服务能力

当需求在最优服务能力和最大服务能力之间时,即当需求大于服务系统可提供的最佳容量,可能发生顾客接受有缺陷服务的情况,此时虽然没有顾客离去,但是服务条件劣化,服务质量下降。这个时候,管理者必须采取措施以控制服务水准的降低并防止顾客不满。

3. 供需平衡

在供需平衡情况下,企业的最优利用能力与最大服务能力是相同的,即需求和供给在最佳服务容量点上达到平衡,所有的服务设施和员工都没有闲置,这是最理想的状况。例如,在剧院或体育比赛现场座无虚席,气氛令人兴奋。

4. 服务能力过剩

在其他类型的服务中,当供给能力没有达到满负荷时,顾客可能会感觉更好。例如,餐饮服务(座位),航空服务(旁边的座位)。在修理和维护服务中,如果日程表被挤满了,可能会导致临时发生工作的延误。

表8-1 服务供需平衡状况表

类型	需求过度	需求大于最优服务能力	供需平衡	服务能力过剩
表现	需求水平＞最大服务能力	最优服务能力＜需求＜最大服务能力	需求＝最优服务能力	需求＜平均服务能力
结果	一部分顾客得不到服务,潜在顾客离开,企业销售额甚至是信誉丧失	服务环境拥挤,顾客得到的是低水平的服务	需求平衡于最优服务能力,顾客得到准时而良好的服务	资源没有得到利用,影响企业生产效率
案例	剑湖山王子饭店客满时,会示意顾客到附近的嘉义耐斯王子饭店就餐;商场试衣间使用	"打的"时,距离太近,不去;目的地偏僻,不去;换班时段,不少空的士驶过,却对乘客视而不见	绝对供需平衡不存在	饭店顾客过少,使人怀疑其服务品质;消费者会选择生意较好(人多)的餐厅

> **延伸阅读**　　　　"打的"为何如此难？

出租车"拒载"现象十分常见，"打的"时，距离太近，不去；目的地偏僻，不去；交通高峰期，不少空车驶过，却对乘客视而不见。在发达地区，由于轨道交通网络化运营等公共交通较为发达，出租车扮演着大容量公共交通的"补充"角色，被当作是"个性化服务"；而在欠发达地区，由于公共交通服务不够发达，未能充分满足公众日益增长的出行需求，出租车成为公共交通的主要角色，被当作是"普通服务"。近年来城市发展迅速，市民生活水平提高较快，对更优质的公共交通服务有很大需求。但由于出租车供给远远小于公众需求，再加上出租车司机狭隘的经营心理，既然他觉得"不差钱"了，那么他就不会为"赚点钱"而去忙乎，使得"打的"难成为中国多数城市普遍存在的问题。

这种乱象层出不穷的原因有很多方面，其中之一便是服务供不应求，需要"打的"的顾客很多，但是出租车司机由于距离近、收费少、赚取利益小等理由拒绝载客，给乘客出行造成了极大的负面影响。为了改变这种局面，应该充分规范出租车市场，对拒载行为进行严厉的打击和惩罚，增加出租车行业的服务供给，形成出租车市场的良性竞争。

二、旅游服务供需失衡

案例 8-2

中午十二点的"早餐"

某山庄酒店，午餐时间，已有不少客人正在餐厅用餐。有电话打进餐厅吧台，询问还有没有早餐可吃，接电话的领班小杨抬腕看了一下手表：12点差10分。她本能地笑出声来，给出建议："你们干脆吃午餐吧。""我们是从安徽过来的旅行团，昨天爬了一天的山，累得没胃口，都不想吃东西了，只想喝点稀粥。你看还有没有早上剩的稀饭呢？"小杨想，对方要求不高，不过要问一下厨房才好回答。于是她就说："您是哪个房间的？我过两分钟打您房间的电话答复您好吗？"

小杨将客人的要求向厨师长做了通报。厨师们听说中午有客人要求吃早餐，都觉得好笑。有的说真逗，有的说怪怪的，还有的说这个例不能开，不然以后还要把早餐食品留到中午，怎么留啊！厨师长也感到很为难：早餐吃不完的稀饭已经统统送给附近的养猪户去了，如果答应客人的要求，那就要另外再加工，无形中加大了成本，于是没有同意。

这件事情正好被一位旅游职业学校的实习生小廖听到了,他不认为客人的要求有什么好笑的地方,而且认为酒店应尽量满足客人的合理请求。于是他把这件事情向正在巡视餐厅的餐饮部李经理作了报告并谈了自己的看法。李经理立即批示厨房马上加工稀饭,同时又给安徽旅行团的全陪房间打了电话。不一会儿,安徽团的团员虽然个个睡眼惺忪却满脸笑意地走进了餐厅。

酒店总经理听了餐饮部李经理的汇报后,当即决定:以后免费早餐券上的用餐时间改为:上午7:00至中午12:00,同时也要求餐厅上午9点过后将剩余的早餐食品移至一个小餐厅保留至中午。

案例分析:"中午要求吃早餐"这一需求是否合理?从客人一方来说,我早餐券未用,酒店应补上这一餐,只不过要求在时间上做一些灵活的处理而已。从店方来说,酒店既然做了就餐时间上的规定,超出这个时间范围不提供也理所当然。

事实上,目标市场的需求就是酒店服务设计的出发点,而客人需求的变化就是酒店服务改革的方向。如果把个别客人要求延迟早餐用餐的截止时间看作是个性需求的话,那么把早餐食品留到中午正是服务供需平衡的创新。

(一)旅游服务供需失衡现象

在实际经济活动中,服务能力与服务需求之间的完全平衡是很难达到的,不平衡是绝对的,而平衡则是相对的。比较常见的现象是:在需求高峰期,由于服务设施的接待容量有限造成顾客流失,而在非需求高峰期,服务能力有时大量闲置,造成了不必要的损失。

常见的服务供需失衡现象有两类。

第一类:服务生产能力相对固定不变,而顾客服务需求规模波动明显。如旅游客运交通运输能力是固定的,由于乘客对交通运输时间段需求不同,所以一天中,旅游巴士的供需程度也明显不同,旺季就成为了全年交通最为供不应求的高峰期。

第二类:服务能力与服务需求都发生波动的情形。这一类主要是由突发事件引起的。如在夏季旅游旺季大雨过后,冒险出行的游客引发了各类险情,于是各旅行社对有经验的户外拓展救援教练的需求迅速上升。

(二)旅游服务供需失衡的原因

相对于制造业而言,服务业的供需平衡更为复杂和具有挑战性。制造业经营者可以利用多种工具和方法来应对供需平衡,如加班、增加存货、延迟交货等,但服务的无形性、不可储存性等使这些方法不能完全适用于服务业。

1. 服务能力难以储存

首先,多数服务具有稍纵即逝的易逝性。因此,不可能通过预测后期有较大的需求而提前生产服务,对大多数服务业来说,库存这一方法并不适用于应对服务需求的波动。

其二,需要服务提供者与消费者共同参与。服务的需求与消费是同步的,需要双方共同参与,是双向的互动行为。例如,当顾客愿意等待时,推迟服务是可能的,海底捞的座位是有限的,但大多数顾客却愿意等上两三个小时。

其三,供需平衡中仍需考虑顾客满意度。供需平衡是质量与数量两方面的结合,顾客满意度是对服务质量的衡量。

2. 服务产能受到限制

服务业产能受人员、机器设备、材料、方法、大环境设施的限制,如何有效利用服务产能成为关键,如医院病床数,旅馆房间数。

3. 服务需求难以预测

人们的服务消费具有很大的随机性,服务需求变化多端,且往往发生在很短的时间内。如外出就餐、看电影、理发等,人们总是心血来潮或者是恰好方便的时候才突然决定的,没有进行事先的计划安排。

4. 服务行为受时空限制

因为所提供服务的多样性、服务个性化和顾客需求多样性等,使得对一定量顾客所提供服务的时间很难预测。餐厅就餐顾客就餐速度不同,所用时间也是不尽相同的。

服务具有现场性,只能在一定时间、一定地点提供服务。对于在不同地点提供服务的机构来说,服务供需不能跨地域调节。

三、服务需求的特性分析

(一) 服务需求的特性

1. 波动性

服务需求的波动性是指服务需求并不是固定或长期稳定不变的,相反,由于内外因素的不确定性使得服务需求经常波动。

2. 层次性

不同层次的顾客需要不同档次的服务,愿意为不同的服务水平和质量支付不同价格;不同层次顾客对开发相同的服务有不同的反应,较高层次的顾客对新服务的反应更强烈。例如,医院的病房有 VIP 病房和普通病房,选择住进 VIP 病房的病人需要病房提供高档的服务:宽敞舒适的病房,独立不被打扰的空间,高级护工的护理;而住进普通病房的病人对病房的要求并没有那么高,只需要在医院将病情治愈就好。

不同层次的人由于自身所具备的条件不同,消费欲望不同,对服务的要求不同导致服务需求呈现出不同层次的特点。

3. 伸缩性

服务需求的伸缩性是指随着各种因素的共同作用,服务需求会随之扩大或缩小,这是服务需求弹性的一种表现形式。伸缩性大小与消费者所选择的商品类型有极大的关系。人们基本的消费资料(如基础教育产品)的需求弹性较小;享受和发展资料(如娱乐、审美和科研产品)的需求弹性较大,即需求的伸缩性较大。例如,柴米油盐酱醋茶需求弹性较小,而是否选择到餐厅就餐就有很大的伸缩性了。

4. 发展性

人们对服务的需要,无论是在数量上、质量上还是在品种上,都处于不断的发展变化之中。某种服务需求被满足了,又会产生新的服务需求,并且服务需求趋势总是由简单到复杂、由追求数量上的满足到追求质量上的满足发展着的。这表明服务需求总是在变化发展的,不是静止不动的。

5. 可诱导性

服务需求在一定条件下是可以引导和调节的。消费者最易受产品特色、广告宣传、营销方式、现场氛围等因素的刺激,诱发冲动性需求。开发出新的产品,会使潜在的服务需求转化为现实需求;良好的售后服务,会使无需求转化为有需求,诱导"看客"成为现实买主。

例如,分子食物的诞生引发了消费者新一轮的消费热潮,这种新开发的以科学实验为基础的食品引发广大消费者的好奇心,使得许多人跃跃欲试,这种"从无到有"的食品引导消费者尝试新事物就是引导服务需求的极佳证明。所以,服务需求是可以由提供服务方来引导被服务方进行消费的。

知识链接 旅游服务需求的"旺季"与"淡季"

旅游景区并非所有时间都"人满为患",它会分旺季和淡季两个经营期。旺季,常常会出现游客将景区挤得水泄不通的现象,而淡季景区游客则明显大幅度减少,这包含游客和景区两个方面的原因。划分旺季和淡季的标准往往是景区由于本身自然风光受季节的限制,而将景区自然风光最好的时候定为旺季,其他时间则为淡季。而游客由于时间的限制,往往在法定节假日、周末等才有时间去旅游,所以景区往往节假日时十分火爆,其他时间稍显冷清,由此推出服务需求由于内外因素的影响无法一直保持稳定状态,内因是指消费者自身收入、时间、消费预期、服务期望等因素,外因则指服务水平、质量等,内外因造成的服务需求的波动性使得服务需求难以预测。

旅游企业作为服务企业的重要组成部分,其服务需求的预测具有较大的波动性。众所周知,旅游是季节性很强的服务业,其经营管理和运营在很大程度上受到季节的影响。淡季门可罗雀、旺季人满为患的现象十分常见。旅游企业需要充分考虑这些,采取相应的措施将淡季的损失降到最低,并尽最大努力控制旺季的游客量,从而提高旅游景区自身的盈利和旅游者的满意度。

(二)服务需求的规律

服务需求的内外因作用使得服务需求的变化呈现无规律可循的现象,但进一步分析会发现其实服务需求的变化未必无规律可循。

(1)周期性,服务需求变化的周期性需要进行细分市场才可看出。旅游市场的淡旺季使得服务需求在旺季增加,淡季减少,节假日增加,工作日减少,这是季节性变化和节假日变化;医院在换季时病人会增加。

(2)转移性,人们的服务需求存在着群体内、群体间以及时间、地点的转移和扩散的规律,即服务需求的转移规律。例如,女性顾客会在友人的介绍下从原来买衣服的店转移到朋友推荐的店中去;有人从不健身转而投身到健身的行列中,这些都是服务需求转移性的表现。

第二节 服务供需管理的基本思路

案例 8-3

武汉图书馆管理多样化的顾客需求

位于武汉市武昌区沙湖南畔的湖北省图书馆新馆,是我国中西部地区第一座移动 4G 图书馆。来这里的读者除了借阅图书,还能用电脑、手机登录"极速"4G 网络。据测算,这里的 4G 网络平均下载速率能达到 50M/s,是传统 3G 网络的十倍以上。在这里,读者不仅可以通过移动 4G 网络,高速畅享移动互联网,更可随时下载湖北省图书馆的电子期刊。借助湖北移动的信息化手段,湖北省图书馆新馆还实现了"一站式"自助阅读服务,读者通过自动办卡机就可快捷办理读者证,在书架上挑选好书籍后,通过自助借书机仅需 6 秒即可完成借书服务。

随着 4G 时代的临近,信息环境将发生巨大变化,读者对图书馆提出了越来越高的要求。移动图书馆是移动通信网络与图书馆亲密接触的产物,具有实时性、移动性、主动性和个性化的特点,由以前简单的网络搜索、文字浏览发展为提供 3D 图书、有声图书、互动阅读、自助服务等形式丰富的数字化信息消费,在功能和服务方面将发生很多新的变化。

移动图书馆利用了高科技的需求管理形式。首先,它同样拥有传统图书馆的预约服务功能,并且把预约和自助服务相结合,市民可以通过网络在任何地点、任何时间完成对书籍的预约。其次,移动图书馆相比传统图书馆在价格上相对低廉,大部分数字资源都能够免费获取,仅由网络运营商收取移动设备流量通讯费。最后,移动图书馆最大的优势即"移动",使图书馆这一传统服务突破了时间和空间的限制,市民只要在网络覆盖到的地方都能够享受到书籍借阅服务。

案例分析:武汉图书馆从大型实体建筑物发展到信息化的移动图书馆,体现了市民服务需求的进一步发展和图书馆服务市场的细分,图书馆能够更好地满足市民需求,通过信息化手段来加强对服务的需求管理。

一、服务供需管理

服务供需管理包括对服务需求的管理以及对服务能力供给的管理(见图 8-1)。服务过程管理中,需求波动是管理者不得不面对的一个挑战,如果不能很好地解决服务供需平衡的问题,会造成服务质量下降、顾客满意度降低、顾客价值减少、成本上升等一系列问题。

从需求的角度来看:一是想办法影响和调节需求,使需求的波动减小;二是想办法管理和应对需求,以便灵活地满足顾客需求。这首先需要研究需求的特点和变化模式。

从能力的角度解决问题:一是需要了解不同服务类型下服务能力的特点;二是考虑如何通过利用服务能力本身的弹性和增加服务能力的弹性,来满足不断变化的需求;最后,在面临不断增长的服务需求时,还需要考虑如何扩大服务能力。

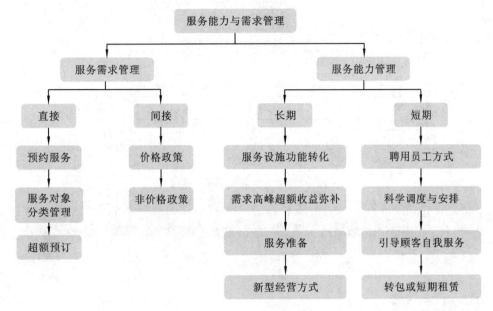

图 8-1　服务需求与能力管理的基本思路

二、服务需求市场细分

案例 8-4

英国车险市场细分

英国车险事业发展至今已相当成熟,因此车险市场已经完全细分,分食车险市场蛋糕的众多车险公司各有专长,各有侧重。有的公司对 65 岁以上的车主给予保费优惠,有的则把服务对象定位在大学生和其他 25 岁以下的年轻人,还有专门从事古董级"老爷车"的保险业务,而还有的公司,如"零点汽车保险"公司则专门面对那些老出事故以至于被大多数保险公司拒之门外的车主。

案例分析:市场细分有助于对不同需求的客户群提供差异化的服务,从车险市场来看,年轻人的服务需求和老年人的服务需求不同,白领阶层和工人阶层的服务需求不同,可以说服务需求受性别、年龄、职业、收入水平和受教育程度等许多因素的影响,因此在对市场进行细分时,需要充分考虑这些影响因素,从而满足多样化、个性化的服务需求。

所谓服务需求市场细分,是指企业根据消费者需求的差异,按照细分变数将某一整体服务市场划分为若干个消费群体,每一个消费群都是一个具有相同需求或欲望的细分市场,从而找出适合本企业为之服务的一个或几个细分子服务市场的过程。图 8-2 所示为服务需求市场细分的方法。

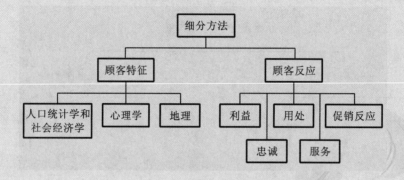

图 8-2　服务需求市场细分方法

有人说:"除非你只有一个顾客,只卖一种产品,否则就有市场细分的问题。"同样,不同的顾客有不同的服务需求,就必然要对服务需求市场进行划分,正确定位企业服务范围和战略目标,有效利用企业服务资源,以更好地满足顾客服务需求。

三、服务需求管理策略

需求管理的基本思路是:将高峰期需求转移到低谷期,从而使服务能力在某种程度上得以均衡。这样的需求管理有时可以用直接的方法来实现,有时则需要采用间接的方法。

(一) 直接需求管理

1. 预约系统

很多服务业可以通过引入预约系统来管理需求。例如,航空运输或火车运输等供给能力有较强约束的服务行业都可以采用预约系统。适合使用预约系统的服务行业有:医生和其他健康服务、高级餐厅、多数专业性服务、价格十分高昂的商品销售(房屋、艺术品)。不适合使用预约系统的服务行业有:零售业。

当然,预约系统可以和"先到先服务"的非预约系统(如旅馆业、运输业及餐厅)并存,很多拥有足够的服务能力但又不想使运作过于死板的企业都采用这样的并存系统。但是,必须让顾客知道,如果他们进行了预约,一旦能力变得紧张时,他们会优先于未预约的顾客而得到服务。

2. 分类管理

和预约系统密切相关的是分类管理。航空公司运用这一方法是相当成功的。分类管理的基本思想是以不同价格提供多种条件的服务,以最大限度地利用服务能力,获得尽可能多的收入。随着预约情况的变化,服务企业可以灵活地调整每一种价格的服务规模,以达到最佳使用率和最大利润率的目标。

例如,航空公司提供带有不同约束条件但同时价格也不同的机票。最低价的机票在数量上有限,且要求乘客必须至少提前多少天订票,在目的地停留时间不得超过多长,以及如果要更改机票时间的话必须支付较高的违约费用等。而其他费用较高的机票却没有这些限制,有很大的灵活性。

(二) 间接需求管理

案例 8-5

出国三天流量费花了 1.6 万元

"五一"假期,合肥市民胡女士去塞班岛度假。下飞机后,她用微信给家人报了平安。三天后,当她回到合肥,却被通信运营商告知,她的手机电话欠费 16989 元。她在国外期间,手机上网流量费用超过了 1.6 万元。客服告诉胡女士,塞班岛的上网费是 81.92 元/兆。胡女士说,她最初使用微信后,已将网络关闭,并一直使用 wifi。因此,对于为何会产生高额的流量费,她一直无法理解。

宿舍走到食堂也要被收漫游费?

在河北省三河市燕郊镇上大学的小陈一入学,就与同学办理了河北省的电话卡。不过她经常收到北京旅游局"欢迎来到北京"的短信。小陈称,"由于学校处于河北与北京的交界处,有时候在宿舍还好,可走几步到食堂就会收到短信,才知道自己又漫游了,总有几个月的话费要比平时多出来几十块。不少同学都有同样的经历。"

小陈的遭遇并非个例。据媒体报道,家住海南的王先生使用联通的电话卡,没有离岛就被莫名扣除了 39.86 元的"漫游费"。联通对此解释称,王先生可能近期到过海边,接收到了广东联通的信号。中新网 IT 频道记者通过调查发现,除了像小陈一样被"边界漫游"外,还有不少网友反映存在"离奇漫游"、"天价漫游"的现象。取消手机漫游费引发了用户与业内的高度关注。

总理喊话:快降流量费、漫游费

"我们去年一亿多人次出国旅游,结果出国漫游的增长速度却是下降的,因为漫游费太贵了!我听说,很多导游都随身带一个 wifi 信号发射器,既方便组织游客,又为他们省了钱。"在研究讨论降低网费、流量费时李克强说:"一亿游客出国,这是多大的市场啊!老百姓很清楚,你的网费、流量费太高,他就不用了!"

"现在很多人,到什么地方先问'有没有 wifi',就是因为我们的流量费太高了!"。

"降低网费和流量费,这不是政府的决定,而是'不降不行'的市场选择。企业降费后,事实上会推动流量消费的增加,实现薄利多销,最终也会提高企业的经营效益。"

案例分析：如果流量单价降低，公众的流量总支出未必会减少，就像李克强所言的"薄利多销"。现在，大部分中青年人都已经离不开智能手机等移动终端，但是对于很大部分人群而言，因为流量单价较高，对流量的使用是比较克制的。如果流量单价下调，很多人的流量使用总量会增加，电信服务商的流量费用总收入未必会下降。

间接需求管理主要是促使在高峰期需要服务的顾客将他们的需求转移到非高峰时段。间接需求管理的任务集中于可以刺激顾客消费的价格和服务政策上。

1. 价格政策

顾客关心价格，如果需求下降，降低价格将是推动顾客更多地购买服务的一个很强的激发因素，而提高价格肯定会使事情变得更糟。如果企业希望削平需求高峰，在高峰期提高价格、非高峰期降低价格会奇妙地实现这一点。例如，电力系统在用电低峰期间会提供较便宜的电费，电话公司在晚上时段会提供减价服务，电影院提供早场特价票，旅馆的低价仅限于非周末等都是这样的例子。

2. 非价格服务政策

用非价格服务政策来转移需求通常不如价格政策那样有效，但经常和价格政策同时使用。例如，旅馆不仅提供周末的减价房间，而且在周末提供免费早点、室内香槟和高尔夫球场；旅游度假区为了削减午后网球课程需求的高峰，可能会同时提供高尔夫球课程或沙滩上的一些刺激性的娱乐项目；提前预约的顾客可以获得额外的服务等等，这些都是服务经理们可以动脑筋的地方。

案例 8-6

北京电信推出新型分时段上网卡

2013年9月中国电信北京公司（以下简称北京电信）宣布推出新型的分时段计费3G上网卡——"日月神卡"，白天（6:00—23:59）1.8元/小时，夜间（0:00—5:59）0.2元/小时，且每月最低消费降至50元，创造了3G上网卡资费新低。

夜间计费十分便宜，白天计费则贵得多，显然，这完全是针对希望半夜上网的用户所推出的，并且尤以半夜上网的资费便宜。此举将大大方便部分喜欢晚上上网的用户，另外，此次北京电信与华为联手，用户买"日月神卡"只需要加价100元，即送价值488元的正版华为3G无线路由wifi猫。该无线路由可以直接插到电源上当作热点使用。

案例分析：北京电信推出夜间上网套餐，对高峰期消费者进行分流，将白天上网的消费者吸引到晚上，从而为顾客提供了更好的服务，这是典型的以低价吸引消费者分流的政策。

1）调整服务时间和地点

通过改变提供服务的时间或地点来应对市场需求。主要有四种模式：通过改变提供服务的时间来应对需求的偏好；在一个新地点提供服务，例如提供移动服务，而不是要求顾客到一个固定的地点；另外，资产是可移动性质的企业可以跟随移动的市场变动；利用新技术，企业还可以同时改变提供服务的时间和地点。

2）提供互补性服务

通过提供其他关联服务，来分散等待顾客的焦急心理，有助于满足等待中的顾客，减少他们的抱怨，吸引并留住他们，使他们愿意等待，并觉得心情愉快。

3）淡季需求管理

对需求不同来源的寻找会导致对非高峰期服务能力的创造性使用。有些服务的需求具有确定且不易改变的季节特性，对价格也不敏感。例如，人们通常只会在夏季到海滨浴场，冬天去滑雪场。这类服务在非季节时的需求非常少或者根本没有。在类似的情况下，价格策略、预约或宣传通常都对平滑这类需求的高峰没有作用。这时一种更合适的管理策略就是以相同的设施、相同人员提供与原有服务特性相反的其他服务。例如，许多风景区在没什么风景的冬天提供滑雪服务项目，海滨酒店则在冬季提供团体会议服务。

第三节 旅游企业服务能力管理策略

案例 8-7

旅游发展委员会加强故宫假日管理

据故宫博物院介绍，近年来，故宫博物院通过加强公共服务设施建设、引入社会保安机制等措施，服务质量以及门前秩序明显好转。一是加强了端门广场的服务设施，比如售票窗口由原来的 16 个增加到 30 个，并合理规划窗口位置，售票接待能力增加了 87.5%，在大大缩短观众排队时间的同时，也打击了违法倒票行为；建设了端门观众服务中心，为参观者提供讲解咨询、自助查询、饮水休息、免费轮椅等服务；增设了端门西朝房南侧卫生间，面积为 112.18 平方米，端门地区公共卫生间比之前增加了一倍；建设了端门西朝房"故宫商店"，售卖故宫博物院研发的文化创意产品；端门区域增设可供 600 名观众休息的座椅。二是午门广场新增安检设施，安检通道增加，由原来的"两机两门"的安检通道变为现在的"六机十二门"的安检通道，检票通道由原来的 12 条增加到 20 条，空间开阔，缓解了高峰时检票口的压力，且在东西掖门分别设置了两个备份安检通道作为应急通道；安检人员由 12 名安检职工变为暑期 96 名安检保安人员和淡季 64 名安检保安人员的工作模式。三是引入社会安保机制，今年 10 月 1 日至 7 日，每天增设 195 名安保力量，并借用 95 名武警和 20 名消防战士。其中，在开放线路上每天有 106 名保安和 22 名武警负责疏导观众、维护参观秩序。

在端门—午门广场、神武门、东华门等出入口,每天有 89 名保安和 73 名武警负责售票、检票、秩序维护及疏导观众。

景区环境与周边秩序等旅游基础建设情况是长期困扰旅游管理部门、旅游经营者,以及游客游览质量的大问题。尤其是假日期间,景区游客量明显增加,景区环境秩序,以及厕所、休息区、就餐场所等公共服务设施接待能力备受考验。

案例分析: 故宫博物院通过有效的服务能力管理,合理地配置旅游景区服务生产能力,使景区服务生产能力得到了最大限度发挥,提高了旅游旺季接待能力。服务企业应针对顾客需求,加强内部管理,再造服务流程,提高服务系统的运作效率。服务运作系统要完善,才能保证服务流程的通畅,且要能根据各种外界情况的变化,改进服务流程。

一、服务能力的概念

(一)服务能力

服务能力通常被定义为系统的最大产出率。从运作角度来讲,能力由定量度量的能力和定性度量的能力组成。生产潜在因素的定量能力指的是一段时间内最大的量化运作能力。一段时间内的最大产出可以作为量化的运作能力的度量。生产设备和设施的定性能力包括一个集团实施不同生产过程的能力。能力利用率可以定义为需求能力与可得能力之间的比率。

能力利用率=每个阶段实际服务的顾客数量/服务能力

当能力利用率接近 1 或超过 1 时,服务将变得更加拥挤,服务时间延长,等待时间增加,顾客感觉服务质量下降。当服务能力利用率接近 1 时,如果对顾客服务的时间稍有延长,就会导致排队等待的时间大大延长。所以,一般的服务系统都要对服务能力利用率留有余量。

(二)服务潜势储存

服务的生产和消费是同步的,但是服务的潜势是可以储存的。如果服务需求相对于服务能力不足,结果将导致服务人员和设备的闲置。因此,有必要更好地协调服务供给与需求来提高服务能力使用率。这里涉及两个方面:一方面是改变和调节顾客需求,利用的是营销导向策略,例如,使用价格诱因和促销来刺激低谷期的需求;另一方面是控制和调节服务供给水平,例如,通过计划工作班次、使用兼职雇员、对与顾客接触的员工进行交叉培训等,对顾客需求的变化作出更灵活的反应。

(三)服务过程控制

为了更好地适应顾客的需求,缩小顾客满意度与服务水平之间的差距,必须在服务过程中进行控制,最主要的就是服务质量控制,这也是保持和提高服务能力的一种手段。服务质量控制可视为一种反馈控制系统。在一个反馈控制系统中,将输出结果与标准相比,与标准的偏差被反馈给输入,随后进行调整,使输出保持在一个可接受的范围内。图 8-3 所示为服务过程控制。

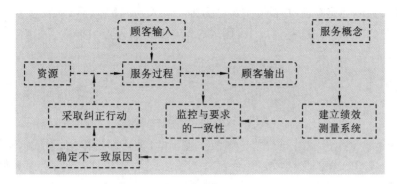

图8-3 服务过程控制图

二、服务能力五要素

服务能力的五要素包括人力资源、服务设施、设备和工具、时间、顾客参与。

（一）人力资源

人力资源是服务能力的关键要素，它主要包括五个方面：第一，技能水平。即专业服务以及基于信息和知识的产出，尤其依赖于高技术水平的专业人员。第二，组合安排。对于酒店服务员、护士、电话接线员等大量重复性的服务工作来说，各岗位员工的安排、劳动生产率也是决定产出的关键。第三，团队与领导激励。高效团队并配备最好的设备将对企业的服务能力产生不可估量的影响，领导和激励的双重作用将进一步提高服务能力。第四，流动性。即人力资源具有高度灵活性。第五，能力调整。人员通过全时工作、兼职工作，或加班加点、交叉培训而胜任多项工作，实现对服务能力的灵活调整。

（二）服务设施

服务设施，它包括三个方面：第一，用于容纳顾客和提供服务的物质设施，例如，医院床位、宾馆、飞机、巴士、游泳池、剧院和大学教室。此时的能力限制主要指空间容量，如床位、房间、座位、桌椅的数量。在有些情况下，出于人身安全和防火要求，对容纳顾客的数量上限还制定了法规。第二，用于存储或处理货物的设施。这里的货物可能是属于顾客的资产或是要卖给顾客的商品，例如，超市的货架、运输管道、仓库、停车位或货车车厢。第三，基础设施。基础设施是对客服务的载体，例如，通过电话、网络、电子邮件或广播提供的服务。在设施设计中需要考虑顾客市场规模与瞬时最大流量，基础设施的能力决定了服务能力。

（三）设备和工具

设备和工具指服务过程中所需的用于处理人、物或信息的物质设备。

（四）时间

时间包括两个方面的内容：第一，通过改变两个时间段的组合，有可能改变生产能力。这尤其适合于具有需求高峰期的服务业。第二，延长营业时间能够提高整体能力。

（五）顾客参与

许多服务的完成要依赖顾客在服务中的参与。例如，一个顾客在从自动取款机上取钱

的过程中,从头到尾都是自己在工作。而在另外一些服务中,顾客可能仅仅只需做一部分,例如,自我服务的餐厅。在这些情况下,顾客的参与都对服务能力产生了影响。

案例 8-8

APP 软件叫车,事半功倍

时代的发展从来没有让我们过多的失望,打车软件应运而生。目前,市场上应用较多的打车 APP 有:滴滴打车、快的打车,此外,还有 e 达打车等。"打车软件"是一种基于位置服务(LBS)的服务,乘客通过打车软件发出需求,软件自动获得打车人的位置,向司机终端发出语音播报。相比传统的电话召车服务,打车软件省去了服务台的中转环节,且乘客地理信息和司机状态均可见,乘客需求变更可即时发送,显得更为便捷。现实生活中,我们在手机上安装了打车软件之后,可以预约用车,一般很快就会有司机师傅接单提示,如果时间相隔较远,司机师傅一般还会电话联系确认,这中间,乘客不用为之后的打车着急,的士司机也稳稳地等着下一单赚钱,不用到处转悠,被动等待乘客,等于说,提前预约造就了乘客和的士司机的双赢。

案例分析:打车软件的应用增加了的士与乘客之间无缝对接的可能性,减少了双方的成本。从的士公司鼓励司机师傅下载 APP 软件的情况以及打车软件的普及情况来看,其应用价值已经得到了广泛认可,值得一提的是,打车软件增加了的士的灵活性,提高了的士服务能力。

三、服务能力的利用

(一)服务能力的限制因素

服务企业的有形设施、知识和技能、资源使用等方面的配置形成了一定水平组合的服务能力,也构成影响或限制企业总体服务能力的制约因素。

有形设施服务能力在特定的时间段中为一个定量。对于飞机、车船、场地建筑等服务设施,可通过提高设施利用率来缓解服务需求大于服务能力的矛盾。对于那些主要以人的技能劳动来提供服务的服务企业,在服务员工数量一定时,服务能力的最大限制因素为有效服务时间。如律师、咨询师、理发师、心理咨询顾问等的工作时间决定着他们提供服务的能力,有效利用时间意味着增加收入和利润。

(二)服务能力利用率的影响与作用

基本排队模型论证了等候队伍的长度依赖于服务能力水平,等候时间是顾客到达率与平均服务率之间的函数,服务能力的利用率在 70% 左右时,平均有一个顾客等候服务。随着利用率的进一步提高,等候服务的顾客人数逐渐增多。当利用率达到 90% 以上时,顾客等候人数将急剧增加。

1. **服务能力利用率不能过高**

根据基本排队模型,服务能力利用率达到 100% 时,每个潜在的顾客都将等候,即等候顾客无限增加。当需求超过服务能力时,顾客等候队伍更长,增速更快。因此,服务企业需要理性选择能力利用率,综合考虑质量、收益与成本,留有适当程度的富余服务能力。对那些花费较多时间但体现企业服务特色的优势服务项目需有计划地保持一定水平的服务能力。

2. 服务能力利用率调整水平差异较大

在不同的服务能力利用率情况下,同样的服务能力利用率调整水平所产生的影响差异很大。服务能力利用率从80%增加到90%,等候的顾客将从3个增加到8个;但服务能力利用率从10%增加到20%时,等候的顾客仅从1/500个增加到1/300个。两种情况下的服务能力利用率变化所增加的成本大致相同,但服务水平的变化却差别很大。当服务能力利用率大于70%之后,3%的调整就会造成排队队伍长度的明显变化。而在服务能力利用率很低时,30%的能力波动也完全可能不会引起顾客的注意。因此,在服务能力利用率较低的情况下调整能力利用率的经济意义不大。

3. 服务能力利用率影响服务成本

劳动密集型服务企业的服务成本对能力利用率的敏感度很高,较高水平的服务能力利用率可以降低劳动成本,使企业具备明显的价格优势。资金密集型服务企业也有同样趋势,提高服务能力利用率有利于降低服务成本。

采取不同竞争战略的服务企业对此有不同选择,一些企业精心维持其服务能力利用率位于中等水平,其目的在于利用能力利用率的变化创造差别服务。他们提高能力利用率为愿意等待的顾客提供低价服务,降低能力利用率为愿意支付高价的顾客提供快速服务,分别满足不同顾客的需求。

4. 服务准备工作效率影响服务能力利用率

降低服务准备时间是提高服务能力利用率的有效途径。一般情况下,过多的服务准备时间制约了服务能力利用率的提高。如果服务准备工作占用了20%的工作时间,则不可能将服务能力利用率提高到80%以上。另外,在顾客较少的情况下提高服务能力利用率对降低成本并无太大意义,适当延长服务准备与服务时间反而能起到增强服务效果的作用。

案例 8-9

向德国人学习"快乐排队"

德国《焦点》周刊9月25日引述欧洲一个顾客协会的数据称,德国人平均每次购物要排队7分钟,远远高于其他20多个受调查的欧洲国家3分钟的平均排队等候时间,德国因此成了欧洲的"排队冠军"。

1. 排队象征"公平"

对于排队,许多德国人习以为常。"这与德国人的民族性有关。"德国柏林社会学家哈森说,日耳曼人是一个讲秩序的民族。对德国人来说,排队象征着守纪和公平,是一种文明社会的表现。现在,德国父母和老师从小就要教孩子如何排队。

85岁的柏林老人玛丽回忆说,二战后,德国由于物资紧缺,几乎做什么事情都要排队。经济危机时,银行门口也会有排队取钱的队伍。柏林墙倒塌后,联邦德国政府曾给每名民主德国人发了100马克赠券。当时,大家在储蓄所前排起了四五公里长的队去领钱。

如今,排队已成为德国社会的"新常态"。德国是展会大国,每年要举行150多个国际性展会。展会举行时,许多家庭都会全家出动,排长队是"必修课"。在近日举行的法兰克福车展上,专程从汉诺威赶来参加车展的一家三口,从早晨5时出发,9时到达车展中心,排了几个小时的队才买到票。而且在参观各个展馆时,也要排队几十分钟。据说,当天有30万参观者拥入车展中心。而在参观各大博物馆和艺术中心时,排队几个小时也是家常便饭。

2. "露营排队"很常见

尽管排队很考验耐心,但德国人也找到了自娱自乐的方式。德国最大的摇滚音乐节"rock at the ring"每年会吸引全球十多万乐迷。由于是露天音乐节,没有固定座位。许多乐迷都是提前一两天来这里,以便找个有利位置,甚至还有提前一周到这里占位的。这些乐迷纷纷支起露营帐篷,在里面阅读、听音乐、上网,还在帐篷边举行小小的派对,等待生活过得有滋有味。

这种"露营排队"已成为德国的新现象。特别是一些新科技产品首发日,如有"果粉"为买到新款苹果手机,彻夜排队48小时等待。在排队时,他们吃的、玩的、乐的,应有尽有。

针对突出的排队问题,德国各机构也千方百计给顾客"减负"。德国著名的景点、博物馆等都会在门口设一些可以坐的地方,有的还播放音乐,安置大屏幕电视机。一些商家甚至还做起排队顾客的生意,推销一些小商品。同时,这些机构也纷纷使用网上购票等方式,限制顾客数量,方便顾客快速入内。

出版社甚至还出版一些介绍应对排队问题的书籍。一本《快乐的排队》的书教读者如何避开长时间的排队等待,如充分利用网络信息,在淡季造访等。该书也建议读者在排队时"自得其乐",全家人可带上简易的椅子,坐下来,把排队当作一次小小的聚会。

3. 商家瞄准"排队商机"

"现在的商业、旅游和文化机构都很懂宣传,很会吸引顾客。"社会学家分析"排队越来越长"背后一个被忽视的原因:实际上,一些商家正在巧用"排队文化"。比如,德国许多餐馆、咖啡店、俱乐部前总是能看到长长的队伍,以作为品质的象征。而欧美的研究显示,排队的确能增加产品的吸引力。等待能让产品有所增值,而这增加的价值会让人们在排队时更有耐心。

不过,并不是所有德国人都喜欢排队。有经济学家指出,排队太浪费时间,是低效率的表现。有德国公司看准这部分人的商机,推出代客户排队的服务。柏林一家公司打出"再也不用排队了"的口号,声称无论什么时候、什么天气,他们都可以帮助客户排队买演唱会、体育比赛、电影节、展览会的门票,也可排队帮买早午餐,买新的苹果手机,帮助参加选秀比赛的人排队以及各种占位,客户每半小时只需支付10欧元。(摘自:2015年10月15日《环球时报》)

案例分析:排队是服务业供求波动最常见的现象,而德国人在排队这件事上不仅想到了各种减轻排队痛苦的方法,而且搞出来各种排队服务,真是无处不商机。

延伸阅读 排队等待中的顾客心理及其应对(见表 8-2)

表 8-2 排队等待中的顾客心理及其应对表

等待中的顾客心理	评论及应对
空闲比忙碌的时候感觉时间更长	使顾客在排队等待时有事可做,以分散他们的注意力或忘掉等待(例如,餐馆设置茶座让等待的顾客喝茶聊天;牙医办公室准备报纸杂志;修理店铺的休息室安置电视机等)
进程前的等待比进程中的等待感觉时间更长	一旦服务开始,等待就似乎变短了。而在等待之中会感到更焦急(例如,餐馆递给等待中的顾客菜单,使他们感觉服务已经开始并有事情可做); 顾客害怕被遗忘,但一旦服务开始了,这种心理便会消失,有时一则简单的消息也会达到这种效果(例如,学生收到一封来自所申请的大学的短信可以使焦急的等待变短,尤其是当信中说明了做出最后决定的大致日期时)
焦虑使等待感觉的时间更长	"害怕被忘记"可能是顾客焦虑的一个原因; 不知道还要等多久、服务会怎样、是否排对了窗口,或排队买足球票时担心能否买到票等,都会使顾客感到焦虑; 任何可以降低顾客这种焦虑的行动都可以使顾客的等待感觉的时间更短、更少痛苦
不确定的等待比已知的、有限的等待感觉时间更长	当顾客不知道服务何时开始时,会感到等待时间更长,也会更焦虑; 给顾客一个对等待时间的估计,有助于顾客心情平静下来并接受事实; 估计必须谨慎并接近实际,有时候过长的估计会给顾客带来惊喜(例如,迪斯尼公司张贴对每一个节目推测的等待时间,且通常是时间过长的推测)
没有解释的等待比有解释的等待感觉时间更长	当顾客被告知等待的原因时,他们会感到更舒服并给予更多的理解(例如,护士对等待的患者解释医生因为有一个紧急手术而可能迟到时,大部分人会理解;一个被延误的航班如果能够向顾客清楚地解释因为是天气的原因,顾客也会给予充分谅解); 诚实对待顾客,并主动解释服务的延迟原因
不公平的等待比公平的等待感觉时间更长	大部分顾客在等候时看到有人插队或其他不公平现象的发生都会感到恼怒(例如,超市排队结款时,收银员不按排队顺序为队中的其他人先结账),也会使顾客感到等待时间比实际更长; 加强员工教育,防止不公平现象发生; 对遭受到不公平待遇的顾客采取补救措施

续表

等待中的顾客心理	评论及应对
服务越有价值，顾客愿意等待的时间越长	用于排队等待的时间是顾客为得到服务愿意付出的非货币价格； 服务越有价值，顾客愿意付出的非货币价格越高； 服务管理者必须很好地知道他们提供的服务对顾客究竟有多少价值，确保顾客的等待时间没有大于顾客对服务的估值
单独等待比群体等待感觉时间更长	等待中的顾客因为互相之间不认识，会感到孤独，尤其是当顾客之间没有交流也没有其他分散注意力的事情时； 服务管理者应创造顾客之间的交流机会，使他们形成群体感觉并分散他们的注意力

David Maister：The Service Encounter：Managing Employee/Customer Interface in Service Businesses，Lexington Books，Lexington，MA，1985。

四、服务能力的调节

（一）利用能力本身的弹性

1. 吸收额外需求

某些服务能力本身具有吸收额外需求的弹性。例如地铁车厢的座位、扶手和吊环，平时使用的人数为 40 人，高峰期则可达到 120 人。

2. 改变设施布置

例如，有的航空公司通过稍微减少座舱座位之间的间隔而增加座位，并用单人椅、双人椅和三人椅的灵活布置来改变客舱座位的数量。波音公司在设计新的 777 型号的飞机时，必须面对航空公司提出的"令人不可容忍的要求"。

如何最大限度地增加服务弹性？对于航空公司而言，可自由组合航班空间：航空公司要求飞机里不仅座椅，厨房、卫生间以及给排水设施等所有的地方，都能在数小时内重新摆放位置。而航空公司提出这种要求的起因是为了使服务能力拥有一定的弹性。对于餐馆而言，可以通过增加桌椅来使服务能力具有一定弹性。对于酒店而言，可以设计连通房——酒店在房间之间开一道门，这道门锁上时，可以提供两个卧室；而这道门打开的话，其中一间可以改为起居室，这样就成了套间。

3. 延长服务时间

首先，可以延长服务时间。例如，餐馆可提供下午茶和夜宵，大学提供夜校和假期班，航空公司延长日程表，从每天 14 个小时到 18 个小时。

其次，在有些情况下可缩短每一位顾客的服务时间。例如，当一桌顾客酒足饭饱休憩时，服务员迅速地递上结账单可暗示提醒顾客离开。

其三，也可通过削减服务种类来缩短服务时间，如高峰时仅提供简单的菜谱。

4. 优化日程安排

通过优化服务人员日程安排及其工作任务安排也可大幅提高服务能力，例如，医院护士的排班、航空公司飞行员的日程安排以及紧急医疗服务的设施位置选择和排班。在需求低谷时间里完成不紧急的任务,如清洁和保养。

(二)增加服务能力弹性

1. 培训多面手员工

每一项任务的需求水平在不同时间可能不同。即使当系统看起来似乎已达到满负荷运营时,实际上仍然可能存在着一定未得到充分利用的情况。将员工培训成多面手,使他们掌握执行多项工作的技能并赋予他们相应的权利,就可以在出现瓶颈时做相应的人员调整,从而提高需求高峰时的服务能力。

2. 利用非全职员工

许多服务企业都在利用非全职员工来满足相当一部分的人力需求。据估计,服务业几乎1/4的员工是临时性的或非全职的。非全职员工的利用可以显著地增加服务能力的灵活性并使服务管理者更好地控制服务能力。

3. 增加顾客参与

在一些服务提供过程中,顾客有可能是有价值的人力资源,有的服务组织聪明地利用了这个资源。

一般来说,增加顾客的参与程度既能够减少服务组织的人力输入,又能够提高服务速度,从而增加服务能力。但是,增加顾客的参与也存在一定风险:如果顾客操作不熟练,可能反而会减慢服务并导致服务能力的降低。

案例 8-10

弹性错时服务

2013年8月,福建石狮市首家弹性错时服务"金融便利店"开业,该金融便利店地处石狮市宝盖镇科技园内,是集人工服务和24小时自助银行于一体的新型服务载体,旨在通过错时延时服务,致力为该园区内居民、小微企业及3万多名石狮人提供更加便利、快捷、高效的金融服务,打造"家门口的银行"。

错时服务,服务大众。该金融便利店改变了大部分银行"朝九晚五"的经营模式,采取弹性错时服务,将人工服务时间延长至晚上8点,打破了传统柜面服务的时间局限性,使社区居民、上班族、小微企业主可以自主选择办理业务的时间,方便顾客利用下班时间办理各项金融业务,不必占用上班时间;同时错开营业高峰期,省去了顾客长时间排队等待的麻烦,为顾客提供更为人性化的金融服务。

案例分析: 金融便利店是未来金融发展模式的一种开拓性尝试。调整工作时间可以增加服务能力弹性,方便顾客获得服务,但弹性服务也会给服务方带来某些不便。

(三)扩大服务能力

如果企业面临的是一个不断增长的市场,仅利用服务能力本身的弹性和增加能力弹性

的方法是不够的。

1. 改变人员数量

该策略仅适用于中长期计划,即 12 个月以上的计划期间。如果需求并非不断增长,而只是有季节性的高峰和低谷,则不再适用。

2. 购买和租用设备

在服务人员增加的基础上适当增加设备可以有效扩大服务能力。如果仅是临时性增加人员,购买设备就不经济了,此时,应租用必要的设备。

3. 提高自动化水平

自动化的主要优点是低成本、高产出、产品性能和质量稳定。但是自动化服务通常意味着没有人情味。例如,有些连锁宾馆引进了由顾客自主服务的计算机辅助入住登记和结账系统,以加快服务速度;银行大量利用 ATM 机已经极大地提高了服务能力。

五、服务能力管理策略

(一)服务技能储备

服务技能一般可以分为技术技能和处理人际关系以及协调、沟通、解决问题的应变技能两部分。服务技能的技术构成可以由该项技能所能达到的结果来表示,协调应变技能则表现在员工能否与顾客建立和维持良好的关系方面。二者之间既有区别,又相互影响,密切相关。和顾客相处的开放心态、良好态度与技巧有助于正确理解顾客需求,使服务周到准确,促进技术技能的实施与落实;具有过硬的技术技能能让员工提供服务时更加游刃有余。问题的关键在于两种技能的综合运用,这要求服务人员要擅长与人打交道,包括在交流中仔细倾听顾客的要求,在有压力的情况下仍充满自信,迅速确定必须澄清的复杂情况,准确解答各种问题,并勇于承担责任,努力实现优质服务。

服务技能通常以综合形式表现出来,但却是由一项或多项基本技能构成。例如前台接待人员的服务技能是由以下基本技能构成:

(1) 直视顾客的眼睛和保持微笑;

(2) 仔细倾听和分辨各项事实;

(3) 接受和处理双方交流的信息;

(4) 使顾客保持心情愉快。

从西方服务企业的实践来看,服务技能的储备和有效管理已取得了积极的效果。美国西南航空公司之所以能够以低成本提供便捷、快速和安全的航运服务,主要依靠其员工多样化的技能储备,以及灵活的能力控制和管理措施,即便是飞行员也可以在需要时搬运行李。此外,许多超市在收银台前等候的队伍过长时,可及时开启备用通道让其他员工和备用员工参与服务;如果酒店、零售店的生意出奇清淡,可以让员工提前下班回家。对中国服务企业而言,低工资、低技能、冗员和排队都是普遍存在的现象,在服务技能储备与管理方面还有大量的工作要做。

(二)服务能力管理基本策略

服务组织通过创造可调整的服务能力来解决其矛盾。主要策略有 3 种。

1. 调整服务能力

第一,对业务流程或服务产品组合进行调整。如航空公司为了适应乘客组合的变化,会常规性地调整一等舱和二等舱的配比。

第二,聘兼职雇员。当业务高峰持续且可以预测时,比如餐馆的就餐时间或银行的发薪日,雇佣临时工能补充正式员工的不足。如果要求的技能和培训很少,那么很容易就能找到合适的临时工。如航空公司和医院经常付给其临时雇员一些名义工资以限制他们的活动,并要求他们随时做好重返岗位的准备,为高峰期储备雇员。

第三,与其他公司分享生产能力。在服务能力不足时,可将非核心业务外包给其他组织来做。

第四,提高高峰期时员工的服务生产能力。这可以通过有效使用空闲时间,使员工在高峰期专注于必要的工作来实现。如让服务员在客流量较小时用餐巾包餐具或打扫房间,这样就不用在高峰期做这些工作了。此外,对员工进行交叉培训,可以使后台工作人员能在高峰期实施前台员工的工作。

第五,交叉培训和员工共享。服务系统的各环节并不总是同时处于繁忙或清闲的状态,这时就可以通过共享员工来调节服务能力,让暂时清闲的环节的员工转移到繁忙环节中去,从而提高服务能力又不增加过多的额外成本。当然,要实现这样的调节,需要对员工进行交叉培训,使其能够适应多个岗位的工作。

第六,调整经营管理方法。为员工提供如计算机、扫描仪等先进设备,可以提高顾客服务能力,在不增加员工数量的前提下,还能够提高服务效率和服务质量。

通过合理安排员工的上班时间,也可以调节服务能力以应对变化的服务需求。

2. 建立预订系统,处理超额预订问题

越来越多的服务组织开始使用预订系统,借此来应对过量顾客同时而至所引发的问题。如航空公司、汽车修理店、旅馆、医院和酒店等,都可使用预订系统来有效地控制需求。使用预订系统能在顾客需求正式发生之前对顾客需求予以识别并进行组织安排。这样可以通过减少等候时间和保证随时提供服务来使顾客受益,有的服务组织还能提供财务上的利益,如美国的西南航空公司通过使用网上预订系统,让顾客享受到更多的折扣。预订系统的好处还在于服务人员可通过数据库积累的有关顾客的信息数据来了解常客的习惯和爱好,为其提供个性化服务。

3. 使用顾客自助服务

IT技术的发展,使得服务组织更有能力通过设备或网络,让顾客参与到服务生产的过程中,从而减少对服务能力方面的压力。如快餐店通过提高顾客的参与程度和自助服务能力,不仅可以减少工作人员数量、获得更高的服务能力,而且顾客也能在参与的过程中得到优惠的价格和动手的乐趣。这种服务方式具有广阔的发展前景,因为自助服务不仅让顾客有自己动手的体验,还能给顾客带来诸如时间上的便利、经济上的实惠等利益,从渠道上来说也拓展了渠道传递的范围,如网上银行、ATM等虚拟消费渠道的出现,实现了"any time, any place, anywhere"(随时随地)的交易,在方便顾客的同时也增加了服务组织的供给能力。

延伸阅读　空客 A380 客机，超乎顾客的想象！

1. 最大的民用飞机

欧洲空中客车公司的 A380 型喷气式客机 空中客车 A380 是欧洲空中客车公司设计生产的运输力超大的民用飞机，全机最高载客量为 840 人，舒适载客量为 555 人，是世界上最大的客机。

2. 可灵活变动的客舱布局

由于 A380 飞机比同类型的宽体飞机还要宽，它的客舱在飞机交付前和交付后给航空公司在机舱内的重新布局提供了很大的灵活性，航空公司可以根据自己的需要灵活调整座椅、卫生间和厨房的布局。公务舱的座椅可以拆除或移动，而且在这个区域内的所有其他设备都可以向前或向后移动，也不会影响所有移动区的系统接口，从而将空出的空间增加给经济舱座位。与普通客机的行李架相比，A380 的行李架上还多了一道凹槽，这个小细节可有着大作用。在凹槽中设计了照明系统，夜晚，在昏暗的机舱中，这些灯光将为旅客引路，如果飞机发生颠簸，这些凹槽又可以充当扶手使用。

3. 能变幻出星空云海的天花板

如何让乘客在远途飞行中感到舒适和快乐，是 A380 超宽体系列飞机设计的主要考虑因素。请在公务舱坐下，假设现在时间是晚上 11 点。客舱内的灯光渐渐暗了下来，此时仰望天花板，只见星光闪闪，月色迷离。这是 A380 特有的自然环境营造系统，它可以根据机舱外的实际时间为乘客提供旭日东升、月朗星稀、云海茫茫等自然景观。

实践活动

一家雪橇制造商和提供山地滑雪服务的企业，在夏季如何影响和调节相关的服务需求？

第九章

现代旅游服务的精益化管理

本章导读

近年来,随着国内外旅游消费日渐旺盛,传统的服务水准已经滞后于消费者的需要,旅游服务品质的提升成为当务之急。旅游企业要以发展现代旅游服务业为己任,将打造精益求精的旅游服务作为企业的服务准则,为顾客提供稳定可靠的优质服务。精益服务是以顾客为导向,通过产品研发、流程优化、技术创新、知识管理、精准营销、收益管理等服务创新手段,集标准化、精细化、群分化、系统化、收益管理化为一体而形成新的服务运作体系。精益服务是一种更高级的现代服务业形态,是服务企业提升自身竞争力并在激烈的市场竞争中取胜的法宝。

学习目标

1. 知识目标:通过本章的学习,了解旅游服务精细化、个性化的概念以及收益管理的概念及其特征;掌握推动企业精细化管理的对策,提高企业个性化服务的措施,掌握收益管理的基本内容、功能及所面临的问题。

2. 能力目标:结合本章知识点,了解并掌握旅游服务精细化与个性化服务的内容及运用;深入理解收益管理的内容、功能及具体实际运用。

第一节 旅游服务精细化与个性化

案例 9-1

令人惊叹的个性化服务

3月初,我去澳大利亚墨尔本探亲。叔叔开车,全家带着我去几十公里外的郊区旅游。

细节一:保安主动邀请品尝免费美食

旅途中,我们的眼前出现了一栋栋别墅,看上去非常别致尊贵。车一靠近,几个穿着红色风衣的别墅保安立即向我们跑来,彬彬有礼地邀请我们去销售部看看房子,并表示,里面有免费的海鲜和饮料。一听说有吃有喝,而且还免费,我们自然十分愿意,特别是才6岁的小堂妹,乐得直拍小手。在售楼部的餐厅里,服务员不停地为我们续饮料,送这送那。虽然叔叔没有买房的计划和打算,但是吃完一顿可口的免费午餐后,我们觉得无论如何也要去看看样板房,否则实在不好意思。于是便在销售人员的带领下,走进了样板间。

细节二:样板房事先摆好顾客全家福

一进去,我们几个人都惊呆了:不仅房子布置和装修得极好,更出人意料的是,在客厅和各个房间的桌子上、墙壁上,全是叔叔一家三口的甜蜜温馨照片!还没等我们反应过来,又从厨房里走出一位保姆,毕恭毕敬地站在叔叔和婶婶的面前,说:"先生、太太,欢迎你们回家!"经销售人员解释后,我们才明白过来,原来,在我们吃饭的时候,售楼部的人已经悄悄拍下了叔叔一家人的照片,并且快速打印出来,用早已准备好的精美相框装上,摆进房间的各个角度,让客人参观时,达到"这就是自己家"的逼真效果。果然,堂妹兴奋地冲进儿童房,抱起放在床上的一只芭比娃娃,高声嚷着:"爸爸,我要住在这里!"

细节三:眼看耳听,精准判断顾客信息

让我感到不解的是,我们是四个人一起来的,为什么他们就能准确判断出,我跟叔叔他们不是一家人?叔叔替我问了这个问题,销售人员微笑着回答说:"这很容易猜出来,首先,他不可能是你的儿子,因为你们的年龄看起来相差不会超过20岁。"(叔叔比我大14岁)他接着说,"而且,他在吃饭时表现得相当有礼貌,是亲戚家的那种礼貌。当然,更主要的是,小朋友天真的话语透露了一切。"

细节四:免费帮所有来访顾客保养车辆

参观完房子后,婶婶说要先回去商议,再作决定。销售人员依然是笑脸相迎,表示,不买也没有关系。最后,他们还把所有的相片以及堂妹爱不释手的芭比娃娃送给了我们,叔叔想付钱,但被友好地拒绝了,而他们对我们的唯一请求是:如果你身边有朋友想买房,劳烦把他们介绍到这里来。这个请求,让人无法拒绝。据悉,这里卖出的许多栋别墅,都是通过这种朋友亲人之间的互相"转介"销售出去的,其效果比在电视上做广告更好。当我们出来时,又惊讶地发现,叔叔的车早已被他们清洗得干干净净,还简单保养了一番,这也是免费的。

案例分析:本案例讲述了澳洲一家房地产企业在面对顾客或者潜在顾客时,方方面面的细节服务。这些看似很小的"细节",感动了顾客,赢得了顾客的心。正如服务企业管理者常说的一句话:"服务无小事。"在管理中的每个环节,服务中的每个细节,看似不起眼的一件事,却能给客人创造出满意和惊喜,也能起到以小见大、出奇制胜的效果。

现代管理学认为,科学管理有三个层次:第一个层次是规范化,第二层次是精细化,第三个层次是个性化。第一个层次是执行操作标准,形式固定,适用于服务发展的初期。旅游服务的精细化与个性化,是新时代旅游服务发展的要求,是差异化服务发展的必然结果。

一、旅游服务精细化

(一)精细化管理的概念及特征

1. 精细化管理的概念

精细化管理源于发达国家的一种企业管理理念,它是社会分工的精细化以及服务质量的精细化对现代管理的必然要求,是建立在常规管理的基础上,并将常规管理引向深入的基本思想和管理模式,是一种以最大限度减少管理所占用的资源和降低管理成本为主要目标的管理方式。

精细化管理就是落实管理责任,将管理责任具体化、明确化。它的精髓在于:企业需要把握好产品质量精品的特性、处理好质量与零缺陷之间的关系,建立确保质量精品形成的体系,为企业形成核心竞争力、创建品牌奠定良好基础。

精细管理的本质意义在于它是一种对战略和目标分解细化和落实的过程,是让企业的战略规划能有效贯彻落实到每个环节并发挥作用的过程,同时也是提升企业整体执行能力的一个重要途径。"精细"的境界就是将管理的规范性与创新性最好地结合起来。

2. 精细化管理的特征

精细化管理的特征,可以用精、准、细、严四个字来概括。精:精益求精,追求最好,不仅把产品做精,也把服务和管理工作做到极致,挑战极限。准:准确的信息与决策,准确的数据与计量,准确的时间衔接和正确的工作方法。细:工作细化、管理细化,特别是执行细化。严:严格控制偏差,严格执行标准和制度。

(二)旅游企业精细化管理的必要性

1. 降低企业经营风险

近年来,我国旅游及酒店行业中的各种问题不断见诸报端,如导游服务差,酒店卫生、安全问题突出等。之所以出现这种情况,一方面与旅游及酒店行业自身的特点有关,比如说人员密集、工作量大、顾客流动性高等,但更重要的原因在于企业自身管理的问题。通过精细化的管理,实现企业业务的流程化、规范化、标准化,可以降低企业的经营风险。

2. 提升企业品牌形象

旅游行业品牌时代已经来临,品牌成为旅游企业的核心竞争力之一。纵观我国当今的旅游业,品牌建设的滞后已经严重影响了其生存与发展。通过精细化的管理,为顾客提供良好的服务,可以大大提高企业的品牌美誉度,提升企业的品牌形象。

3. 增强企业核心竞争力

随着国内外品牌酒店不断从大城市进入国内中小城市,酒店业之间的竞争日趋激烈,使得酒店行业的利润水平不断下降。酒店企业通过精细化管理,可以以此寻找突破口,提高自身的盈利能力,增强自身的竞争力。

(三)推动企业精细化管理的对策

1. 建立精细化服务的企业文化

要实现旅游及酒店企业管理的精细化,必须建立起精细化服务的企业文化。企业文化的建立,需要管理者对工作人员不断灌输精细化服务意识,使其自觉地成为员工工作的一种标准,并能在日常的工作中自发地表现出来。精细化服务意识的培养有很多种方式,比如,可以在每天上下班前抽出一定时间进行精细化标准的宣讲,使得每个员工都能将精细化服务意识牢记于心;员工定期进行精细化服务小结,对自己进行更深层次的自我审视;树立精细化服务的典型员工,通过榜样的力量推动每个人不断进步。每个企业可以根据自己的实际情况来建立符合自身实际情况的精细化管理文化。

2. 实现企业工作流程的精细化

达到精细化管理的标准,就需要建立精细化管理的工作流程。若在企业日常工作中能够对流程进行良好的掌控,就可以大大减少企业运作过程中的失误。世界各大著名的酒店管理集团,无不拥有自己一套精细化管理工作流程,实现从顾客进入酒店,到顾客离开的全过程管理的流程化,从而提高顾客的满意度、增强顾客的黏性。在精细化的酒店管理流程建立过程中,需要结合酒店自身定位,并参考国内外先进的酒店管理集团的经验,建立一套既符合自身实际情况,又能与国际接轨的酒店管理流程。

3. 实现企业组织机构职能与岗位的精细化

旅游企业及酒店行业属于服务行业,通过对企业组织机构职能与岗位的精细化管理,可以更好地健全企业的管理体系,做到责任明确到人,避免相关人员之间的相互推诿、扯皮等问题的发生,提高企业服务人员的素质,从而促进企业健康有序地发展。"岗位说明书"作为一种有效的管理手段,可以在很大程度上实现组织机构职能与岗位的精细化管理。"岗位说明书"包括岗位基本信息、岗位概述、岗位主要职责与任务、岗位在组织中的位置、与其他岗位工作的协作关系以及责权描述等内容,从而明确每个岗位的职能,实现每个岗位的精细化管理。

4. 建立完善的精细化管理绩效考核体系

企业精细化管理需要进行不断的反馈才能促进其不断完善。精细化管理绩效考核体系的建立,正是对精细化管理过程的一个有效反馈。对此,首先需要制定科学合理的考核指标。考核指标一定要做到量化,尽量避免主观因素的影响,从而实现对每个员工工作的客观评价。其次,考核指标应当做到统一性与差异性相结合,即对于相同工种,考核标准应当统一,而对于不同工种,则应根据工作性质的不同体现出一定的差异性,从而保证考核体系的公平性。最后,必须建立完善的激励机制。只考核不处理不能称之为完善的考核体系。通过对考核指标的汇总,进而对好的奖励,差的处罚,可以极大地提高员工的积极性,进而推进精细化管理的实施。

案例 9-2

追求极致服务的雕爷牛腩

雕爷牛腩作为中国首家轻奢餐饮品牌,成立于 2012 年,主营新中式创意料理,尤以牛腩菜品最为出色,其招牌菜品"食神牛腩"及"鲍鱼骨汤牛腩面"让人赞不绝口。其特色服务如下。

(1) 茶水:雕爷牛腩餐厅为男顾客提供了西湖龙井、冻顶乌龙、茉莉香片、云南普洱四种免费茶水。味道从清到重,颜色从淡到浓。而女顾客在餐厅则能同时享受到洛神玫瑰、熏衣草红茶、洋甘菊金莲花三种花茶,分别有美目、纤体和排毒之功效,免费且可无限续杯。

(2) 米饭:食神咖喱牛腩所配送的米饭,三碗分别为:日本越光稻——日本国宝级大米,号称"世界米王",口感柔美幼滑;蟹田糙米——不施人工肥,纯靠水田中的螃蟹形成生态循环,糙米保留了更多营养物质,口感粗犷豪迈;泰国香米——泰国五千年水稻种植史上的骄傲,这种长粒米拥有特殊的茉莉香气,和牛腩混合口味独特,米饭也可以免费续添。

(3) 筷子:筷子甄选缅甸"鸡翅木",上面用激光蚀刻"雕爷牛腩"LOGO,筷子是全新的,未曾被他人使用,用餐完毕后套上特制筷套,作为礼物送给顾客。

(4) 餐刀:雕爷牛腩餐厅专门研发了世界第一昂贵的中式菜刀。这种由"乌兹钢锭"锻造后的刀身,拥有海涛般的美丽纹理——古称"穆罕默德纹",在显微镜下,这种纹理居然是由无数小锯齿组成的。所以在切割生牛腩时,配合"滚刀法"切割,行云流水,得心应手。

(5) 饭碗:雕爷牛腩餐厅发明了一款专利"碗"——上方很厚重,很粗糙,但端起来手感舒适,且对着嘴喝汤的三分之一处很薄、很滑。在八点二十分的位置,开了一个拇指斜槽,以方便卡住汤勺,顾客端起喝汤时勺不会滑动。这只碗的大小、厚薄、功能,只有放牛腩面时才能呈现最佳状态,因此,用它吃鲍鱼骨汤牛腩面,得心应手,舒适无比。

(6) 炖锅:也是餐厅申请的专利发明,并且还起了个有趣的外号:铁扇公主。因为牛魔王,最怕的就是她。

(7) 餐厅CTO：雕爷牛腩餐厅有一独特的岗位——CTO（首席体验官）。餐厅CTO会以顾客的角度去感知餐厅服务，不断反馈顾客的意见和改进服务，并有权为顾客喜爱的甜点和小菜免单。这也是雕爷牛腩餐厅的企业愿景，以求道之态度做每一碗牛腩，并给予顾客饕餮之外的惊喜与感动。

案例分析："把一种食物，探索到细致入微，雕琢出大巧大拙！"此概念由雕爷牛腩首先提出。他们经营餐厅所追求的就是"无一物无来历，无一处无典故"：花重金从香港食神手中买断秘方、加工切制牛腩的刀选用大马士革钢锻造、炖牛腩的锅已申请专利，顾客到店喝的水则是"斐济（FIJI Water）"和"盛棠（Saratoga Spring Water）"……如此极致追求的轻奢餐饮服务真是令人叫绝、一旦体验就会终生难忘。

二、旅游服务个性化

现代旅游业要求在标准化、规范化的基础上，向顾客提供个性化与灵活化的服务，满足不同顾客的消费需求，以顾客为中心的新型服务模式——个性化服务也随之发展起来。无论是星级宾馆，还是社会餐饮店等，众多的服务企业都在提倡个性化服务。那么真正的个性化服务到底是什么？有什么优点？应该怎样展示本企业的个性化服务？这是整个服务行业急需探索的问题。

（一）个性化服务的概念

所谓个性化服务是一种有针对性的服务方式，根据用户的设定来实现，依据各种渠道对资源进行收集、整理和分类，向用户提供和推荐相关信息，以满足用户的需求。从整体上来说，个性化服务打破了传统的被动服务模式，能够充分利用各种资源优势，主动开展以满足用户个性化需求为目的的全方位服务。个性化服务在英文里叫做 personal service，它的基本含义是指为顾客提供具有个人特点的差异性服务，以便让接受服务的客人有一种自豪感、满足感，从而留下深刻的印象，并赢得他们的忠诚而成为回头客。个性化服务也可以指服务企业提供有自己个性和特色的服务项目。个性化服务理念的形成是服务业日益加剧的竞争带来的结果。

（二）个性化服务在旅游服务中的作用

1. 个性化服务发挥了服务的灵活性，做到有的放矢

案例 9-3

一对外国夫妇带一个4岁多的小男孩到一家饭店餐厅吃饭，孩子突然发脾气大哭起来，父母亲想尽一切办法都哄不住，闹得四座不得安宁。这时一位餐厅服务员急中生智，拿出自己的杂耍"绝活"，先是双手轮番抛冰块，接着又拿起一个托盘在手指上熟练地旋转起来，终于逗得小男孩破涕为笑，化解了这次"危机"。

又如,一天,北京民族饭店来了一位很胖的客人,客房服务员考虑到单人床对他来讲太窄了,于是在客人出去用餐时主动把两张床并在一起,客人回来后看到此情景大受感动,几天后他离店时表示今后再来北京一定还选择民族饭店。

案例分析:上述例子中两位服务员的所为,并不是服务规范中所规定的,但他们善于将心比心,在力所能及的范围内主动为客人排忧解难,收到了理想的效果。大多数灵活服务的技能要求并不高,但却不可捉摸,不可预测。因此,它首先要求服务人员具有积极主动为客人服务的意识,做到心诚、眼尖、口灵、脚勤、手快。

酒店服务标准化是一项系统工程,它由节节相扣的每个环节构成。服务人员应把良好的服务技能、技巧不折不扣地体现在整个接待服务的全过程、各环节中。以餐厅服务为例,服务的起端是从原料的采购、验收、科学保管开始,切配、烹饪可谓是中间环节,它的终端在餐厅。然而餐厅服务又构成一个子系统,迎宾、引宾入座、敬献菜单、聆听客人点菜、上菜、派菜、斟酒,均有一套标准的要求。需要注重操作的规范和程序,以保证整个服务过程的行动如流水般地流畅、顺利,给人以赏心悦目的感受。个性化服务则表现在服务人员在服务过程中时时处处站在客人的角度,想客人之所想,急客人之所急,自觉淡化自我而强化服务意识,从而毫不迟疑地站在客人的立场进行换位思考。面对既有中外之分、南北之别,更有性格差异、禀赋不同的各种各样的客人,面对不同时间、不同场合发生的瞬息万变的情况,可以因时、因地、因主客观条件,细心地观察客人的言行举止,掌握每个客人的特殊性,采取灵活的服务技巧,提供有针对性的个性服务。

2. 个性化服务强调服务的主动性,企业形象更加突出,经济效益更加长远

案例 9-4

北京某高星级酒店住进了一位来自澳大利亚的客人,他外出时把一件掉了纽扣的衣服放在房里,当他晚上回来时发现衣服上的纽扣已被钉好,并整齐地摆在那里。原来是值班服务员整理房间时,发现客人的衬衣少了一颗纽扣,便在没有任何监督和要求的情况下,主动取来了针和线,选了一个相同的纽扣钉上了。这位客人非常感动,他说:"我这个纽扣丢失已久,没想到,住进贵店的第二天,服务小姐便主动钉上了,你们的服务真是无微不至啊!"由此也可以看出,服务人员细微主动的个性服务,对于这位客人而言是多么周到,它可以比其他标准化服务更使客人感动和铭记于心。如果从眼前的经济利益来看,个性服务花费的劳务成本远比标准化服务来得高,但它可以换取酒店良好的社会效果,由此获得酒店的长远利益。

案例分析:个性化提倡主观能动性,以"人"为经营对象的特殊性决定了酒店业整体形象的重大意义。它不仅是适应目前市场竞争的必要手段,还是酒店自身发展的长远大计。

> 服务质量是面镜子，客人从这些具体服务中感知酒店的形象。服务的标准化使整个酒店的工作像工厂的流水线那样井然有序地运转，保证接待工作环环相扣，正常进行。在整个服务过程中都需要服务人员在各岗位各项目上的标准规范操作，容不得哪个环节出现闪失；从客人预订房间、机场迎接，到来店后的拉门迎宾、开房、送行李、餐饮服务，直至客人离店的各个环节，一环扣一环，使客人感受到规范周到、连贯完整的服务。效率，是服务定量标准的主体，按照操作程序酒店前台的迅速登记安排入住和迅速结账、餐厅在规定时间内上菜等等，都是标准服务效率的表现。个性化服务，提倡的是更为主动的服务。中国有句古话"于细微处见精神"，酒店业中讲究"于细微处见个性"，用周到、高效的超值服务去满足客人。若能在服务工作中不放过任何细微之处，必将收到良好的效果。

3. 个性化服务追求超常服务，使旅游服务锦上添花

一次，美国纽约交响乐团访问曼谷，东方酒店得知该团的艺术大师朱宾·梅特酷爱芒果和蟋蟀，便派人遍访泰国乡村，为他找来了早已下市的芒果。接着，又不惜通过外交途径，弄到了不久前进行的蟋蟀大赛的录像带。这样一来，人们就不难理解，为什么梅特一行106人，竟会谢绝曼谷其他高级酒店免费住宿的美意，宁肯花钱下榻"东方"的原因了。

酒店要在市场竞争中立于不败之地，保持长期的经济效益和持久不衰的魅力，就需要给酒店的市场形象来个定位。酒店有了齐全的硬件，高雅舒适、卫生安全的环境，固然可以招徕客人，但要获得客人的赞赏最终还是要靠服务。科学规范的服务，是保证优质服务的前提。标准化的操作和娴熟的服务技能是大众所青睐的，它容易获得大众的欢迎。个性化服务追求的是锦上添花，要求有超常的个性服务。所谓超常服务，就是用超出常规的方式满足客人偶然的、个别的、特殊的需求。这一点最容易打动客人的心，最容易给客人留下美好的印象，也理所当然最容易招徕回头客。被誉为"世界最佳酒店状元"的曼谷东方酒店，往往不遗余力地满足客人的需求。

4. 个性化服务充满浓厚的感情因素，确保服务过程的连贯性和完整性

一个大雪纷飞的冬天，丽都假日酒店住进了一位有"洁癖"的外国老太太，她要求服务员必须脱掉鞋才能进入其房间。服务员小侯将心比心，充分理解客人的心情，毫不犹豫地脱掉鞋，尽管浴室大理石地面上的水浸透了她的袜底，冷得钻心，可她仍一丝不苟地打扫，一连好几天都是这样。从来没有表扬过任何一家酒店的老太太在离开丽都时留下了一句话："丽都酒店不错！"这句难得的评价是高素质的服务员用自己充满感情的服务换来的。

个性化服务需要企业员工投入浓厚的感情。旅游企业在制定了服务的标准、规范和程序后，就必须要求服务人员在服务过程中严格执行。另外，旅游企业上级领导务必让每个员工明白，岗位职责还包括上下班的交接与同一班员工前后左右协调工作在内。所以，服务人员在服务中需要鲜明的组织和群体观念，要求有强烈的责任心和认真严谨的工作态度，特别是关系到客人财产、人身安全的部门、环节，更要一丝不苟，容不得半点疏忽。

(三) 提高个性化服务的措施

企业执行了服务规范和标准化操作，并不等于就拥有了一流的服务，服务人员只有把自

己的感情投入到一人一事的服务中去,真正从内心关心客人,才能使自己的服务更具有人情味,让客人倍感亲切,并从中体会到企业的服务水准。在此基础上,不断发掘新的个性化服务,才能推动旅游服务不断走上新的台阶。

1. 搜集整理客人信息,建立顾客服务档案

以酒店为例,酒店在接待客人时实行个人跟踪服务,将客人的爱好、饮食习惯、消费特点、甚至生活习惯、癖好等都留心记录下来,作为客人的个人材料档案,当客人再次入住时就可以给予特别关照。

酒店管理人员在日常工作中应加强现场管理,从一线服务中发现"个性"的典型事例,待积累到一定程度,组织各岗位的管理人员进行整理归纳,分门别类形成文字。如酒店业中唯一荣获美国企业最高质量奖的酒店——里兹·卡尔顿酒店,其个性服务就名副其实达到了最高标准。该店回头客已达到24万之多,人人都有个性档案,人人都可以得到心满意足的个性化服务。高水平的个性服务,还会主动激发客人的潜在要求,实现个性满足。

2. 规范落实个性化服务标准,形成普遍性个性服务标准

将整理归纳后的典型事例,组织推广应用到一线工作中去,根据各岗位工作程序和要求的不同,在实践中不断对其增加、修改及完善,从而形成系统化、规范化的材料,以此作为衡量和考评服务质量的一个标准。服务标准要制定准确,便于服务人员在服务过程中执行。酒店服务不像其他工业产品,能够用具体的参数来测定,但仍然必须尽量定量地描述服务过程中的具体方法和步骤以及具体要求。

3. 挖掘开拓新的典型个性化服务,丰富优质服务内涵

忠实的回头客往往是通过个性化服务而非标准化服务赢得的。个性化服务大大丰富了优质服务的内涵,它是一门富有灵活性、创造性的高超艺术。灵活性在于不照抄照搬酒店服务的条条框框,因人而异,因时而变;创造性则在于给客人的服务超过了酒店服务规范中的内容。

要想真正将个性化服务理念渗透到酒店日常管理和服务中去,个性化服务的"123"法则可为酒店业提供一些参考。

1)一个目标

明确目标是指酒店必须让全体员工真正明白为什么要提供个性化服务?假日集团创始人Wilson有句名言:没有快乐的员工就没有快乐的客人。个性化服务更能让客人感到惊喜快乐,对于酒店尤其是高星级酒店提高客人回头率、增强酒店竞争力等具有重要意义。酒店个性化服务已经成为酒店业向纵深发展的航标,成为高星级酒店强化自身品牌形象的强大动力。

2)两项保障

两项保障包括顾客信息保障和员工能力保障。首先酒店要提供个性化服务就必须让全体员工充分了解顾客信息,做到心中有数,定制服务。为此酒店应发动全体员工利用各种机会通过各种渠道收集顾客的各类信息,并运用先进的信息管理系统,例如采用PSM系统建立顾客档案,同时通过早会等方式让员工了解那些即将来店客人的档案尤其是VIP客人档案,预先布置,做到心中有数。其次酒店员工必须具备提供个性化服务的意识和能力。一方面酒店应建立相对柔性化的组织机构和各种有效的激励机制,让员工自觉主动并有时间

去为客人提供个性化服务;另一方面酒店应加强员工个性化服务的能力培养。

3)"三特"机会

三特是指"特殊的要求"、"特殊的情况"和"特殊的人"。第一,"特殊的要求",是指客人主动提出来的超出正常服务范围外的特别要求。例如,如果有位客人想点一道菜单上没有的菜或者是让你帮他联系当地某知名企业家,其实这就是一个"特殊的要求",这时,酒店要意识到这正是提供个性化服务的好机会,应不怕麻烦,在"不违背原则"和"条件允许"的前提下努力去满足客人的要求,那么你的服务就多了一种能够赢得客人满意的"魅力因素"。第二,"特殊的情况",这是需要员工的细心去发现的客人的一种隐形需求。例如,今天正是某位客人所在国的国庆节、今天正好是某位客人的生日、一位就餐的客人因感冒不断流鼻涕等等,这些正是对客人提供个性服务的好机会。第三,"特殊的人",这是服务对象的特殊性,例如酒店VIP、儿童、生病和残疾客人等。其实只要仔细观察,每一个人都是特殊的。问题在于你图什么——是图省事,还是图客人的惊喜。以上的"三特"机会都是酒店提供个性化服务的好时机,酒店应该创造条件、形成制度、鼓励员工抓住这些机会提供恰到好处的个性化服务。

第二节 现代旅游业的收益管理

案例 9-5

某君一次从上海回广州的时候,上购票网搜索最便宜的机票,看到某航空公司有6折机票,感觉有点贵,左思右想了大约一炷香的时间,最终决定购买,不料票价已从6折飙升到7折,贵了100多元,愤怒之余,又开始做思想斗争,一盏茶过后,机票居然飙升到了9折,某君感到十分不悦。

航空公司里有一个部门,叫做控制室或者航线管理部,里面的员工叫做座位控制员,简称座控。座控人员通过长期的观察和研究某条航线某个航班,对其中存在的规律进行分析,根据航班的客座率情况,结合外部条件,对航班的舱位开放进行调整,试图使每个航班的收益最大化,这种行为在业内被称为航班收益管理。

案例分析:在乘坐飞机时,有时会发现你邻座的票价比你贵了一倍;当你租车自己开时,也可能发现别人租同样的车,价格却只是你的一半;当你下榻酒店时,或许会发现隔壁旅客住同样房间,房价却比你的便宜了许多。这是怎么回事呢?其中很大部分的原因是收益管理系统在后面运作的结果。

收益管理是一项重要的现代企业管理策略和管理技术。实施收益管理可以帮助企业在维持生产经营成本不变、不增加投入的前提下,将企业的销售收入提高5%~7%,并有效提高企业利润率和市场占有率。

服务业收益管理是伴随着西方管理学界对服务特征和服务管理的认识、理解而逐步形成和发展起来的,现在已广泛应用于航空、酒店、货运、租车和旅游等服务业领域。

一、服务收益管理概述

(一)收益管理概念

收益管理最早起源于20世纪80年代初的美国航空业。80年代后,美国允许航空公司自行定价及安排航班,许多专家学者帮助航空公司寻找适时将机票售出的方法,由此产生了收益管理的概念和理论。20世纪90年代初,美国酒店业借鉴航空业经验,研究收益管理在酒店管理中的应用。

关于收益管理的定义有很多种,以下是有代表性的几种:

(1)收益管理就是通过销售供给能力或多或少或固定、生产收益能力随时间而减少的产品或服务,从而使收益最大化的系统和程序(Dr. Warren Lieberman)。

(2)收益管理是在微观市场水平上,预测顾客的现实需求,并优化生产能力和价格的艺术和科学(Robert G. Cross)。

(3)收益管理脱去华丽的外衣,简单地说,就是引诱或者说强迫顾客向企业支付尽可能高的价格(Paul Davis)。

(4)收益管理是运用信息系统和定价策略,在合适的时间、合适的地点、以合适的价格将产品销售给合适的顾客(Kimes,4R理论)。

以上四种定义的侧重点不同。第一种定义概括了适用收益管理的行业特点和收益管理的性质,以及要达到的结果。第二种定义描述了收益管理的作用原理。第三种定义指出了收益管理的实质。第四种定义可以说是广义收益管理的概念,它力图全面、准确地描述收益管理的内容和本质。其中,第四种定义应用最为广泛。

收益管理(revenue management)又称产出管理、价格弹性管理,是指在不同消费时段,对同样的产品或服务收取不同的费用,给予不同折扣,从而实现总体收益最大化的管理模式。

收益管理领域的学者胡质健认为:收益管理是对客源市场进行细分,对消费者的行为模式进行分析,对市场供求关系的变化进行预测,在此基础上优化产品和服务、对销售价格和销售渠道进行组合,以最大限度满足各细分市场的需要,同时最大限度提高企业产品和服务的销售总量和单位销售价格,从而获得最大收益的动态管理过程。

关于收益管理的定义很难做到全面而又准确,因为收益管理是一种涉及了众多领域的商业哲学,也是包含了众多方法的方法论。简单概括,收益管理是指企业制定合理的策略,把适当的产品和服务,在适当的时间,以适当的价格,出售给适当的客人。

(二)收益管理特征

(1)价格以市场为基准,根据顾客不同需求进行市场划分。

(2)通过精确分析和科学定价平衡供应与需求。

(3)设法将产品销售给出价最高的顾客。

二、收益管理的适用范围

(一) 最大限度地减少生产或服务能力闲置

产品或服务具有很强的时效性,它们不能通过存储来满足顾客在未来的需要,如果在一定时间内销售不出去,企业将永久性地损失这笔潜在的收入。例如,航班起飞后,航空公司就不能再出售该航班的机票,该航班空闲的座位就失去了其潜在的价值。因此收益管理要研究如何采用动态定价的方法,合理刺激需求,最大限度地减少生产或服务能力闲置。由于时效性而不能实现的产品或服务的价值损失,在理论上可以通过计算出售它们可能获得的期望收入而得到。当然,这需要借助管理科学的方法和数学模型。

(二) 提高服务能力利用率

企业提供产品或服务的能力有限,且追加新能力需要很长时间或大量投资,这就需要进行收益管理。能力有限,就会遇到需求小于能力时能力利用率低,需求大于能力时能力不足的矛盾,这就引出了如何提高能力利用率的问题。如果企业在提供产品或服务的量上有很大的灵活性,就不会存在高收益和高能力利用率之间的矛盾了。

(三) 存在分段化的市场

顾客可按职业、收入水平、消费特点、对价格的敏感程度等因素划分为不同类型,即进行市场的细分。不同类型的顾客可以以不同的价格接受无差异或差异很小的产品或服务。当然,这种市场的划分和价格差异应该是顾客所能理解和接受的。通常情况下可以利用顾客购买产品和服务时间的不同来划分市场,根据距离产品出售的最后期限以及具体的需求状况,通过提供不同的折扣价格来吸引不同市场中的顾客。

(四) 产品和服务可以提前销售(预订)

企业管理人员可通过预订系统在一定程度上获知未来服务产品的需求量和预订的来源,从而控制预订的进度,使价格、预订总量、销售渠道和细分市场组合达到最佳。企业根据需求变化在提高销售数量和提高平均销售价格之间进行权衡。例如在航空市场,机票价格可随时间和需求的变化不断调整。在每个订票请求到达时,系统必须权衡是提前将机票以低价售出,还是将机票留给后到的愿意出高价的乘客。

(五) 产品或服务的变动成本较低

可变成本低意味着销售产品的边际收入远远大于边际成本,产品销售量的增加并不会在很大程度上增加支付的成本,因此产品定价的变动范围可以较大。例如,酒店业就是这样一个典型的行业,酒店客房的固定成本十分高昂,而可变成本却较低。因此一旦酒店客房的销售收入超过了由固定成本决定的盈亏平衡点之后,每间客房的销售,其售价与可变成本之间的差价就是酒店的利润。

(六) 产品或服务的需求随时间变化

许多服务型企业的市场都有淡旺季之分,即有需求的高峰期和低谷期。收益管理可以起到平衡需求的作用,在需求高峰期,企业可以通过提高产品或服务的售价来增加总收入,而在需求低迷的时候,通过适当降低产品价格又可以刺激需求以提高服务能力的利用率。管理者可以根据历史数据准确地预测需求高峰和低谷的出现,因为通常需求会呈周期性连续变化。

三、收益管理的基本内容

1. 定价方法(pricing approaches)

定价方法是指根据收入最大化原则实现价格优化和动态定价。麦肯锡公司的一项调查显示:正确定价是企业实现利润最大化的最快最有效的方式,尤其在酒店业进入了动态定价时代,先进的数据分析技术将使这一过程产生巨大变化。通过针对影响定价的三大因素——需求、供应量及价格敏感度的分析,酒店管理者可以更容易地确定价格策略,从而最大限度地增加需求、优化收益。

事实上,有了正确的定价模式,酒店管理者可以实现宝贵的净利润回报。分析能够使酒店管理者更清晰地了解自己的历史数据,为预测最佳可用房价带来更多的准确性与一致性。

2. 折扣分配(discount allocation)

折扣分配是指将产品进行市场划分,设法将产品销售给出价更高的顾客。以航空公司的机票折扣分配为例,折扣分配就是确定某一航班折扣票数量的过程。其目的是通过票价折扣刺激需求,填满原本即将虚耗的座位。

3. 销售升级(trading-up)

销售升级是指引导消费者消费,设法以更高的价格销售产品,即向顾客销售某一特定产品或服务的升级品、附加品或其他用以加强其原有功能、用途的产品或服务。这里的特定产品或者服务必须具有可延展性,追加的销售目标与原产品或者服务相关甚至相同,有补充或者加强、升级的作用。销售升级需要理解和挖掘顾客的需求,而这种理解和挖掘的工具,除了长期的经验积累所产生的洞察力,还包括一些分析工具。企业的数据库或数据仓库为企业保留了海量的顾客信息,而精确营销数据挖掘技术强大的分析功能,可以将这些数据和信息变成对顾客需求的洞察。

4. 超售(overbooking)

超售是一种更灵活的能力管理,能实现较少的能力浪费。以航空公司售票为例,客人订票后并未购买或购票后在不通知航空公司的情况下放弃旅行,从而造成座位的浪费。为了满足更多旅客的出行需要和避免航空公司座位的浪费,航空公司会在部分容易出现座位虚耗的航班上,进行适当的超售。这种做法对旅客和航空公司都有益,也是国际航空界的通行做法。

超售并不一定意味着已购客票的旅客无法乘机,对于超售的航班,持有订妥座位的有效客票的旅客,在绝大多数情况下都能成行。但在特殊情况下,可能会有个别旅客不能按时成行。对于未成行的旅客,航空公司将酌情采取弥补措施。

5. 重新计划(re-planning)

重新计划顾名思义是指企业根据新情况更新执行计划。

四、收益管理的基本功能

(一) 预测与预订功能

预测与预订功能指的是反映顾客需求变化的模式。不同的顾客对酒店的要求往往不同。尽管每个酒店都有自己的市场定位,但顾客的性质、来源渠道以及消费特点仍有许多不同之处。收益管理的一个重要功能就是通过科学的方法对不同的顾客进行分类,并得出各种行为模式的统计特征,然后再对每一类顾客的未来进行精确的预测,包括预订的迟早,入住时间的长短,实际入住和预订的差异,提前离店和推迟离店的概率等等。有了这些精确的预测,再根据各种客人对价格的敏感程度等,酒店就能很好地控制资源,提高收益。

(二) 定价功能

定价功能的目的是最大限度地提高服务收入。酒店的定价及其管理是调节一家酒店盈利能力的最直接的杠杆。常见的以成本为基础的定价方法虽然简单易行,但往往缺乏竞争的灵活性,且不能反映市场需求的动态变化。而建立在收益管理基础上的一些定价方法,如实时竞标定价(bid pricing)、浮动定价(dynamic pricing)、竞争定价等则通过对市场的细分和有效的控制使得价格杠杆的功能发挥到极致。

(三) 统计分析功能

统计分析功能是为企业决策提供数据支持。由于酒店要处理来自各个环节的数据,迅速做出决策并及时将决策付诸实施,这样,对数据的集成将会变得非常重要。收益管理工具不断升级以获取更多的收益来源、分析更多数据并在需要做决策时给予更多支持,这些都使中国的酒店经营者意识到自动化的重要性。

(四) 优化功能

优化功能即实现资源的优化配置。有了精确的需求预测,还必须有一套相应的价格和收益控制体系才能灵活有效地利用酒店资源,使得收益或利润最大化。根据不同的预售和价格控制系统,酒店业普遍采用的优化方法主要包括线性规划、动态规划、边际收益控制、风险最小化等。这些方法最终转换成可操作的控制机制,如最短最长控制(min max)、完全长度控制(full pattern)等。

收益管理系统是将信息技术、经济学原理、数理统计方法、优化模型、运筹学算法集于一身的可进行数据处理、预测、优化的集成决策支持系统;科学方法为收益管理系统的成功奠定了基础,该系统成为航空公司的核心竞争能力的中坚,并迅速从航空业扩展到了其他行业。

五、收益管理面临的难题

(一) 如何有效利用有限但易过时的生产、服务能力

易逝品的需求具有高度不确定性。随机需求是个随机变量,由于产品更新换代的速度很快以及消费者品位的变化,我们很难得到随机需求的分布信息,因此服务业收益管理面临

着需求的不确定因素,例如客机上的座位、旅店的客房、通信线路的带宽等。

预测是收益管理的核心思想,是影响企业盈利的关键因素。准确的预测结果为后面的定价、存量控制和超售策略提供了可靠的数据。但由于预测存在许多人为因素和外界因素,所以要进行准确的预测是不容易的。

(二)如何获得最大收入

空置能力带来收入损失,接近能力失效期需调整价格;需要在什么时间、多大程度上降低或提高价格,企业拥有一定数量的资源(resource)来满足对价格敏感的需求。这里"资源"是一个广义的概念,例如,可以是某一天某一航班的座位数量,也可以是某一天酒店的房间数量等。在收益管理问题中资源的数量是固定的,并且资源具有易逝性,销售期结束后残值为零或很低。企业能力的这些性质决定了企业在短时间内很难通过调整能力来平衡供给与需求。

(三)收益管理问题的复杂因素

价格的多种差异性。由于服务产品的易逝性,价值在一定时间内会产生变化,如北京到上海等热点航线,各航空公司对每天的各个时段、航班的各个舱位等级的决策都要充分考虑,并要掌握竞争对手的策略,稍有不慎就会被击败。

行业政策的影响和竞争上的非理性。竞争环境下的收入管理集中于从公司自身收入的角度考虑存量控制或定价策略,这在完全垄断或联盟的市场上是可行的。然而,当市场处于寡头垄断或完全竞争状况时,公司作出的价格调整均要充分考虑竞争对手对市场变化所作出的决策的影响。

决策者在动态定价问题中起着重要作用。根据期望效用理论,决策者对风险有三种不同的态度:风险中性、风险偏好以及风险规避。显然,决策者风险偏好类型的不同会影响到最终的收益管理。

六、我国旅游业收益管理现状

(一)我国服务业收益管理现状

目前,收益管理在西方发达国家的服务业中已得到广泛的运用并逐渐发展成熟,而在我国服务行业的运用较少。收益管理系统目前只在国内服务业中的航空运输业、集装箱海运及少数国际型酒店宾馆业等部分服务行业中使用。

(二)收益管理相关软件在我国的开发及应用情况

我国收益管理系统的软件开发大部分还是针对航空业、运输业及酒店业等极少数的服务行业,没有为广大服务业的收益管理系统提供一个良好的发展平台及环境。而国际上的软件开发已经覆盖了服务业的各行各业甚至其他产业,形成了一个良好的发展趋势。当前国际社会较为著名的收益管理系统开发公司有 PROS Revenue Management, IDeaS Revenue Solutions, Veritec Solutions, Revenue Management Systems 等。以下是一些著名的系统软件。

（1）定价及收益管理软件、服务及顾问领先供应商 IDeaS Revenue Solutions 日前发布其 IDeaS Revenue Management System（收益管理系统，简称 RMS）软件解决方案的最新版本 6.0(IDeaS RMS 6.0)。这个升级版本增添了多项加强或新增功能，包括崭新的市场营销计划功能，它可以协助酒店改进其预测及优化收益的流程。

（2）目前国内一些酒店相继与供应商 IDeaS Revenue Solutions 签订了开发系统的协议或已经开始使用由此软件开发的收益管理系统，如西安瑞思丽大酒店、金陵酒店等。

（3）在集装箱海运上，已有 J2EE 的软件开发系统，基于这个软件，可以开发出提高收益的收益管理系统。

（4）瑞马航空收益管理软件综合运用统计学、运筹学、微观经济学、管理学等科学，以分析历史数据为基础，以预测市场需求为核心，通过科学的实施超售、升舱、价格动态管理、团队管理、季节性（节假日）管理、网络化全航程收益管理等，实现资源分配的最优化，使每个座位的收益总和达到最大。该软件是中国首例自主开发并完全拥有自主知识产权的收益管理软件，运用先进的.NET 平台，在对中国国情的适应性和性价比等方面拥有绝对的优势。现已在深圳航空公司得到了良好的运用。

（5）国际上，PROS 公司开发的 PROS 软件运用较为广泛。该公司总部位于美国休斯敦，是世界航空业收益管理软件的主要供应商。亚洲地区的航空公司包括新航、全日空、大韩航空、韩亚、泰航和中国香港国泰航空、中国台湾华航以及中国内陆的南航、国航、东航、上航等，其他如汉莎航空、大陆航空、新西兰航空、瑞航、枫叶航空、墨西哥航空、西班牙航空等均使用了 PROS 收益管理产品。

（三）收益管理在我国酒店业的应用

案例 9-6

广州花园酒店收益管理

广州花园酒店在引入收益管理系统后，酒店总经理郑越东如是说道，"在适当的时候，把适当的房型，用适当的价钱卖给适当的客人"，通过调节房价实现收益最大化。客房的收益管理是一门精深的学问，简单地看，当一段时间入住率在70%～80%之间，重点是要保持并提高入住率，即行话的"做量"；入住率在80%～90%之间，则两方面都要看，既要保证入住率稳步攀升，又要保证房价的稳定；入住率一旦超过90%，则应重点考虑如何进一步拉升房价，以实现最大效益，即行话的"作价"。因此，对市场充分的了解、敏锐的把握显得至关重要。"对市场全盘了解清楚，才可以去做一个决策。"

广州花园酒店自2008年引进收益管理系统后，通过科学方法确定酒店客房价格，使得酒店的收益达到最大化。下面就以广州花园酒店在2011年秋交会期间酒店房价为例进行说明（见表9-1与表9-2）：

表 9-1　广州花园酒店平时房价表　　　　　　　　　　　　　单位：元

	客房类型	门市价	预定优惠价		备注
			平时价	周末价	
平时房价列表	高级房	1530	750	750	会展时段 820 元/晚
	精英房	1714	950	950	会展时段 1000 元/晚
	豪华小套房	2888	1380	1380	会展时段 1400 元
	行政小套房	2967	1800	1800	1975 元含双早和水疗
	豪华行政套房	5888	2190	2190	含早和水疗票 2075 元/晚

表 9-2　广州花园酒店广交会期间房价表　　　　　　　　　单位：元

	客房类型	广交会期间预定价格			备注
		10月14日—18日	10月22日—26日	10月30日—11月4日	
广交会房价列表	高级房	2080	2450	1850	休会价：1000 元/晚
	精英房	2280	2680	2080	休会价：1250 元/晚
	豪华小套房	2880	3180	2500	休会价：1600 元/晚
	行政小套房	3080	3380	2780	休会价：1950 元/晚
	豪华行政套房	3580	3880	3280	休会价：2350 元/晚

从表 9-1 和表 9-2 可以看出，平时房价中，提前预订的房价明显要比门市价优惠很多，而会展时段也有特定的价格策略；在广交会期间，正式广交会期间的价格和休会期间的价格不同，而且正式广交会期间不同时期的价格也不同。科学的定价使房价和酒店入住率得到协调，最终实现酒店收益的最大化。

案例分析：通过收益管理，广州花园酒店的收益得到了最大化，其适时的价格优惠也能够让入住的顾客满意，尤其是在酒店客房预订上，能在收益管理系统的作用下进行调控，满足不同层次顾客及团体的需求，大大提高了顾客满意度，服务质量直线上升。

1. 收益管理与酒店房价

"旺季提价，淡季打折"的做法在当前中国酒店行业内并不是什么新鲜想法。国内大部分酒店对不同的顾客收取不同的房价，其划分的标准往往是顾客与酒店的关系（如是否为酒店的会员、是否有协议、是否为常客等）或者一次预订客房数量多于某条件，而收益管理则是以顾客所在的客户群对客房的需求价格弹性为标准，在理论上提供了一个全新可行的定价标准；国内大大小小的酒店也会根据需求的变化调整价格和营销策略，但往往是根据过去的经验，或者是淡季旺季已经来临时才进行相应的调整，存在一定的盲目性及滞后性。收益管理为我们提供了科学的方法和手段，预测需求的变化，提前制定策略，实现了酒店收益最大化。

国内如喜来登、万豪等参加国际酒店管理集团的酒店都采用了收益管理系统,根据市场供需变化灵活选择价格,并进行酒店客房存量控制,以实现酒店客房收益最大化。但国内90%以上的酒店,包括星级酒店都没有采用收益管理的技术和方法。广州花园酒店于2008年买入 IDeaS Revenue Optimization 公司开发的收益管理系统,是国内首家应用收益管理系统的酒店。目前国内已有一些酒店相继与供应商 IDeaS Revenue Solutions 签订开发系统的协议或已经开始使用由此软件开发的收益管理系统,包括西安瑞思丽大酒店、金陵酒店等。

2. 收益管理与酒店的服务质量

高质量的产品和服务是实施收益管理的重要保证。"收益最大化"永远是酒店的目标。"质量"永远是酒店的生命。没有高质量的服务作保障,任何经营策略都是画饼充饥。能否吸引商务客户群,获得较高且稳定的收入是关系到收益管理成败的关键,失去了这部分市场,提高收益也就无从谈起。商务顾客在对价格不在乎的同时,对于服务质量却十分敏感,酒店的声誉和服务的质量是吸引这部分顾客的主要因素。休闲顾客在对价格敏感的同时,对服务质量的要求虽不高但也并非毫不在乎,向其提供超出其预期的质量服务,可以增加顾客满意度,对酒店的长期发展有利。因此在任何时候,酒店都要把提高服务质量放在第一位,唯有如此才能保证达到收益最大化的目标。

提高收益与提高服务质量二者之间并不矛盾,而是一种相辅相成、互相促进的关系。虽然收益管理中的超量预订在"求大于供"时才发挥作用,但这种市场环境并非常有。预见到低需求时可以提前采取相应的策略,如设计适应更广泛的目标市场需要的产品,以刺激新的需求;降低房价,以使那些本来要选择低价酒店的客人选择本酒店,使隐蔽的需求得以显露,开拓新的客户群。很多酒店往往在淡季已经来临时,才推出相应的促销活动,由于时间上的滞后,促销的效果当然也会打折扣。

3. 收益管理在国内酒店应用的机遇与挑战

随着我国对外贸易的迅速发展,国际酒店先进的管理理念和管理手段对国内酒店形成了巨大的冲击。面临严峻的竞争环境,国内酒店在管理方面的改革创新愈显紧迫。收益管理在国内酒店应用前景广阔,市场巨大。

收益管理系统开发是一个漫长的过程,需要消耗大量人力物力,同时也需要酒店管理层的大力支持和酒店相应管理理念和管理制度的调整,其开发应用过程涉及了酒店的各个方面,是个复杂而长期的系统工程。因此,当前我国酒店主要还是向国外公司购买收益管理系统,在实际运用中逐步消化吸收,为将来自主开发收益管理系统做准备。

酒店收益管理的技术与航空收益管理基本相同,主要有预测、超定、定价、容量控制四个方面,同时也考虑到消费者行为、市场细分以及团体顾客。但是酒店业与民航业又有许多不同之处,这也让酒店收益管理研究及系统开发应用面临着新的挑战。

(1) 可居住日:航空座位只能使用一天或者一次,但是酒店客人可以在费用较低的那天入住,并且以低价住上好几天费用较高的日子。这就导致了新的定价问题的产生。

(2) 乘数效应:如果只关心住宿带来的收益,经营者就会忽略其他可能产生收益的领域,如餐厅、酒吧、宴会厅、会议室和娱乐设施等。

(3) 价格机制不明确:航空业建立了健全的壁垒和限制条件,如商务旅客不能享有闲暇旅客的优惠。但是酒店很少有这样的限制条件。

(4)信息分散:通常酒店的资产管理系统没有集成中心预订系统,这就可能导致低价出售客房的情况发生。

附录:收益管理经典案例

案例1:

美洲航空公司——收益管理在航空业的应用典范

收益管理产生于美洲航空公司(AA,American Airline)。在1987年的年度财务报告中,AA将收益管理概括为"以恰当的价格将恰当的座位销售给恰当的顾客",即在航班和票价结构既定的情况下,航空公司通过座位控制的优化使利润最大化。据估计,在1989—1991年的三年间,AA从收益管理中获益14亿美元。从1992年至今,收益管理带给美洲航空公司的平均收益是每年5亿美元。AA开发收益管理系统DINAMO(Dynamic Inventory and Maintenance Optimizer)的过程可分为三个阶段:

(1)1966年,世博计算机订座系统完成,为座位控制的优化打下了基础。

(2)1977年,AA向市场推出"超级节省"折扣票,拉开了收益管理的序幕。

(3)1978年,美国航空运输委员会放松了对航班和价格的管制,为航空公司全面推行收益管理创造了条件。AA的计算机系统进一步得到优化。

AA收益管理系统的具体方法如下:

1. 座位超售(overbooking)

(1)座位超售是指有意使销售的票数多于航班实际拥有的座位数。目的是为了减轻旅客取消订座和No-Show给航空公司带来的不利影响。AA估计,在没有超售的情况下,如果航班在离港时销售一空,平均有15%的座位将被虚耗。

(2)AA的决策部门开发了一个旨在使净收益最大化的超售优化模型。其原理是权衡多销售一个座位的收益及它所冒的风险。当多销售一个座位的边际收益等于实超一个座位的边际成本时,超售的座位数达到最优。

(3)实践中,此优化模型的座位实超数有时会比预想的大得多。航空公司的服务水平可能会由此降低到难以接受的水平。后来,AA根据1984年Smith的研究成果进一步完善了这一模型。

2. 折扣分配

(1)折扣分配是指确定某一航班折扣票数量的过程。其目的是想通过票价折扣刺激需求,填满原本将虚耗的座位。

(2)70年代中期开始,AA开始向市场提供折扣票。当时只有两种价格:全票和折扣票。在收到折扣票的订座要求时,决定是否接受。一个折扣申请被拒绝后座位以全价售出的概率取决于三个因素:将来的期望需求、需求预测的准确性和购买折扣票的旅客转买全价票的可能性。

(3)当航空公司采用多级票价时,问题变得更加复杂。AA在1980年研究出了解决多个舱位折扣分配的方法,即子舱技术。模型的基础是小伍德(Little Wood)1972年的研究成果。模型中涉及的问题包括:多级票价结构;购低舱位顾客转购高舱位的可能性;预期需求

的时间性问题；客票取消问题等。

3. 流量管理

(1) 流量管理指从起点到终点的多航班衔接市场与单一航班市场的正确组合，确保收益最大化的收益管理过程。

(2) 放松管制后，为了向多个市场提供服务，航空公司发展了中枢辐射航线结构。这样造成的后果是：一个航班上分属不同市场的旅客迅速增加，座位的存储控制不能仅限于用舱位代码控制座位的收益管理。同时，同一舱位的收益变化也可能很大。

(3) 1983 年，AA 开始研究依据航线市场和票价等级控制订座可获性的新方法——"虚拟子舱"，基本思路是将许多不同的航线市场、舱位等级聚合成几组，以便于控制。"虚拟子舱"意为不需要对每一航班上成百上千的市场与舱位等级的诸多组合方式进行分别控制，其中的"虚拟"意味着这无数个航线市场、舱位等级并不实际存在于订座系统中。"虚拟子舱"技术是一种非常复杂的方法，运用了诸如混合整数线性规划模型和动态规划聚合模型等。

运用自己开发出的收益管理系统之后，美洲航空公司不仅很快赢回了其原有的市场占有率，而且还扭亏为赢。据美洲航空公司的统计，1989 年至 1991 年期间，收益管理系统的运用给该公司增加了 14 亿美元的收入，同期的税后利润增加了 8.92 亿美元。据美洲航空公司的子公司 SABRE 技术方案公司(SABRE Technology Solutions) 1997 年统计，当年美洲航空公司仅由于使用收益管理系统所增加的额外收益就达 10 亿美元。

案例分析：收益管理系统，又称产出管理系统，是将信息技术、经济学原理、数理统计方法、优化模型、运筹学算法集于一身的可进行数据处理、预测、优化的集成决策支持系统；而本案例中，收益管理在美洲航空公司中应用十分全面，带来了不可小觑的改变和成长。

案例 2：

收益管理系统为文华东方酒店提升效益

旧金山文华东方酒店是一家拥有 158 间客房的豪华酒店，同时也是文华东方集团旗下的 20 家酒店之一。该集团酒店遍布于全球四大洲，而且仍在拓展新市场。如今，该酒店面临着几大挑战：胸有成竹地预测竞争对手信息；打造更精准的预测，并且更快速、准确地处理信息。因此，文华东方酒店集团需要一种界面友好、可随时访问且查阅非常方便的在线工具，从而让酒店的收益管理总监能了解事件并立即得到问题的解答。随着快速抽取数据、保持竞争力、预测市场变化方面不断增加的压力，收益管理总监需要高效率地向酒店管理层提供最新信息，更为重要的是，要保证信息的准确性。而 IDeas 收益管理系统帮助文华东方酒店解决了该问题。IDeaS Revenue Solutions 是专门为酒店与旅游行业提供业界领先的定价及收益管理系统、服务和咨询业务的软件公司。IDeaS 总部位于美国明尼阿波利斯，于印度浦那设立全球技术中心。IDeaS 的销售、支持和分销办事处覆盖北美、南美、欧洲、中东、非洲、大中华、大洋洲和亚洲等区域。

解决方案：

"过去曾占用我一整天时间的研究工作如今只需约 30 分钟即可完成。数据提取功能特别出色，我使用预测工具并将它直接导出至我正在使用的演示中。这样，我就能迅速地向同事们提供所需信息。同时,收益管理系统还能让我轻松访问报表,并基于具体需求定制,预测进度的自动更新。"收益管理总监如是说道。

IDeaS Revenue Management System 提供直观的用户界面,可生成一系列有价值的数据、易读的图表和关于酒店业绩关键指标的信息。对于需要定期生成的报表,系统提供预计客房收入、出租率、平均房价(ADR)、每间可用房收入(RevPAR)的月度图表,这对收益管理总监帮助极大,使其能快速地向酒店提交状况报告。

回报:

"最近我在公司内部的预测准确率名列第二,IDeaS Revenue Management System 使我能更加准确、有效地完成工作。提升了我的自信心和准确率。"为了进一步帮助文华东方酒店实现提高效率,IDeaS Revenue Management System 采用了定制报表功能,用以重点突出行业趋势并整合相关信息,以便将这些信息快速导出到演示文档中。连贯、准确且极具针对性的数据使得文华东方酒店每天都能胸有成竹地预测从订阅服务中接收的竞争对手信息。

案例3:
金陵酒店采用 IDeaS 解决方案加强收益管理

金陵酒店与收益管理软件、服务和咨询顾问供应商 IDeaS Revenue Solutions 日前签署了合作协议,IDeaS 将为南京金陵酒店以及金陵连锁酒店,提供全面定价和收益管理解决方案,协助"金陵"更好地适应市场趋势并推动其发展。

作为"金陵"定价改革的一部分,酒店选择采用 IDeaS 技术对数据进行分析,并根据市场情况与竞争对手行为来确定可用房间的合适定价。

在与 IDeaS 合作计划的初始阶段,"金陵"将把收益管理技术应用到该集团的旗舰店——南京金陵酒店。该项目将采用著名的 IDeaS 收益管理系统,同时 IDeaS 还将提供远程支持,确保酒店工作人员具备扎实的专业知识,进而融入到全新向上的、收益驱动型的企业文化之中,在短期和长期均将取得显著的成果。

金陵酒店管理公司副总裁陈孟超先生表示:"与 IDeaS 的合作将协助'金陵'改进市场预测方法,并最终在增加收益方面起到重要的作用。IDeaS 公司拥有深入全面的全球经验,在中国市场中拥有越来越大的影响力,并且该公司还设有专业的本地咨询顾问团队,这些原因促成'金陵'选择 IDeaS 作为技术合作伙伴。我们期待能够加强与 IDeaS 的合作伙伴关系,在'金陵'孕育出深厚扎实的收益管理文化。"

IDeaS 大中华区董事总经理亚伦·泰勒表示:"IDeaS 的解决方案和服务将协助'金陵'不断强化其动态定价的重要性,同时鼓励更多的'金陵'旗下酒店融入自动化收益管理文化之中。随着国内外旅客数量的增长,中国酒店业呈现出迅猛的发展态势。随之而来的日趋激烈的市场竞争,势必要求像'金陵'这样富有远见的酒店经营者实施高效的收益管理,以求实现利润最大化。"

(来源:《环球旅讯》,2011-05-25)

思考与练习

1. 简述旅游企业精细化管理的必要性。
2. 简述个性化服务的概念及其作用。
3. 什么是收益管理？收益管理适用于哪些行业？

第十章

旅游企业服务营销与关系营销

本章导读

随着大众旅游时代的到来,各大旅游企业百花齐放,竞争趋势愈演愈烈。在这场激流勇进的角逐中,谁将成为最后的王者?谁将赢得最多的顾客?谁将获得最长远的发展?这都是旅游企业需要考虑的问题。本章从营销的角度出发,突破传统营销的瓶颈,以顾客需求为导向,对旅游企业如何发展服务营销和关系营销进行研究,助力旅游企业提高市场竞争力。

学习目标

1. 知识目标:了解服务营销组合7P和4C;了解关系营销的重要性;熟悉传统营销与旅游服务营销的区别;熟悉交易观念与关系观念的区别。

2. 能力目标:认识关系营销的价值和特点;熟悉关系营销在服务企业中的运用;掌握关系营销的策略。

第一节 传统营销与旅游服务营销

案例 10-1

海尔彩电让生活更美满

在天津,流传着一个"董积忠百里送嫁妆"的感人故事:一对新婚夫妇从汉沽区赶到天津购买彩电,下定决心要买海尔彩电作为陪嫁,可是他们要买的这种型号恰好都卖光了。望着小夫妻依恋又失望的样子,负责商场销售的董积忠站长赶紧过来安慰,并答应送货上门。用户将信将疑地离开了。

回到中心后,董积忠立即多方联系,经过核实后了解静海国合专卖店有这种彩电,但两地相距两百余里,不仅运费昂贵,调货手续还十分复杂,怎么办?董积忠想到用户的需求就是命令,终于在万家灯火中用海尔服务车把一台崭新的海尔彩电"影音王"送到了顾客家中。正在准备婚事的小夫妻几乎不敢相信自己的眼睛,姑娘激动得跳了起来。新郎面对准备齐全的嫁妆,连声致谢说:"海尔彩电让我们幸福生活更美满。"

将彩电送到顾客家中正是海尔全天候 24 小时服务的一个显著表现。24 小时电话咨询服务、24 小时服务到位、365 天服务,售前详尽咨询服务、售中全部送货上门、售后全部建档回访、上门调试各类问题,几乎囊括了服务方面的所有内容。海尔做到了以诚待客。其以全方位无微不至的服务成为同行业的楷模。

案例分析:温馨服务举措充分展示了名牌企业处处为消费者着想的求实精神。海尔是中国第一家推出"三全"服务的彩电生产企业,这种服务措施的推出,对整个行业的服务都起到了规范和推动作用。

旅游营销分为传统营销和服务营销两种,传统营销一般注重实物营销,重点在于产品的购买,而服务营销是传统营销的发展和进步,它主要是从消费者的角度出发,通过各种营销手段来满足消费者的多样化需求。

一、服务营销与实物营销

同实物营销相比较,服务营销是一种营销理念,企业营销的是服务;而实物营销方式只是一种销售手段,企业营销的是具体的产品。服务营销与实物营销的区别如表 10-1 所示。

表 10-1 服务营销与实物营销的区别

区　　别	实物营销	服务营销
营销产品	有形产品	无形服务

区别	实物营销	服务营销
用户购买和消费行为	产品与消费可分； 实地体验与比较	产品与消费同步； 基于信任而消费
营销组合要素	4P： 产品(product)、价格(price) 渠道(place)、促销(promotion)	7P： 4P+人(people)、过程(process)、 有形展示(physical evidence)
评价产品质量难易程度	容易评价	难以评价

在实物营销方式下，消费者购买了产品意味着一桩买卖的完成，虽然它也有产品的售后服务，但那只是一种产品售后维修的职能。而从服务营销的观念理解，消费者购买了产品仅仅意味着销售工作的开始而不是结束，企业关心的不仅是产品的成功出售，更注重的是消费者在享受企业通过产品所提供的服务的全过程的感受。这一点也可以从马斯洛的需求层次理论上理解：人最高的需求是尊重需求和自我实现需求，服务营销正是为消费者提供了这种需求，而实物营销方式只是简单地满足消费者在生理或安全方面的需求。

随着社会的进步，人民收入水平的提高，消费者需要的不仅仅是一个产品，更需要的是这种产品带来的特定或个性化的服务，从而有一种被尊重和自我价值实现的感觉，而这种感觉所带来的就是顾客忠诚度。服务营销不仅仅是某个行业发展的新趋势，更是社会进步的必然产物。

二、服务营销组合

（一）从 4P 到 7P

营销组合是营销管理中的核心概念，它是企业可以控制的、能影响消费者认知的若干因素的组合。1964 年由营销学家 McCarthy 提出的 4P 的营销组合——产品、价格、促销与销售渠道，一直以来成为市场营销理论研究和实践的基础。但随着市场环境的变化和服务经济的来临，4P 受到了越来越多的批评和质疑，其中一个主要方面就在于它对服务营销的不适应性。近年来不断有专家学者提出新的营销组合，其中被广为接受和认可的是 Booms 和 Bitner 于 20 世纪 80 年代初提出的 7P 营销组合。他们认为，服务营销除了要对传统的 4P 加以修改补充之外，还应再加入人员或参与者(people)、有形展示(physical evidence)及过程(process)这三项元素。7P 也构成了旅游服务营销的基本框架，如表 10-2 所示。

表 10-2　7P 基本框架

产品	服务范围、服务质量、服务水平、品牌名称、服务项目保证、售后服务
渠道	所在地、可达性、分销渠道、覆盖范围
价格	价格灵活性、折扣/折让、佣金、付款条件、认知价值、质量/定价、差别定价
促销	广告、人员推销、销售促进、宣传、公共关系

续表

人	人力配置:员工招聘、培训、选用、激励/投入 人际行为:团队、授权、态度 顾客:顾客教育、顾客行为、参与程度、顾客兼容
有形展示	服务场所:招牌、装潢、色彩、陈设、噪音水平、设施/设备 有形物品:员工服装、对账单、报告、名片、声明、保证书
过程	活动流程、政策步骤、机械化、员工授权、顾客参与、顾客控制、标准/定制、简单/复杂

1. 产品(product)

案例 10-2

走近非洲——伦敦尼日尔餐厅(一)

快餐店在伦敦迅速兴起,但非洲加勒比民族风味的餐馆却很少,而伦敦的西非人数量剧增。玛丽于是决定建立一家非洲餐馆。开业时她制定了营销策略,其中产品策略如下:

一开始,玛丽就把餐馆定位于"非洲餐馆",特别供应尼日尔食品。餐馆名字的选择以及几种上佳鱼制品的供应,也体现了这个特色。为了保持地道的非洲风味,玛丽决定直接从尼日尔购买大部分鱼类及其他食品,并严格遵循原来的烹调配方和手艺。玛丽把餐馆装饰成典型的非洲式样:用竹制弓箭、棕榈树叶及非洲食品来装饰房屋。即使是一些餐具也是非洲原产,如盛汤用的小加拉巴木餐具。为了增强餐馆的非洲风味,玛丽为2个兼职的女招待设计了典型的非洲裙子。玛丽自己负责烹饪。为了确保食物的高质量和食材新鲜,每位顾客在进门时都被告知所有的东西都是现做,因此,可能要多等一会儿。为了保持非洲传统,还推荐顾客们用"辣椒汤"开开胃。

案例分析:伦敦尼日尔餐厅的成功之处在于充分考虑了消费者的需求,从而在快餐店占领餐饮业的市场环境下脱颖而出,找到属于自身的产品——非洲餐厅,并通过打造差异化和个性化的产品来吸引消费者,重点突出自身的与众不同,不仅具有创造性,也具有趣味性。

旅游服务产品是一个综合性的概念体系,既包括实体产品,又包括无形服务,它是在旅游活动中为顾客提供某种利益的客体或过程。顾客在旅游过程中购买的旅游服务产品是一种产品和服务的混合体。顾客所关注的并不是旅游服务产品的属性和特点,而是旅游服务产品所提供的利益,即旅游服务产品是否能满足顾客的需要、愿望。

首先,从旅游服务产品的内容来看,它主要分为核心内容、有形内容和附加内容,如图10-1所示,这三种内容共同构成了旅游服务产品体系。其不仅能够为消费者提供必需的、核心的服务,而且能够增加顾客感知价值,提高顾客满意度。

其次,从旅游服务产品组合来看,旅游消费涉及食、住、行、游、购、娱六大类的服务产品,

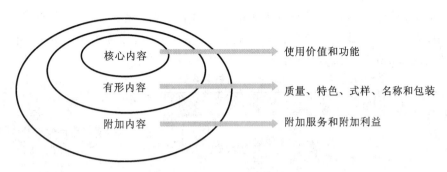

图 10-1 旅游服务产品的内容

其中每一类的服务产品又包括许多子项目,每一类服务产品的长度和深度将决定最终组合的数量,组合的数量越多,则旅游企业选择的余地越大。从旅游者的角度来看,他们会根据自身的需求来选择一部分旅游产品。因此,旅游企业需要在坚持经济效益的原则下,充分考虑顾客需求,进行旅游服务产品组合,提高顾客满意度。

2. 价格(price)

案例 10-3

走近非洲——伦敦尼日尔餐厅(二)

伦敦尼日尔餐厅的价格策略如下:

对于价格,玛丽认为应当让潜在顾客群有能力承担。她用自己和好友的收入作为基础进行了一番计算后,决定要让食品物有所值。对于其他餐馆的定价政策,玛丽并未作研究。她根据从尼日尔进口原料的成本,再加上预期收益,粗略地制定了价格,并没有一项一项地单独计算成本。这种方法最初很管用,因为她可以很方便地从尼日尔得到大部分原料。后来,由于有些原料很难得到,玛丽不得不找其他供应商,只得支付"浮动价格"。但是,玛丽也只是微调了价格。

在生意蒸蒸日上的时候,有人建议玛丽提高定价,但她不愿意改变定价,因为从1990年她就注意到竞争在加剧。仅在伦敦北部,就有四五家非洲餐馆开业。她调查了一两家,相信她的价格非常有竞争力,而且食品质量没得说。因此她不愿大幅变动价格。

案例分析:伦敦尼日尔餐厅在初期所采取的定价策略是十分简单的,仅仅考虑到从成本和收入的差异中赚取利润;而在长期发展过程中,她并没有采取提高价格以扩大利润的策略,而是在充分了解市场行情的基础上,对价格进行微调,以保持自身的竞争力。

旅游服务产品的价格是服务质量的外在反映,它为顾客传递了服务质量的信息或提供了服务差异化的说明,在服务营销组合中起到了中枢作用。价格的实现可以为旅游企业带来收入和利润,同时价格也为顾客确定了购买价值,可以起到树立服务形象的作用。本书将从旅游企业定价的目标和决定价格的因素两个方面来分析价格。如表 10-3 所示,旅游服务的特殊性使企业在旅游市场上与顾客的关系变得非常复杂,价格不再仅仅是一个标签,而是旅游企业实现营销战略的有效途径。

表 10-3 价格影响因素

定价目标		价格决定因素	
销售最大化	追求市场份额,提高竞争力,如以亏损价格销售	供求关系	价格是市场条件的信号,反映了供求关系,短期内服务需求的波动决定旅游服务的价格
利润最大化	利润最大化难以真正实现,价格有助于协调短期与长期目标	旅游服务质量	价格是质量的外在表现形式,旅游服务要注重有形和无形质量,提高顾客感知服务价值
树立企业形象	提高服务产品信誉及企业形象,助力差异化战略的实施	旅游服务内容	旅游产品组合中的幅度、深度以及连贯性、旅游服务自身的吸引力和优势都会影响价格
提高投资回报	充分考虑竞争对手价格、顾客需求,追求合理的投资回报率	旅游服务特色	特色具有稀缺性,是价格的附加物、服务的附加值;特色具有垄断性,差异化大;特色是无形的,使价格具有较大弹性
促进企业发展	不同发展阶段实施差异化定价,追求企业更长远的发展	—	—

3. 促销(promotion)

促销是通过一定手段与目标市场顾客沟通的一种形式,目的是向顾客群宣传自己的营销计划,以便让顾客更好地了解旅游企业。由于旅游服务市场竞争激烈,顾客更加分散,仅有良好的服务和销售是不够的,旅游企业还必须与顾客进行有效的交流,保持一种互动关系,这样,一方面可以发现顾客需求和偏好改变的趋势,另一方面可以向顾客介绍旅游企业服务的特点,并通过口碑宣传把有利于旅游企业的信息进一步扩散。

1)促销的目标

(1)顾客目标。

旅游企业的促销可以对顾客产生如下影响:第一,增进顾客对新服务和现有服务的认知;第二,鼓励顾客试用新服务;第三,鼓励潜在顾客试用新服务;第四,说服顾客继续购买服务而不是终止、转向竞争者,或是增加顾客购买服务的频率;第五,改变顾客需求服务的时间;第六,与顾客沟通,使他们发现与竞争对手的服务利益的区别;第七,加强服务的广告效果,吸引顾客群的注意;第八,获得关于服务如何、何时以及在何处购买和使用的市场信息;第九,鼓励顾客改变与服务传递系统的互动关系。

(2)中间商目标。

促销也可以对中间商产生影响,使他们改变现有的行为,从而实现旅游企业的营销目标。第一,说服中间商为旅游企业推销新的服务;第二,说服现有中间商努力销售更多的服务;第三,防止中间商在销售场所与顾客谈判价格。

(3) 竞争目标。

在很多情况下,旅游企业的促销是为了对竞争对手的营销策略作出回应,如对一个或几个竞争对手发起短期的攻势,或对他们的进攻进行防御。当然,旅游企业的促销也应该考虑竞争对手可能作出的反应,以便提前做好应对的准备。

2) 促销要素

旅游企业的促销组合包括以下要素:广告、个人销售、销售促进或营业推广、公共关系、口头传播以及直效营销。广告可以建立服务意识、增加顾客对旅游服务的了解,并且可以说服顾客购买旅游服务。个人销售有利于旅游企业与顾客之间建立稳定的关系,有助于企业更好地了解顾客的期望。销售促进主要针对三个群体:一是目标市场的顾客,二是中间商,三是销售力量。公共关系运用传播手段达到组织与公众之间的相互了解、相互合作的目的。口头传播是旅游企业必须加以控制的,应防止其负面作用的扩散,注意引导好的口碑的宣传。直效营销可以利用的方式包括邮购、电视导购、电话购买、互联网订购、邀请潜在的购买者参观服务演示、销售人员的走访等。

4. 渠道(place)

在旅游服务由供给者向顾客传递的过程中,所经历的线路和线路上一切活动的总和构成了旅游服务的营销渠道。对这一过程进行有效控制,可以为旅游企业营销增加机会。表10-4 所示为营销渠道的功能、分类及选择原则。

表10-4 营销渠道的功能、分类及选择原则

营销渠道的功能	营销渠道的分类	选择营销渠道的原则
(1)方便顾客购买服务 (2)提供服务信息 (3)提供可供顾客选择的服务品种 (4)传递服务信任 (5)分散风险 (6)资金融通 (7)售后服务	(1)直接营销渠道 (2)间接营销渠道	(1)效果原则 (2)控制原则 (3)适应性原则

除了传统的 4P 营销所涉及的产品(product)、价格(price)、渠道(place)和促销(promotion)以外,服务营销所包含的 7P 还涉及人(people)、有形展示(physical evidence)和过程(process)三个方面。

5. 人(people)

服务生产人员和顾客都参与到服务营销之中,他们的素质和行为以及他们两者之间的协调及配合程度,都会直接影响服务营销的效果。例如:法国尼斯一家咖啡厅的老板感觉许多客人匆匆忙忙的,对店员很没礼貌,就在价目表上开了个玩笑,点"一杯咖啡"7 欧元,点"请来一杯咖啡"4.25 欧元,而点"您好,请来一杯咖啡"1.4 欧元……结果,本来销售价格为 1.4 欧元的咖啡让顾客及服务员的心情都好了起来,营销效果显而易见。

可将服务人员分为以下几类：

1）接触者（contactor）

一线的服务生产和销售人员，他们直接参与营销活动，直接面对顾客。他们需要很好地领会企业的营销战略和承担日常的服务任务。

2）改善者（modifier）

一线的辅助服务人员，如接待或登记人员、信贷人员和电话总机话务员等。他们直接参与营销活动的程度较低，但直接接触顾客的程度较高，需要具备适应顾客需要和发展顾客关系的能力。

3）影响者（influencer）

二线的营销策划人员，如服务产品开发人员、市场研究人员等。他们直接参与营销活动的程度比较高，但直接接触顾客的程度比较低。

4）隔离者（isolator）

二线的非营销策划人员，如采购部门、人事部门和数据处理部门的人员等。他们直接参与营销活动的程度和接触顾客的程度都比较低。他们主要对一线服务人员起到支持作用（支援者），为"内部顾客"服务。他们的工作质量和行为对企业的营销业绩有较大影响。

6. 有形展示（physical evidence）

案例 10-4

屈臣氏用专业服务提升销售额

屈臣氏拥有一支强大的健康顾问队伍，包括全职药剂师和"健康活力大使"，他们均受过专业的培训，为顾客免费提供保持健康生活的咨询和建议。其商品在产品的开发和设计上都十分迎合都市年轻人，在屈臣氏购物的职员刘小姐表示，她很喜欢在屈臣氏购物，因为这里的商品都是独一无二的，而且它的洗浴护肤用品都比较便宜。

屈臣氏所提供的专业化服务是它的亮点所在，不仅能够充分满足消费者的多样化需求，还可以建立其顾客关系，提高顾客的满意度和忠诚度，从而提高产品销售量，提高产品收益，丰富产品种类，提高市场竞争力和扩大市场份额。

案例分析：屈臣氏是当代都市青年群体比较喜欢的化妆品、护肤品品牌，除了拥有性价比较高的产品以外，其人员的专业化程度和可靠性也是吸引消费者的原因之一。经过专业培训的他们，能够为顾客提供优质的护肤建议和健康生活的咨询，这无疑满足了顾客购买产品之外的其他需求，有助于建立顾客忠诚度。

服务的有形展示，又称有形线索，是指服务过程中能被顾客直接感知和提示服务信息的有形物。顾客看不到服务，但能看到服务环境、服务工具、服务设施、服务人员、服务信息资料、服务价目表等有形物，这些有形物就是顾客了解无形服务的有形线索。有形展示在服务营销中的作用包括以下几个方面。

1) 提高消费者主动性

旅游企业有针对性地提供有形展示,可以使服务现场充满新颖的、令人激动的、娱乐性的因素,如酒店建筑物外观、内部的装饰装潢等,这极大地改变了顾客的感受,使他们的虚荣心、自尊心得到满足。顾客在受到多方面感官刺激后,能感受到无形展示所能带来的好处和利益,这直接调动了他们消费服务的主动性。

2) 形成良好印象

顾客在购买旅游服务之前往往会根据服务现场的建筑物外观、内部装修档次以及服务人员精神面貌形成对服务质量的第一印象。由于旅游服务是抽象的、不可感知的,有形展示作为服务的载体,无疑是顾客获得第一印象的基础,有形展示的效果将决定顾客的第一印象。

3) 便于把握服务功能

顾客对旅游服务是否满意,取决于旅游产品所带来的利益是否符合顾客事前的预期。但是,由于服务的无形性使顾客在消费服务之前,很难对服务作出正确的理解和描述,这导致他们对服务的预期过高或者过低,不合乎实际的预期,使他们错误地评价服务质量,甚至作出负面的口碑宣传。而有形展示可以让顾客在消费服务之前,就较为准确地把握服务的特征和功能,以形成对服务质量的合理预期。

4) 增强服务信任感

旅游服务质量的高低是由多种因素所决定的,其中可感知因素是一个重要特质,而有形展示则是可感知服务内容的组成部分。有形展示如同服务产品的外包装,包装水平高则会使顾客产生对服务的信任感。因此旅游企业应意识到顾客对有形展示的感觉,增加有形展示的透明度,使顾客对旅游服务产生优质的感觉。

5) 树立旅游企业形象

有形展示如同产品的包装,是旅游服务产品的一部分,同时也是具体的、有形的传递旅游企业形象的工具,旅游企业形象或服务产品形象也属于旅游服务产品的构成成分。

6) 有助于员工培训

旅游服务营销强调员工是旅游企业的内部顾客,同外部顾客一样,他们也需要理解服务产品的特征和优点,否则在与顾客接触时,他们的表现将难以让顾客满意。所以有形展示也有助于员工更好地理解服务的特点和性质,这相当于对员工进行培训,可帮助他们在服务中提供更加标准化和灵活的服务。

7. 过程(process)

过程就是服务的生产工艺、交易手续和消费规程的总和。若采用复杂程度和变异程度两个因素来衡量,可划分出四种不同的情况(图10-2所示):①复杂程度比较低而变异程度比较高的服务过程,如理发、美容、照相等服务过程;②复杂程度和变异程度都比较高的服务过程,如外科医生的手术过程;③复杂程度和变异程度都比较低的服务过程,如超市的服务过程;④复杂程度比较高而变异程度比较低的服务过程,如酒店的服务过程,比较复杂,但比较标准化。

图10-2 过程复杂程度及变异程度分布图

（二）从 4P 到 4C

由图 10-3 可知，随着时代的进步和营销方法的日新月异，4P 策略正逐渐向 4C 策略转化：

（1）产品转化为顾客，即忘掉产品，多从顾客角度考虑；
（2）价格转化为成本，即忘掉价格，多考虑顾客愿意支付的成本；
（3）渠道转化为方便，即忘掉渠道，多从顾客方便角度考虑；
（4）促销转化为沟通，即忘掉促销，尽量多与顾客沟通。

4C 策略更多地考虑到了顾客的需求，从顾客的角度出发来实施营销，适用性更强。

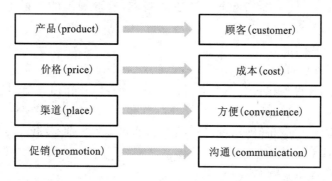

图 10-3　从 4P 到 4C 转化图

第二节　旅游服务中的关系营销

案例 10-5

常旅客计划

常旅客计划（frequent flyer program）是指航空公司向经常乘坐其航班的旅客推出的以里程累积奖励为主的促销手段，是吸引公务和商务旅客、提高航空公司竞争力的一种市场手段。

1994 年，中国国际航空公司在国内最早推出了常旅客计划和相应的知音卡。中国东方航空公司 1998 年 7 月正式推出了常旅客计划。随后，上航、厦航、南航等也相继推出了自己的常旅客计划。

航空公司为实施常旅客计划均成立了俱乐部，如"国航知音俱乐部"、"上航金鹤俱乐部"等。符合各航空公司常旅客计划要求的旅客均可申请加入该航空公司的常旅客俱乐部，并得到一张会员卡。会员通过乘坐该航空公司的航班而得到奖励积分，也可通过在该航空公司的合作伙伴，如酒店处消费而得到奖励积分。当积分累积到一定数量时，会员可用积分换取免费机票、免费升舱或者其他指定的奖励品或活动。

上海航空公司的"常旅客计划"中规定,只要飞行里程数达到一定标准,便可得到免费机票、免费升舱位等级、免费住宿宾馆等待遇。旅客只需乘坐10次上航上海至北京的航班,便可得到一张上海至北京的免费机票。而且这些累积数不会过期作废,还可转让给他人享用。上海航空公司"请"一位旅客免费打了一次高尔夫球。在某高尔夫球场练习场地,这位旅客痛痛快快地挥杆打了90个球,其交通费、打球费均由上航"买单"。表10-5所示为中国大陆各大航空公司推出的常旅客计划。

表10-5　中国大陆各大航空公司常旅客计划

	白金卡		金卡					
	国航	深航	国航	南航	东航	海航	上航	深航
联盟级别	星空联盟金卡会员	—	星空联盟金卡会员	天合联盟超级精英会员	—	—	星空联盟金卡会员	—
贵宾里程奖励	对应折扣里程50%（仅限国航航班）	对应折扣里程60%	对应折扣里程25%（仅限国航航班）	总里程30%（所有天合航班）	总里程30%（仅限东航航班）	总里程50%（仅限海航航班）	总里程30%（仅限上航航班）	对应折扣里程40%
国内航班免费升舱	N	Y（一年8次）	N	N	N	N	Y（仅限全价）	Y（一年4次）
免费休息室	Y（携带1人）	Y（携带1人）	Y（携带1人）	Y（携带1人）	Y（携带1人）	Y（携带1人）	Y（携带1人）	Y
优先办理登机手续	Y	Y	Y	Y	Y	Y	Y	Y
免费行李优惠	Y	Y	Y	Y	Y	Y	Y	Y
优先候补	Y	Y	Y	Y	Y	Y	Y	Y
优先保证座位预定	Y	N	Y	Y	Y	Y	Y	N
其他优惠	保证奖励机票座位	优先奖励机票座位	保证奖励机票座位			免费退票	里程透支	优先奖励机票座位

案例分析： 常旅客计划是一种关系营销的方法,得到免费机票、免费住宿等奖励均属于关系营销中的经济利益型营销,它主要是以经济手段来刺激和吸引消费者;而"请"顾客打高尔夫球,为其交通费、打球费"买单"则属于财务型加社交型关系营销。不同的关系营销方法有不同的优缺点,旅游企业需要在充分考虑消费者需求和意愿的前提下,实施相应的关系营销方法。

一、关系营销的概念

(一)关系营销

1. 关系营销的定义

关系营销是指以建立、维护、经营、改善、调整各种关系为核心,对传统的交易营销概念进行改革的新理论,它的核心是关系管理(而不是传统的交易管理),基础是客户关系管理,前提是有效的内部营销或内部控制。其重点是与顾客建立并保持长期关系,只要服务机构与顾客的关系能维持下去,顾客便会回头购买服务。

关系营销是各种营销重点的整合,它来源于服务营销的思想,对其他部门的营销也具有较大的应用意义。图10-4所示为营销发展的历程。

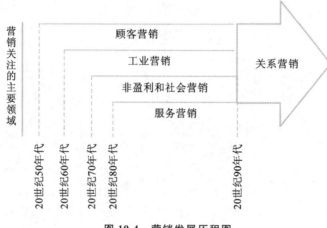

图10-4 营销发展历程图

2. 关系营销的顾客忠诚度阶梯(见图10-5)

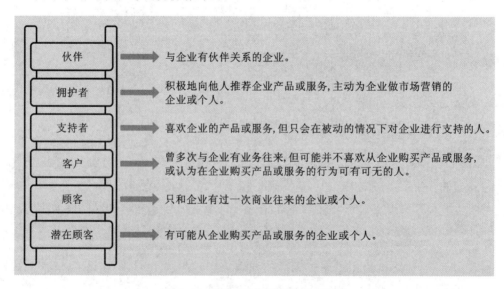

图10-5 关系营销的顾客忠诚度阶梯

(二)关系营销与交易营销

1. 关系营销观念与交易营销观念对比

交易营销观念,认为价值是企业提供的产品或服务,是生产过程的结果;关系营销观念产生于20世纪70年代,此观念认为价值是顾客在与企业保持互动关系的过程中创造出来的。两种观念的区别见表10-6与图10-6。

表10-6 交易观念与关系观念的区别

	20世纪70年代以前	20世纪70年代以后
	交易营销观念	关系营销观念
对价值的认识	价值是企业提供的产品或服务,是生产过程的结果;产品是价值的载体	价值是顾客在与企业保持互动关系的过程中创造出来的,并取决于顾客的感知
对营销活动重心的认识	如何将已经生产出来的价值通过适当的渠道分销或传送给顾客	创造而不是分销价值
营销的方法和内容	通过大量营销促使顾客购买企业产品。在这样的市场上顾客的个性被忽略了。顾客和企业彼此独立,并且存在竞争和冲突,顾客并不想买,但又被说服去购买	通过顾客与服务组织的互动关系来实现价值创造,实现价值的前提是双方的合作。在营销关系中,互动和合作存在于各个层次,无法将服务供应商和顾客截然分开,顾客是否购买取决于互动关系中双方相互影响的程度,双方不可分离,并且相互依赖

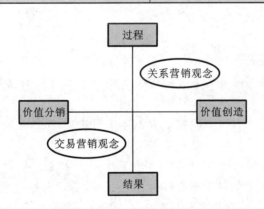

图10-6 关系营销观念与交易营销观念对比图

2. 关系营销与交易营销

交易营销是指以交易活动为中心的传统营销。交易包含在关系内。关系营销与交易营销相比,主要优势体现在长期性、互动性、过程性和价格非敏感性等特点上。

如表10-7所示,交易营销与关系营销在营销获利的期限、顾客关系时间性、营销手段和营销的重点方面均存在区别。

表10-7　交易营销与关系营销对比

比较内容	营销类型	
	交易营销	关系营销
营销获利的期限	短期	长期
顾客关系时间性	短暂,间断	长期,持续
营销手段	卖方主动	买卖双方互动
营销的重点	产出	过程

二、关系营销的特点及价值

案例 10-6

灿坤集团之"滑铁卢"

灿坤跨国集团成立于1978年,作为一家享誉全球的小家电专业制造商,其产品畅销世界100多个国家和地区,灿坤电熨斗、煎烤器两项产品的年产量均位列全球第一,咖啡机的年产量也位居世界前列。灿坤集团拥有遍布全球的国际化研发和管理团队,它是第一家股票先后在中国内地、中国台湾、美国三地上市的中国公司。然而,就是这样一家大名鼎鼎的跨国公司,却在中国内地遭遇了该公司发展历史上前所未有的"滑铁卢"。

从2003年6月到2005年7月,灿坤集团投入了大量的资金与顾客建立关系,通过构建会员的关系营销方法来吸引和留住消费者;然而,灿坤集团同时将价格战纳入到营销策略中,并通过降低价格的方式来吸引消费者,这虽然在初期取得了一定的成功,但是会员制的不完善和关系营销的不彻底,最终使得灿坤集团经历了生意场上的"滑铁卢"。

案例分析: 不彻底的关系营销使得灿坤集团的营销虽然具有关系营销的形式和外表,却没有把握关系营销的精神实质。灿坤集团虽然投入了大量资金建立与顾客的关系,却没有从这种关系中获得应有的回报。灿坤集团采用的会员制营销本来是关系营销的典型方式,却将其与价格比拼这样的交易营销手段结合起来,这使得灿坤集团无法将关系营销的理念贯彻到底。由此可见,要想真正通过关系营销占据市场份额,获取利润,就必须充分了解关系营销的内涵,正确采取关系营销的策略。

(一)关系营销的特点

1. 专注保留顾客

竞争导致争取新顾客的难度和成本上升,使越来越多的企业转向保持现有顾客。因此企业开始关注建立与顾客的长期关系,并把这种关系视为企业最宝贵的资产。美国哈佛大学商业杂志的一项研究报告指出,多次光临的顾客可以为企业带来24%~80%的利润,吸引他们再来的因素中,首先是服务质量的好坏,其次是产品本身,最后才是价格。因此旅游企业应把更多的注意力和服务资源配置在如何留住老顾客身上,一方面老顾客更容易光顾,旅游企业更有利可图。另一方面可以降低营销成本,赢得顾客,并获得持续的竞争力。

2. 产品效益取向

传统的交易营销通过突出产品的特征来实现产品的价值,更注重以销售数量来获得更大的利润。而关系营销通过提高服务产品的附加值或是服务质量,使顾客获得极大的满足,从而激发他们持续购买的动力。据研究,多次光顾的顾客比初次登门者所带来的利润更加丰厚,固定顾客数目增长5%,企业利润能增长25%。这是因为企业不但节省了开发新顾客所需要的广告和促销费用,而且随着顾客对企业产品和服务的信任度提高,还可以诱发顾客提高相关产品和服务的购买率。

3. 强调顾客服务

旅游企业想要留住顾客,就必须提供与服务承诺一致的服务质量,甚至是提供超出顾客期望的服务,因为顾客不仅看重自己所购买的服务,还看重在服务过程中所获得的体验和感受,良好的服务可以使顾客对产品产生偏爱,从而建立顾客忠诚。

4. 高度接触顾客

关系营销的核心是与公众建立良好的关系,这从本质上要求旅游企业致力于人际传播,即与顾客之间的信息沟通、思想理解和情感交流。要使顾客满意,留住顾客,旅游企业必须掌握顾客需求的信息。

信息技术为关系营销接触顾客创造了条件,旅游企业可以通过数据库保存大量顾客的信息,更好地为顾客提供服务,在此基础上,与顾客建立感情纽带。网络技术可以把旅游企业与供应商、代理商以及其他相关顾客紧密联系起来,提高整体运作效率,降低沟通成本。此外,旅游企业还可以利用其他各种渠道主动接触顾客,与他们沟通,不仅要关注自己的利益,更要注重顾客的利益,在二者之间保持相对平衡,可以使双方都得益,从而有效实现旅游企业关系营销的目标。

5. 注重高质量服务

旅游企业的服务质量是一个综合的服务体系,不仅包括对顾客的服务质量,还包括对员工的服务质量、推荐市场顾客的服务质量、供应市场顾客的服务质量以及影响市场顾客的服务质量、招聘市场顾客的服务质量。对顾客的服务质量是其中的核心,但对其他顾客的服务质量也会影响对顾客服务质量的输出。因此,旅游企业应当把服务质量看作是一个系统,正确处理好各方面的关系,以树立稳定、高效的服务质量形象,为旅游企业带来持久的竞争力。

6. 关系营销的优点

(1) 长期性。交易营销追求短期的一次性获利,关系随着与顾客交易的结束而结束,即"银货两讫"。关系营销追求长期的利益和关系维持,关系随着交易的结束而开始,而且这种顾客关系是可持续的,伴随顾客终生。

(2) 互动性。营销者与顾客之间是互动的关系,双方通过互动而影响对方的行为。

(3) 过程性。交易营销是结果营销,关系营销是过程营销。

(4) 价格非敏感性。在一般交易营销活动中,价格是一个重要因素,顾客对价格的敏感性高。关系营销对价格在顾客购买行为过程中的角色进行了新的注解。在关系营销中,关系作为价格以外的一种利益存在,可以平抑交易双方对价格的敏感心理。

(二)关系营销的价值

1. 对顾客的价值

感知价值代表了顾客对"得到"和"付出"的衡量。假如顾客能够从服务组织得到更多、付出更少,顾客将会保持对该组织的忠诚。

1)信任利益

它包含了信任感和对服务供应商的信心,是一种减少焦虑和对服务结果较有把握的舒适感觉。服务的无形性和极大的感知风险使顾客不愿意轻易更换服务供应商。

如果现有的服务供应商了解顾客的需求和偏好,并长期为满足顾客需求而提供定制化服务,那么顾客就愿意维持这种关系,避免将宝贵的时间耗费在不断更替和选择新的服务供应商上。

2)社会利益

经过长期往来,顾客可能会同其他服务者(如私人医生、私人律师、经纪人)形成一种家庭式的感觉,同时建立起牢固的社会关系。这种感情使顾客很少更换服务供应商,即使他们听说一个竞争者可能提供更好的服务或更低的价格。

在一些顾客与服务组织长期的关系中,一位服务提供者实际上可能成为消费者的社会支持系统的一部分。理发师、个人法律顾问、私人心理咨询师、演艺经纪人等服务者常常可以成为顾客的知心朋友,认识其家庭成员,了解其个性化服务需求。通过这些关系形成的社会支持利益对于提高顾客的生活质量非常重要,甚至达到或超过服务所提供的技术利益本身。

3)特殊对待利益

特殊对待包括获得特殊的交易价格或得到优先接待等。比如航空公司给经常飞行的旅客提供常客奖励,并允许这些顾客使用其贵宾候机室;又如银行向重要的老顾客优先提供服务。研究者发现,相对于信任利益或社会利益,特殊对待利益对顾客而言并不是最重要的。例如顾客长期光顾某一度假会所,主要是因为他对该会所的服务品质具有信心,并且和服务人员私交很好,而优惠的价格和优先的结账则属于相对次要的原因。

2. 对服务组织的价值

维系顾客关系的核心是让顾客满意,一位高度满意的顾客会与服务组织保持长久的关系,并给服务组织带来以下利益。

1)增长的收益

(1)顾客重购。

当顾客逐渐相信现有的服务供应商比竞争者更让自己满意时,他们将会增加购买的频率,把更多的业务给现有的供应商。如沃尔玛、中国电信、银行等服务组织高度依靠客户重购,他们运用各种策略促使顾客不断地到沃尔玛购物或不断地打电话。

(2)购买升级。

随着顾客的不断成熟(比如在年龄、生活经历、业务增长等方面),他们会不断要求更多的特别服务。长期顾客不像新顾客一样对价格敏感,他们甚至会提高购买的等级。例如一位顾客在上海通用公司购买了一辆10万元的赛欧轿车,通用公司经常跟顾客联系并保持关系,在三五年之后,当顾客购买力提高需要对汽车更新换代时,他很有可能购买一辆价值30万元的别克轿车。

(3)交叉销售。

沃尔玛超市将一些相关产品(如速冻水饺、辣椒酱和醋)搭配在一起陈列,这事实上就是交叉销售。又如通用汽车的4S经销店整合了整车销售、服务、零件供应和信息反馈四种功能,在与顾客交往的过程中,经销店可以利用顾客信息,不断发掘顾客的各种需求,开展交叉销售。比如顾客买了一辆吉普车,经销商可以劝说顾客花点钱进行改装,加宽轮胎、增加装饰等。经销商还了解到顾客喜欢外出摄影,就为其介绍摄影俱乐部。

2)更低的成本

开发新顾客需要许多启动成本,包括广告和其他促销费用、设置账目和系统的运作费用、了解和熟悉顾客的时间和人力成本。从短期看,这些初始基本费都会超过从新顾客那里获得的销量收入。保险业就是一个很好的例子,典型的情况是直到与顾客建立关系3~4年后,承保人的保险费才可以抵偿保险公司最初的销售成本。所以,从利润的角度出发,新顾客最初投资发生后与其保持良好的关系是非常有意义的。

维系现有关系的费用从长期看可能会下降。经过相互接触和学习,顾客逐渐熟悉服务过程和服务人员,交易趋于惯例化,由陌生导致的询问、麻烦和失误减少。提供服务的成本会更低。长期顾客会忽视竞争者的品牌和广告,企业花在他们身上的相关成本也会降低。

3)正面口碑和推荐

满意的顾客一般会为服务组织做正面的口头传播,这种形式的传递比任何形式的付费广告更有影响力,并且是免费的。例如,星巴克咖啡店最重要的信息传播渠道是分店本身,而不是广告。如果产品与服务不够好,打再多的广告,也只会让客人看到负面形象。星巴克不愿花费庞大的资金做广告与促销,而将本来用于广告的支出用于员工的福利和培训,使得每一位员工都有最专业的知识与服务热忱。星巴克的员工犹如咖啡通一般,可以对顾客详细解说每一种咖啡产品的特性。通过一对一交流的方式,赢得信任与口碑。

相对于通过价格促销和新广告攻势获得的顾客,那些被介绍来的顾客往往会成为更优质的顾客,不管是在带给服务组织的盈利上还是在忠诚度上。正面态度还反映在顾客主动向服务组织提出改进产品或服务的建议,或者在出现失误和感到不满时坦诚相告,这些建议或抱怨对服务组织都是非常宝贵的信息。

4)保留员工

保留顾客的间接利益是保留了员工。当一家公司拥有一个满意的顾客基础,保留员工就显得容易多了。人们更愿意为一家让顾客忠诚并感到愉快的组织工作,他们的服务会令自己产生成就感,他们能够花费更多的时间来培养顾客关系而不是争夺新顾客,顾客也会更满意从而成为更忠诚的顾客,这就形成一个良性循环。雇员的工作年限延长,员工的变动成本减少,公司的服务质量得到稳定的提高,顾客和熟悉自己的服务人员交往,产生了更高的满意度和更频繁的消费,这便给公司带来了更多的利润。

三、关系营销的实施策略

案例 10-7

"淘点点"送红包

大学附近很多实体店铺都进驻淘宝，开展网上销售业务和促销活动。

每周二中午的时候线上开展满100送30元红包，满30送10元红包等活动，红包要在下一次消费的时候才能抵现。某大学水果店附近公寓的很多女生参与了此活动，如果是用支付宝支付100元，但没有买够100元水果的，可以记账下次再来消费余款。红包使用也有期限，必须在规定的日期内使用，不然就作废了。因此，很多女同学每周都会去买水果，然后等到下周二再次参与线上活动，获得红包，如此循环。女生喜欢吃水果，红包也能抵现，对于学生来说，这个活动很给力、很划算，他们都乐此不疲。

案例分析：淘点点"满×送×"活动中的红包相当于优惠券的性质，按照规则，本次送的红包第二次消费时才能使用，这就无形中锁定了部分获得红包的消费者优先选本店进行再次消费。每周二推出一次红包活动，红包又有使用期限，顾客通过参与活动可以获得可观的优惠，它是通过给予一定的优惠来维持顾客关系的有效循环机制。

（一）关系营销的层次

根据旅游企业培养顾客忠诚方式的不同，可以将关系营销分为由低到高的三个级别：经济利益型、经济利益加社交型以及结构型，级别越高，对旅游企业的潜在要求也越高。

1. 经济利益型关系策略

经济利益型关系策略是指服务机构用经济利益建立和保持顾客关系，这种关系被视为财务纽带(financial bond)，例如，批量价格优惠和老顾客价格优惠等；积分消费的兴起，各种积分卡的使用。

泰航2004年在厦门推出全球里程奖励计划。在该计划的诸多奖励中，最诱人的是：只要从厦门出发，乘泰航的班机往返5趟欧洲，就可以获得一张免费厦门—欧洲的机票。

2. 经济利益加社交型关系策略

经济利益加社交型关系策略是将经济利益和社交手段结合起来用于建立和保持顾客关系，这种关系可被视为一种社交联系(social contact bond)。如"××音响沙龙"、"××用户之友"，网上B2C营销中的"××社区"等。这一策略在层次较高和专业性较强的服务业中较为普遍使用，如医疗、律师事务、学校、美容等。这类服务业的顾客因不懂专业容易产生怀疑，而人际交流可以消除或减轻顾客的怀疑心理。

社交型关系营销的主要优点是：一家服务机构设计的社交关系，较难被竞争对手所模仿。因此，社交型关系的竞争优势持续的时间比经济利益型关系要长，既可以获得短期的营销效果,又可以获得中长期的营销效果。

3. 结构型关系策略

> **案例 10-8**
>
> **银行的 VIP 服务**
>
> 沈阳建设银行、招商银行率先推出囊括各种特殊服务的银行 VIP 俱乐部,银行 VIP 俱乐部的成员可以享受银行为之提供的衣、食、住、行各种优待服务。
>
> 建设银行 VIP 俱乐部的成员分为两种,一种是总行级的,要求客户在银行的资产达到 50 万元以上;第二种是省行级的,要求客户在银行的资产达到 30 万元以上。
>
> 招商银行则将 VIP 俱乐部成员的准入门槛设在 50 万元,俱乐部的主题就是让客户"感受财富带来的快乐"。
>
> 尽管"VIP 俱乐部"的准入门槛在 30 万~50 万元左右,但实际成员往往都是身家百万、千万的富翁。
>
> 银行搜索这些 VIP 客户主要是通过客户信息库,这也是目前银行获取 VIP 客户的普遍方式。通过分析,银行对重点客户进行动态跟踪和实时监测,寻找并计算银行客户价值,锁定特定客户群,提供全方位的服务来留住客户。"VIP 俱乐部"是一个行之有效的方法,能使银行与创造利润的优良客户建立长期关系。
>
> **案例分析:**"20%的客户创造 80%的利润",这充分说明了大客户对于一个企业、一个公司发展的重要性。大客户才是企业为自己的未来正确地投入时间、金钱及资源的客户,也是企业创造利润的关键,这就是银行为何如此绞尽脑汁,甚至自掏腰包为大客户打造如此细致服务的真正原因。

银行 VIP 俱乐部体现的是结构型关系策略,有助于银行和 VIP 客户维持长期相依的关系;同时,银行 VIP 俱乐部内更是一种平台,在那里,俱乐部成员可参与银行组织的各种主题活动,交流投资心得、发现投资机会等等。对俱乐部成员而言,俱乐部既是财富的象征,同时也是极好的资源平台,这体现的是社交型关系策略,有助于保持银行 VIP 俱乐部成员的稳定性。

结构型关系策略是在经济利益加社交型关系策略的基础上,再加上结构型关系,就是将经济手段、社交手段和结构手段结合起来用以建立和保持顾客关系。

结构联系(structural bond),是指将顾客整合到服务过程中,使服务机构与顾客两者间产生结构性的相依关系。结构手段或整合手段,通常是技术性手段,而且往往是某家服务机构特有的手段,因此,结构型关系营销策略是竞争对手最难以模仿的关系营销策略。服务机构与顾客的结构性相依赖的关系也难以被竞争对手轻易打断。与经济利益型、社交型关系营销相比,结构型关系营销所建立竞争优势的可持续时间最长。

(二)维系关系的策略

图 10-7 所示为维系顾客关系,保留顾客策略的层次图。

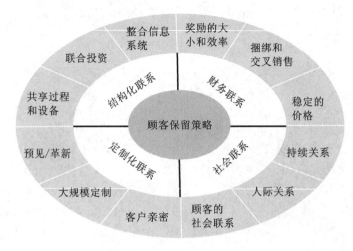

图 10-7　保留顾客策略的层次图

1. 建立财务联系

建立财务联系指服务组织制定价格优惠政策与顾客建立财务联系,它主要包括频繁营销计划、捆绑和交叉销售、俱乐部成员计划。

1) 频繁营销计划

频繁营销计划(frequency marketing programs,FMPs)就是向经常购买或大量购买的顾客提供奖励。频繁营销计划体现出 20%的公司顾客完成了 80%的公司业务这一事实。美国航空公司是首批实行频繁营销计划的公司之一,在 20 世纪 80 年代初期,它决定对其顾客提供免费里程行用服务。接着,旅馆也采用了这种计划,Marriott 旅馆推出了荣誉贵宾计划,常住旅客在积累了一定的分数后,就可以享受上等客房或免费房。很快,汽车租赁公司、电信公司、银行、连锁百货等也推出了频繁营销计划。信用卡公司开始根据信用卡的使用水平推出积分制。

2) 捆绑和交叉销售

服务的捆绑和交叉销售也是建立财务联系的途径。在中国移动实施的频繁用户计划中,电信公司的奖励与酒店连锁、汽车租赁、美容健身等服务的消费联系在一起。由于累计的电话通话时间可以换取其他公司的服务或产品,顾客能够享受以其忠诚交换来的更大的财务利益。类似的,DISNEY 公司为其常客提供各式各样的捆绑利益:主题公园、水上乐园、餐馆、商店购物等。

3) 俱乐部成员计划

为了与顾客保持更紧密的联系,许多服务组织建立了俱乐部成员计划(club membership programs)。俱乐部可能是开放的,顾客可以因购买而自动成为该公司的会员,如一些超市、酒店或书店。开放式的俱乐部在建立数据库或者从竞争者那里迅速争夺顾客方面具有优势。俱乐部也可能是限制式的,顾客必须购买一定的产品或服务、支付一定的会费或具备一定的资格才能成为会员,如一些高档的高尔夫会所、健身俱乐部、美容连锁店等。限制会员资格的俱乐部在使顾客长期保持忠诚方面更强有力,费用和会员资格条件阻止了那些对公司的产品或服务暂时不感兴趣的人加入,并吸引和保留了那些带来最大一部分生意的顾客。

2. 建立社会联系

社会联系指服务组织的员工了解顾客个人偏好,以定制化服务满足个体的需求。从而增加顾客的社会利益。

3. 建立结构化联系

结构化联系是通过为顾客提供特别设计和度身定制的服务传递系统,或使服务组织和顾客之间产生结构性的相依关系而形成的。

延伸阅读　　金牌推销员的关系之道

乔·吉拉德,是吉尼斯世界纪录大全认可的世界上最成功的推销员,从1963年至1978年总共推销出13001辆雪佛兰汽车。乔·吉拉德可以说是世界上最伟大的销售员,连续12年荣登世界吉尼斯纪录大全世界销售第一的宝座,他所保持的世界汽车销售纪录:连续12年平均每天销售6辆车,至今无人能破。他为什么能创造这个奇迹呢?那是因为他善于关系营销。

1. 注重长期的营销,建立与顾客的关系

许多人把推销当作一次性的活动,赶紧把产品推销给顾客,之后最好就不要再联系,免得给自己添麻烦,而乔·吉拉德却认为推销是一个连续的过程。"真正的推销开始于签单之后",这是乔·吉拉德的信条。乔·吉拉德在与自己的顾客完成交易之后,并不是把他们置于脑后,而是继续关心他们,并恰当地表示出来。他每月要给他的万名顾客寄去一张贺卡,而且节假日的时候也不忘对客人送去问候。他追求长期的关系维持和利益,通过这些"小动作",他获得了许多忠实顾客。关系随着推销活动的结束而开始,这正是关系营销的一大特点。

2. 经济利益型关系策略——有偿推荐顾客

在生意成交之后,乔总是把一叠名片和猎犬计划的说明书交给顾客。说明书告诉顾客,如果能够介绍别人来买车,成交之后,每辆车会让介绍人得到25美元的酬劳。几天之后,乔会寄给顾客感谢卡和一叠名片,以后每年这位顾客都会收到乔的一封附有猎犬计划的信件,提醒他乔的承诺仍然有效。乔·吉拉德通过猎犬计划,与顾客建立财务关系,不仅保持了与老顾客的联系,建立良好的口碑,同时还获得了新顾客。而他的顾客也很乐意获得这笔额外的收入。1976年,该计划为乔带来了150笔生意,约占其总交易额的三分之一。乔付出了3750美元的费用,却收获了75000美元的佣金。

3. 社交关系策略——关注每一个细节,更多地了解顾客

刚开始工作时,乔把搜集到的顾客资料写在纸上,塞进抽屉里。后来,有几次因为缺乏整理而忘记追踪某一位准顾客,于是他开始意识到自己动手建立顾客档案的重要性。他去文具店买了日记本和一个小小的卡片档案夹,把原来写在纸片

上的资料全部做成卡片,建立起了他的顾客档案。所有这些资料都可以帮助他接近顾客,使他能够有效地跟顾客讨论问题。同时,他真心对待顾客,用倾听、微笑赢得顾客的好感,使顾客心情舒畅。

 实践活动

随着日本游客,尤其是商务游客大量涌入美国,美国四季度假酒店为在竞争中获得优势,重新制定了一系列的服务营销措施。
(1) 安排日语流利、有丰富经验的专职对日服务人员。
(2) 在客人入住后,总经理立即派人送上有其亲笔签名的欢迎卡。
(3) 提供当地的观光旅游指南和地图。
(4) 为商务游客设置商务设施。
(5) 根据日本客人的习惯,提供舒适的家居便服。
(6) 让员工熟悉日本文化。
思考题
1. 四季度假酒店的哪些措施体现了服务营销组合中人员这个要素?对人员进行管理的意义何在?
2. 四季度假酒店的哪些措施体现了服务营销组合中"有形展示"这个要素?

第十一章

旅游企业竞争策略与服务创新

本章导读

市场经济条件下,服务行业竞争日趋激烈,竞争环境具有一定的特殊性,进入门槛相对较低:服务创新缺乏专利保护,在大多数情况下,服务业的资本进入门槛低,新的竞争对手比较容易进入。难以形成经济规模:许多服务都分散在不同地点,为某一特定区域提供服务,通过共享采购和广告很难形成规模经济。服务需求无规则性:很多服务需求在每天以及每天的不同时间都不一样,而且几乎是随机的,规律性差。如何在这种竞争环境下保持优势,赢得顾客,留住顾客,最终取得高于行业平均水平的收益,是本章要讨论的主要内容。

学习目标

1. 知识目标:通过本章学习,理解并掌握服务竞争、服务创新等核心概念、内容及其特征,了解一般竞争策略、服务竞争策略的内容,学习服务创新在旅游业中的应用。

2. 能力目标:在理论基础和案例学习的基础上,自主分析现实旅游发展中的服务竞争与服务创新应用。

案例 11-1

"只有你想不到,没有我做不到"

海底捞,2008年至2012年连续5年荣获大众点评网"最受欢迎十佳火锅店"。在火锅品牌百家争鸣的今天,海底捞一直保持着较高的知名度和上佳口碑。探究其成功的秘诀,超出顾客想象力的完美服务正是关键所在。

走进任何一家海底捞店,在等候区,顾客能免费使用棋牌和儿童乐园,享受擦鞋、美甲等服务;在就餐区,每桌有一位专职服务人员会及时为顾客递上手机套,为长发女士提供橡皮筋,为戴眼镜的顾客提供眼镜布;在洗手间,会有专职服务人员为顾客开水龙头、摁洗手液、递毛巾、提供美容美发护肤品等。也许你只是打了一个喷嚏,海底捞的服务人员就会为你送上特质姜汤;也许你只是象征性地问问有没有冰淇淋,海底捞的服务人员就能为你去买可爱多;也许你只是想给宝宝找个座椅,海底捞的服务人员就能为你送来婴儿摇床。

秉承"服务至上,顾客至上"的服务理念,海底捞始终"比别人多做一点点"。想顾客之所想,想顾客之未想;做顾客之所想,做顾客之未想。海底捞用它完美的服务态度诠释着什么是"只有你想不到,没有我做不到"的服务,并凭此异军突起,成为中国火锅界的佼佼者。

案例分析:在服务行业,"火"一时容易,想要当常胜将军却并不简单。只有不断完善服务内容,提高服务水平,善用服务竞争策略,坚持服务创新才能成为行业真正的佼佼者。

第一节 服务竞争的内涵

一、服务竞争的概念

当今社会,我国已经形成了买方市场特征,即市场产品供给过剩,供过于求,顾客掌握着市场交易的主动权。

同时,经济全球一体化与服务经济时代的到来,使企业间的竞争重点正逐渐转向新的战场——服务顾客。新市场环境正鞭策着国内各企业从更高层次上研究顾客的消费心理和行为,满足顾客逐渐升级的消费需求,以提高市场占有率。这种全新的竞争形式即服务竞争。

服务竞争是指各个竞争主体,通过为消费者提供各式各样的服务来争夺市场、提高企业的商品销售率和利润率,使企业持续发展并获取经济、社会效益的手段。其核心是为满足顾客需求、提高顾客对产品的满意度而进行市场竞争。

二、服务竞争的内容

（一）服务内容竞争

服务内容是指为消费对象提供哪些服务以及服务的级别和标准，是服务竞争的基础。服务内容包括生产性服务和消费性服务。

1. 生产性服务

生产性服务是市场化的非终端消费服务，是作为产品或服务生产的中间环节的服务，是面向生产的服务，具有专业化程度高、知识密集的特点。生产性服务属于制造业范畴，将生产、制造行为本身作为一种服务。典型的生产性服务包括以法律、会计、管理咨询、工程、测量为代表的专业服务；以电讯、电影、广告与市场研究、信息技术服务等为代表的信息和中介服务；以银行、保安、保险、风险投资、债务市场、基金管理为代表的金融保险服务；以会展、进出口贸易、航空运输、海上运输、快件等为代表的贸易相关服务。

2. 消费性服务

消费性服务是人类劳动提供的，用以满足人们物质和文化生活消费需要的有用活动。消费性服务包括为了人们有效地消费物质资料而提供的服务，或作为人们消费的直接对象的消费性服务。

（二）服务态度竞争

服务态度就是指服务者为被服务者服务过程中，在言行举止方面所表现出来的一种神态。它是顾客获得精神需求满足、感知服务质量的关键内容。良好的服务态度主要表现在以下方面。

1. 认真负责

即急顾客之所需，想顾客之所求，认认真真地为顾客办好每一件事，事事给顾客一个圆满的结果或答复；即使顾客提出的服务要求不属于自己岗位的内容，也主动与有关部门联系，切实解决顾客疑难问题，把解决顾客之需当作工作中最重要的事，按顾客要求认真办好。

2. 积极主动

即"自找麻烦"，自觉把服务工作做在顾客提出要求之前，做到处处主动，事事深思熟虑，方方面面为顾客提供方便。

3. 热情耐心

即待客人如亲人，面带笑容，态度和蔼，语言亲切，热情诚恳。不管服务工作多繁忙，压力多大，都保持不急躁、不厌烦，镇定自如地对待顾客。顾客有意见，虚心听取，顾客有情绪，尽量解释，决不与顾客争吵、发生矛盾。要严于律己，恭敬谦让。

4. 细致周到

即善于观察和分析顾客的心理特点，懂得从顾客的神情、举止发现顾客的需要，正确把握服务的时机，服务于顾客开口之前，服务效果超出顾客的期望，力求服务工作完善妥当，体贴入微，面面俱到。

5. 文明礼貌

即衣冠整洁，有较高的文化修养，语言健康，谈吐文雅，举止端庄，待人接物不卑不亢，尊重不同国家、不同民族的风俗习惯、宗教信仰和忌讳。"细节决定成败,态度决定一切",良好的服务态度不仅可以赢得顾客的满意和信任,更能为企业创造良好的口碑效应,获得在竞争中的优势地位。

(三)服务方式竞争

服务方式是指为顾客提供服务的形式、劳务工具和手段等的统称。服务方式可分为若干类型。

1. 按服务时间划分

服务方式可分为长期、中期、短期服务。长期服务方式指从消费者购买本企业商品开始,直到该商品使用价值消失为止的全过程都将为购买者提供服务,也叫终身服务。中期服务则是一个相当长的服务时间,如该商品平均寿命为六年,要为其服务三四年。短期服务则指时间较中期服务更短的服务。

2. 按服务手段划分

服务方式可分为手工服务、普通服务和现代化服务。手工服务是一种劳动密集型的服务;普通服务是一种大众型服务或中间型服务方式;而现代化服务是以现代化的先进服务方式、现代化的服务设备、现代化的服务技术,如运用电脑、现代通讯技术等为消费者提供的服务。

3. 按服务周期划分

服务方式可分为定期服务和非定期服务。定期服务是指以条约方式固定下来的服务,使用本企业商品的顾客,可在规定时间内享受规定次数的服务;不定期服务则是根据本企业的现有条件来为消费者服务,其服务内容、手段和时间由商品供求双方决定。

4. 按服务次数划分

服务方式可分为一次性服务和经常性服务。一次性服务是指消费者在使用本企业商品的全过程中,只提供一次服务,其余的服务需另行商定,一般是另附服务条件。经常性服务方式则是根据商品状况和用户要求,按条文规定的内容进行服务。

5. 按服务阶段划分

服务方式可分为售前、售中、售后服务。售前、售中、售后服务则是在销售前、销售中、销售后,根据预先规定的项目进行服务。

不同产品、不同目标群体具有不同的服务消费需求。只有根据市场的具体情况,选择合适的服务方式并不断修正不恰当的服务方式,才能更好地满足顾客需求,凸显优质服务,获得服务竞争优势。

(四)服务范围竞争

服务范围就是为消费者提供服务的空间广度和深度。服务范围主要决定于服务网络及服务网点的多寡。网络布置合理,不仅可以提高服务质量、增强竞争能力,而且还可以节约成本。

(五)服务价格竞争

服务价格是指提供劳务或以提供劳务为主所收取的费用,又称劳务收费。它不是单纯出售实物,而是以一定的场所、设备、工具和劳动提供某种服务的收费,是服务价值的体现。在当代社会里,价格始终是竞争成败的主要因素之一。商品是"不值一钱",还是"物美价廉"亦或是"物超所值",都直接影响着顾客的购买行为,因此,合理的服务价格也是服务竞争的关键所在。

(六)服务效益竞争

服务效益是指提供服务劳动的投入与产出之比。服务效益竞争是企业整个服务竞争的宗旨和目的,因为没有效益,企业就不可能生存和发展,效益越好的企业发展越快,该企业在激烈的竞争中就会取得服务竞争优势。

综上所述,服务内容竞争、服务态度竞争、服务方式竞争、服务范围及价格的竞争,归根结底就是为了提高服务效益。

三、服务竞争的特征

服务竞争具有顾客导向性、无形性、从属性、差异性与艺术性特征。

(一)顾客导向性

服务竞争始终以满足消费者需求为先决条件,否则无法达到一种成本适当、准确、高效的服务标准。这要求服务竞争始终以满足顾客需求、增加顾客价值为出发点,注重顾客的消费能力、消费偏好和消费行为。

(二)无形性

服务竞争与商品竞争不同,商品竞争表现为商品的形态、款式、包装、数量、质量以及价格,这些都是有形的东西,而服务质量不是由服务人员的数量、组成结构、服务价格而决定的,其重要影响因素包括服务态度、服务方式、服务项目等,它们与服务行为同时发生,又同时消亡,是一种无形的行为。各竞争主体只有把握生产力发展水平、市场行情及消费者的需求和心态等一系列无形因素,才能改进服务方式,提高服务技能,不断丰富和拓展服务内容和服务范围,才能在激烈的企业竞争中取胜。

(三)从属性

服务竞争处于从属地位,它必须依附在商品或服务劳动上,不能脱离有形产品独立存在。例如,服务竞争只能为扩大本企业商品的销售范围、争夺更多的消费者创造条件,最后通过商品质量改善、款式创新、价格降低等"真枪实弹"的商品竞争获取竞争优势。一旦顾客服务竞争脱离了有形产品的基础,将无的放矢,不能提高整体产品的竞争能力。

(四)差异性

在服务竞争中,竞争的方式、内容和价格,都因商品的品种、规模不同而发生变化,很难有固定的模式。例如大型企业与小企业服务的方式、内容是完全不同的,前者可以通过大量广告宣传,或"三包"服务,来吸引顾客;而一些小企业则不宜如此,在服务方面只能增设服务网点,增加销售服务人员。一些大型企业,可以采用一些现代化的销售方法,例如广播销售法、电脑选购法等;而小型企业就应根据自身条件,采用适合自己条件的办法,如代销法、大小搭配销售法、摊点销售法、示范销售法等。

（五）艺术性

服务竞争本身就具有艺术性。例如，某企业借用实体宣传广告或电视广告来宣传自己的商品，那么该企业的广告就要在听觉、形象上具有吸引力，这种吸引力对不同的商品、不同的消费对象是有很大区别的，不能千篇一律、生搬硬套，需要有立体感、动态感、时代感、新鲜感，才能吸引消费对象。

第二节 一般竞争策略与服务业竞争策略

一、服务企业一般竞争策略

根据"竞争战略之父"迈克尔·波特的观点，有三种提供成功机会的基本竞争策略，能够使企业成为同行中的佼佼者。

（一）成本领先策略

案例 11-2

西南航空——低成本造就高收益

20世纪90年代，西方经济进入衰退期，美国航空业因此受到极大影响。1991年和1992年两年，美国航空公司的赤字总额累计达80亿美元。曾经盛极一时的TWA、大陆、西北三家航空公司均因经营不善而宣告破产。但一家名叫西南航空公司的小企业却在一片萧条气氛中异军突起，并在1992年取得了营业收入增长25%的令人难以置信的佳绩。

西南航空公司的成功正是得益于其成本领先战略。为了维持运营的低成本，西南航空公司采取了多方面措施，如在机型上，该公司全部采用节省燃油的737机型；公司在人员培训、维修保养、零部件购买上均只执行一个标准，大大节省了培训费与维护费；航班上只为顾客提供花生和饮料而不提供餐饮服务；使用可反复使用的登机卡等。

以休斯顿至达拉斯航线为例，西南航空的单程票价为57美元（1987年），而其他航空公司的票价为79美元。为了降低成本，西南航空在服务和飞机舒适性上做了些牺牲。但是，只要质量可靠、安全，服务不是太差，顾客是乐意接受低价格的。短航线、低成本的西南航空迅速在民航企业中脱颖而出，抢占市场，成为真正的市场大赢家。

案例分析：保持成本水平的领先地位能使企业在价格相仿的条件下享有行业平均水平以上的利润，从而使企业在同行竞争中处于有利地位。在很多航线上，西南航空的超低价格，使其在市场低迷的环境中占领了市场，获得了优势。

成本领先策略要求企业积极地建立起达到有效规模的生产设施,全力以赴降低成本,严格控制成本与管理费用,最大限度地减少研究开发、服务、推销、广告等方面的成本费用,从而使成本低于竞争对手,获得高于产业平均水平的收益。低成本也意味着提高进入壁垒,相对于替代产品增强了竞争优势。

(二)差异化策略

案例 11-3

独一无二的送货服务

从台湾移民至加拿大的李先生,在买了别墅后与家人一起去华人街采购家具,可能是他们的穿着太随意了,显得没有实力,连续逛了两家华人店,都备受冷遇,李先生感到很郁闷,抱着试试看的心理进了第三家店。这次是外国人开的店,李先生的问题与在之前两家店是一模一样的,只是换了外文,老板并没有直接带他们去看家具,而是请他们坐下来,泡了咖啡,详细询问了需求,并马上准备了资料,然后带他们去看了样品,报价,虽然价格略高,李先生还是毫不犹豫地交了定金,并约定第二天送货。

第二天一大早,老板就来电确认主人是否在家,送货车在约定的十点准时到达,确认家具全部在二楼使用后,工人取出了一大捆厚地毯,并一直铺到二楼,同时在一楼客厅放了一块特制的厚布,然后把家具放在厚布上面包裹好运到二楼,他们还带了吸尘器和水桶,确认好家具的摆放后,用吸尘器和抹布把地面整理干净,把家具放好,再把所有琐碎的杂物全部带走,屋里整洁一新、一尘不染,就好像工人从来没有出现过一样。李先生的小女儿放学回家后,高兴地又蹦又跳,突然她大叫,妈妈,这有花,他们进去一看,是一盆鲜花,藏着一张小卡片,上面写着:愿这张床的主人,每天都有好梦。

案例分析: 商品与服务是企业取得竞争优势的法宝。只有既给顾客创造价值,又给顾客带来满意、专业、与众不同的服务感受,才能获得利益的最大化,这就是所谓的得人心者才能得天下。

差异化策略是指企业提供的产品或服务具有差异化,形成一些在全产业范围中具有独特性优势的产品或服务。实现差异化策略有很多种方式,例如产品设计或品牌形象、技术特点、外观特点、客户服务、经销网络等的独特性。

随着经济的高速发展,商品种类越来越多,同质化问题越来越严重,"进一店而知千店"的现象屡见不鲜。此时,差异化策略使企业所经营的产品或服务具有与众不同的特色,在竞争中处于有利地位。同时,由于博得了一部分用户的信任,同行业的现有企业、新进入者和替代产品都很难在这个特定领域内与之相抗衡。

(三)专一化策略

案例 11-4

猫咪主题咖啡店开业　小猫"店员"萌翻顾客

全美第一家猫咪主题咖啡店于 2014 年 4 月 24 日至 4 月 27 日在纽约曼哈顿中国城的包厘街(Bowery)营业,虽说它只是一家短暂营业的快闪店,却受到了无数爱猫人士的欢迎,人气火爆。在这里,你能和猫咪一起玩耍,品尝一杯带有猫咪雕花图案的卡布奇诺。这家喵星人快闪咖啡店还邀请了专家分享猫咪健康与行为的知识。更令人惊喜的是,你还能将其中的萌猫咪领养回家。

这家猫咪主题咖啡店开张后受到爱猫人士的狂热追捧,爱猫人士纷纷表示为了一睹小猫"店员"的风采,一定要去给猫咪主题咖啡店捧场。

专一化策略是主攻某个特殊的顾客群、某产品线的一个细分区段或某一地区市场。采取专一化策略的公司,其业务的专一化能够以高的效率、更好的效果为某一狭窄的消费对象服务,从而超过在较广阔范围内竞争的对手们。

不同于前两种竞争策略,专一化竞争策略把力量集中为某些特定的用户服务,或重点经营产品品种中的特定部分或市场中的特定层面,并寻求对特定对象的良好服务,它可以是低成本的,也可以是具有某种特色的,或两者兼有。

二、影响服务竞争策略制定的因素

服务业竞争策略的主要目标是抵御五种竞争作用力的影响,在行业和市场中形成竞争优势,以获得超过竞争对手的利润。影响其制定与选择的条件包括企业服务竞争环境、企业服务能力和商品竞争策略及顾客的需要。

(一)竞争环境

竞争环境是指服务企业运营中提供市场机会或构成威胁的各种社会、经济力量的集合,它们对企业选择服务竞争策略产生重要影响。竞争环境一般划分为宏观环境和行业环境,如图 11-1 所示。

1. 宏观环境

宏观环境由政治环境、经济环境、法律环境、科技环境、社会文化环境及自然环境构成,是企业开展经营活动赖以存在的基础。宏观环境对企业竞争的影响主要有,通过政治或经济手段调控企业的经营方向;通过法律手段规范企业的经营活动,促进企业之间公平合理的竞争,保护企业和消费者的合法权益;制定科技政策,引导企业进行技术创新,开发新产品、新工艺,不断增强科技实力;社会结构、社会风俗习惯和社会文化传统决定了消费者的购买行为,进而形成不同的市场机会,企业必须与之相适应才能赢得市场竞争的主动权;企业所处地区的自然环境、气候条件、资源条件也对企业的市场活动产生重要影响。

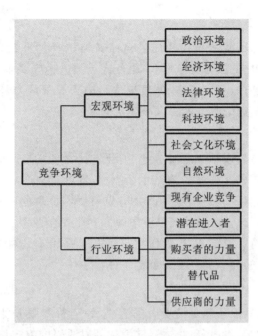

图 11-1　企业竞争环境结构图

2. 行业环境

行业环境是企业从事生产经营活动的最直接的环境,它由众多生产相同产品或相近替代产品的企业组成。虽然宏观环境对企业竞争具有一定影响,但是对企业竞争带来最直接、最关键影响的仍是行业环境,因此一般将行业环境作为竞争环境分析的重点。迈克尔·波特认为一个行业内部的竞争环境由五种竞争作用力构成,如图 11-2 所示。

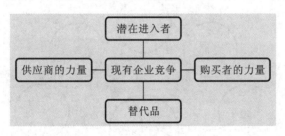

图 11-2　五种竞争作用力框架

企业受到来自行业内部其他企业(竞争对手)竞争的影响,反映同类企业之间的竞争态势。除行业内部企业间竞争外,企业还受到来自供应商和顾客的影响,同时潜在的进入者和替代产品等也都对企业的竞争力产生作用,从而构成了进入威胁、替代威胁、买方议价能力、供方议价能力、现实竞争对手的竞争等五个方面的竞争作用力。这五种作用力共同决定行业竞争的强度及行业的利润率,决定一个企业所处的竞争地位。一个企业竞争策略的目标在于使公司在行业内部处在最佳的定位,保持自己的竞争优势,抵御五种竞争作用力。竞争策略管理的重点就是在分析企业竞争力来源的基础上有针对性地作出战略选择。

(二)服务能力

服务竞争能力大小在很大程度上决定着竞争策略选择的形式。例如企业的竞争能力强,我们就应该选择现代化的服务竞争形式,服务人员数量相应要多、人员素质相应要高;服务工具和设施相应要先进;服务网点多、密度要大。因为服务能力是由这些因素构成,也就是说服务竞争策略是由企业的服务能力大小决定的。

(三)商品竞争策略

服务竞争策略是为商品竞争策略服务的,因此有什么样的商品竞争策略就决定了有什么样的服务竞争策略。例如某公司的商品主要靠"价廉物美"策略取胜,该公司的商品价格是低廉的,单位商品的利润率一定很小。该公司为消费者提供的服务价格一定是低廉的乃至于无偿的。否则就会葬送该公司的商品竞争策略。生产企业服务竞争的直接目的是为购买或消费本企业商品的消费者服务,扩大商品的使用范围,强化消费者对本公司商品的依赖程度,为提高本公司生产的商品的竞争力创造条件。

(四)消费者心态

在现代的消费中,商品除了满足消费者的需要、为消费者服务外,还要满足消费者心理上的需要。要选择适当的销售服务,将适当的消费品以适当的方式、在适当的时间和地点送到消费者手中,以使消费者完全称心如意。作为一个生产企业,既要考虑生产出来的商品的竞争,又要考虑到消费者在使用过程中的各种服务,解决消费者购买该商品的后顾之忧。作为一个服务企业要使消费者在购买和消费过程中放心购、放心用,使他们能再次购买或消费自己的产品和服务。

顾客在选择一家企业提供的服务时,往往会考虑一些竞争性条件,如图11-3所示。

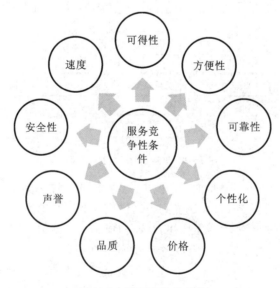

图11-3 服务竞争性条件

(1)可得性,服务可得性包括顾客是否能够获得服务,如何得到这种服务等。例如,银行采用ATM以及语音、网络交易服务后,使顾客可以在传统的银行营业时间之外得到银行服务,大大增强了服务的可得性。

(2) 方便性,服务的方便性往往与服务的地点紧密相关,距离消费者更近的服务地点更具备方便性。例如,加油站、速食店、超市等往往选择繁华地段作为服务地点,以增强服务的方便性。

(3) 可靠性,服务的可靠性是建立顾客信任的基础。例如,新兴的支付宝钱包,滴滴打车等移动终端软件,其安全性是否能够得到很好的保障是消费者在选择其服务过程中考虑的最核心的因素。

(4) 个性化,是指顾客是否被当作特殊个体对待。例如在酒店中,如果酒店工作人员能够准确称呼熟客的姓名,就能使顾客感受到个性化的对待。提高个性化服务对培养顾客忠诚具有重要意义。

(5) 价格,在服务行业,价格与成本往往与服务品质紧密相关。因此,价格是顾客选择服务时考虑的因素之一,但不是决定性因素。

(6) 品质,服务品质是顾客预期与其感受到的服务之间差异的函数,不像产品的品质,服务品质受到服务过程和服务结果的双重影响。

(7) 声誉,消费者通过与有经验的人交谈,可以消除选择服务提供商的不确定性。如果受到一次很差的服务,既不能调换,也不能退回。因此,服务业者的声誉为消费者决定是否购买某项服务的重要考虑因素之一。

(8) 安全性,在许多服务中,安全经常是须考虑的重要内容。例如旅行和医疗,在这样的服务中,顾客将自己的生命交给其他人,因此安全格外重要。

(9) 速度,服务等待时间时长短。在救火、医疗等紧急服务中,反应时间往往是衡量服务绩效的主要标准。

上列的九个条件可以分为赢得顾客的条件和失去顾客的条件。只有准确把握消费者的心理,才能对症下药,选择最合适的服务竞争策略。

三、服务业竞争策略的选择

图 11-4 所示为服务竞争的策略。

(一)"廉价制胜"策略

所谓"廉价制胜"策略就是在同质同量的情况下价格较其他商品(服务)稍低一些。到目前为止,价格仍然是"购物欲望"的决定因素之一。服务价格低廉,对提高服务竞争能力具有决定性作用。因此,服务企业及其劳动者应该努力研究经营管理技巧,大力降低成本和节约开支,薄利多销,实现消费者和服务者双赢。采用如下方法可以使服务企业实现"廉价制胜"。

1. 寻找低成本客户

有些客户的经营成本低,可以成为服务提供者的目标客户。例如近年来,许多旅行社将目标市场瞄准旅游动机强烈且闲暇时间较多的大学生。作为旅游市场的一个特殊细分市场,大学生旅游市场具有较明显的特点。例如,大学生注重价格,讲究经济;对旅游目的地的选择多以短期、邻近地区、自然风景类为主等,这使企业在开发的过程中易于降低开发成本。选择大学生作为目标客户就是寻找低成本客户的典型。

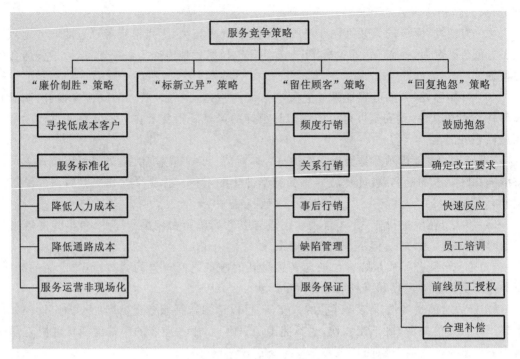

图 11-4 服务竞争策略

2. 服务标准化

案例 11-5

麦当劳——服务标准化创造奇迹

麦当劳代表着一种美国式的生活方式,在其发展过程中,有其独特的经营理念——产品制作及服务的标准化、系统化。

麦当劳在提供服务时,注重关爱顾客。麦当劳所有连锁店的柜台高度都是92厘米,因为不论高矮,人们在92厘米高的柜台前掏钱感觉最方便。而且柜台必须设在后门入口处,顾客可以不经过柜台到达餐桌,以免除不购物者的尴尬。

麦当劳的可口可乐均为摄氏4度,因为这个温度的可乐味道最为甜美,面包厚度均为17毫米,面包中的气泡均为0.5毫米,这样的面包在口中咀嚼时味道最好、口感最佳。这样,麦当劳无论什么时间、什么地点,提供给顾客的产品都是一样的。

麦当劳秉承标准化的理念,并把标准化做到了极致,大大降低其成本的同时使其在顾客中获得了良好的美誉度,由一家默默无闻的快餐店成长为今天的快餐业之王,成为一个奇迹。

案例分析:麦当劳通过标准化的经营理念,建立了产品、服务、制作、时间等的标准化,建立了统一的品牌形象,在全球市场采用相同的管理方式,并迅速进行复制,大大降低了管理难度。

通过对服务标准的制定和实施,以及对标准化原则和方法的运用,以达到服务方法规范化、服务过程程序化,从而使顾客获得优质服务的过程,称为服务标准化。

采用标准化的产品和服务,可以使频繁流动的顾客,无论在什么地方都可以买到相同的产品,提高了顾客对产品和服务的满意度,增加了顾客的忠诚度。同时,产品和服务的标准化使企业实现了规模经济,大大降低了生产过程中的成本,增加了盈利。

3. 降低提供服务中的人力成本

这种战略具有高度风险性,但如果这种方式能够提供方便的话,也能被顾客接受。例如,银行采用ATM后,可以为顾客提供便捷的服务,减少了服务过程中顾客与服务人员之间的接触,从而降低了银行的交易成本。

4. 降低通路成本

服务企业在营运之初,需要建立一个连接服务提供者和顾客的通路,建立和维护这一通路需要高额成本。联邦快递采用了一种独特的方法来降低通路成本。它的通路不是在任何两个城市之间建立联系,而是设立一个中心城市,采用先进的分拣技术在多个城市与中心城市之间建立联系,这样,如果新引入一个城市,只需要增加一条从该城市到中心城市的线路,而不是在每两个城市之间增加一条线路。联邦快递公司称这种通路为"轮轴——轮辐"网络。

5. 服务运营非现场化

许多服务具有现场性特点,例如理发和乘客运输只有在顾客在场的情况下,才能完成这一服务。但有些服务,顾客不必在场,服务交易也可以完成,这就是服务运营非现场化。例如,航空售票处可以采取电话预订、网络预订机票等服务方式,这样可以扩大经济规模,显著降低成本。

(二)"标新立异"策略

案例 11-6

Uber:如何步步为营

当滴滴、快的等国内打车软件激战正酣之时,打车鼻祖 Uber(优步)宣布正式入华。这个舶来的租车应用在短短十个月的时间内,迅速席卷北京、上海、深圳、广州、成都等多个城市,成为时下最热门的打车软件。

不同于其他打车软件,Uber 主打"专车服务",它提出:

速度——Uber 专车5分钟内到达,不要给我看周边有100辆车,顾客只需要有1辆可以过来的车;

价格——便宜,Uber 的价格比目前市面上的专车、出租车价格更优惠;

服务——Uber 提供高质量服务,也许你叫来的车是奥迪、宝马、奔驰等豪车,也许你叫来的车上有矿泉水、充电器等;

支付——不需要现金支付,只需绑定信用卡、支付宝等就能自助付款;

> 拼车——非营利性拼车服务，将认证的私家车进行统一管理，提供最多4人的拼车服务，而起步价甚至低于出租车的起步价，同时支持平摊车费。
>
> Uber标新立异的服务迅速"圈粉"，获得市场的热烈反应。
>
> （资料来源：Uber：如何一步步征服世界 http://www.tuicool.com/articles/yMNb2q）
>
> **案例分析**："标新立异"的服务竞争策略实际上也是差异化策略在服务业中的应用。其核心在于使顾客感到接受的服务是独一无二的，从而建立起顾客忠诚，稳定并提高市场占有率，形成竞争优势。

由于科技飞速发展，劳动生产率不断提高，人们收入不断增加，社会消费需求也在迅速发生变化，在一些"价廉物美"的传统商品消费急剧增加的情况下，一些"稀奇古怪"的商品出现，要求服务也要"标新立异"。我们这里指的"标新"是指新颖的、美的、健康的、有益于提高人们欣赏水平和素质的服务方式。"立异"是指区别于传统的、过时的服务方式，是针对不同商品、不同服务对象而设计的形象化、具有巨大吸引力的服务方式。

（三）"留住顾客"策略

据统计，开发一个新顾客的成本是留住一个现有顾客的3～5倍。因此，如何留住顾客，降低固定成本和经营成本对服务业竞争至关重要。要想制定和实施留住顾客策略，可以通过以下方式实现。

1. 频度行销

频度行销包括收集资料组合、交流、认知和回报等过程，以便与顾客建立永久的联系。

实施频度行销的第一步是搜集企业优良顾客的资讯，以确定与企业关系的水准。与企业的关系水准可用顾客购买的服务种类来衡量。例如，银行顾客可以用在银行办理支票、存款账户、汽车贷款、投资和房屋贷款等业务种类的多少来划分。

第二步是与顾客进行沟通，了解顾客可能在哪些方面提出问题，以及顾客希望企业怎样提供服务以满足其需求。

第三步是在沟通结果的基础上，判断顾客的重要性，进而确定应该采取的行动。

2. 关系行销

关系行销的概念可分为总体层次和个体层次。总体层次上，关系行销认为应该注意行销对消费者市场、劳动力市场、供应市场、内部市场和关联市场的影响；个体层次上，关系行销认为行销应该从对单笔交易的关注转向重视与现有顾客建立长久的关系。总之，关系行销是一个服务顾客、品质和行销的组合概念，它强调留住顾客、提高对顾客的承诺、提高与顾客接触的层次并与顾客建立长久关系。

3. 事后行销

事后行销是在提供服务后开展的行销活动，具体的技巧包括：识别顾客并建立顾客资料库、衡量顾客的满意程度、在顾客回馈的基础上展开持续改善活动、展开对顾客回馈做出反应的正式沟通活动和在组织内部营造一个事后行销的文化等。例如，汽车售后服务就是事后行销的做法。

4. 缺陷管理

缺陷管理起源于全面品质管理,是减少服务缺陷以留住顾客的重要措施。它致力于在顾客离开前留住顾客的系统工程,包括寻找顾客离开的原因、运用这些资讯持续改进服务提供系统、减少未来的缺陷。其具体做法包括:

(1) 与企业内部员工充分沟通,使服务人员认识到零缺点不仅对留住顾客十分重要,而且有利于改善工作。企业不同等级的人员都要支持零缺点管理,尤其是高层管理者,要言行一致。

(2) 营造零缺点文化,企业必须对员工进行关于缺陷管理的培训,包括培训员工学会搜集顾客资讯,为员工提供处理资讯的工具,指导、鼓励员工对资讯做出反应。

(3) 将激励方式和缺陷率联结,这是最关键的措施,如果企业真想减少缺陷,就应该在报酬结构中有所表现。

(4) 考虑提高顾客离开的转换成本,例如银行可以使顾客取消账户成为一个收费项目;牙科病人改换一家新医院需要支付医院 X 光检查等一系列费用。成功提高转换障碍的关键是降低进入标准并提高退出标准。

总之,缺陷管理的关键是使顾客的离开可测量和可管理,在顾客离开之前留住顾客,从顾客离开中获得经验与教训,营造零缺点文化,尽可能留住顾客。

案例 11-7

"无忧购"让您购物无忧

"无忧购"是"美丽说"推出的直购服务,全部商品均由专业时尚买手挑选,优质好店供货。它在保障产品质量的同时,向消费者做出如下承诺。

(1) 七天无理由退货:当您购买了商家出售的商品,在物流签收后的 7 天内(从签收日的第二天开始计算),若您因主观原因,不愿完成本次交易,且满足退货条件,您可申请退货服务。

(2) 退货返 5~10 元运费:您退货时支付了退货运费,则在退货成功后,"美丽说"会以优惠券的方式发放至您的"美丽说"账户中。

(3) 先行赔付:当您提交退货信息后,商家若拒绝履行"7 天无理由退货"的承诺,那么,"美丽说"会先向您垫付退货款。您提出赔付申请,应在签收商品之日起 7 天内且在退款过程中。先行赔付退款金额以您实际支付的商品货款为限。

案例分析: 七天无理由退货并补贴退货运费的服务保证,让顾客感觉自己获得了更大的价值,认为"美丽说"的"无忧购"是可靠的购物模式。大大降低了顾客的购买阻力,更容易形成比较优势,提高"美丽说"的行业竞争力。

5. 服务保证

服务保证能够增强消费者对购买服务的信心,更能够提高消费者满意度,对留住顾客、提高服务企业竞争力具有重大意义。一般来讲,有三种类型的服务保证:即含糊保证、特定保证和无条件保证。

(1)含糊保证,是企业和顾客双方达成一种默契,非书面化的口头承诺。例如商场承诺如果顾客不满意可以退款或换货,商场致力于让顾客满意,顾客和企业在相互信任和尊重的基础上,形成伙伴关系。

(2)特定保证,是在特定的条件下,企业承担赔偿义务,这些条件很具体并且狭窄,不会对企业有大的损害。与无条件保证相比,特定保证只用于特定的阶段或特定的结果。例如,京东商城承诺京东直营的商品能够在当天或次日到达消费者手中。

(3)无条件保证,在三种保证里,无条件保证是最有力的保证。即在出现问题时全部退赔,不计成本地为消费者解决所有问题。

(四)"回复抱怨"策略

案例 11-8

十分钟挽救"大疏忽"

某日19点5分,刚办理完手续准备登机的一名外籍旅客,急匆匆地赶到就近的国航重庆2E18值机柜台,着急地对值机员问道:"Where's my baggage? I'm going to Beijing,but your colleague gives me a boarding pass to Shenzhen,it was so funny!"

见此旅客满头大汗,如此焦急,值机员边用英文安抚旅客情绪,边接过旅客的登机牌和行李牌进行查看确认。经查询,系统信息显示该旅客办理了重庆—深圳ZH9794航班的乘机记录。但值机员发现该旅客还购买了一张当天重庆—北京CA1436航班的机票。原来由于之前的值机员的粗心大意,未与旅客准确核对目的地就直接办理了ZH9794航班的乘机手续。

此时,距离CA1436航班截止办票时间剩下不到25分钟。值机员立即通过内线将此事报告给领班,请求协助处理。领班得知信息后,立即赶到旅客身边,对服务差错诚恳地表示歉意,随后表达了解决问题的真诚态度。紧接着,领班为旅客重新办理了登机手续,与其简单核对了行李大小、尺寸、颜色等基本特征,亲自前往分拣处翻找行李。

19点15分,在特殊行李柜台,领班为该旅客重新办理了行李托运。在该旅客离开前,她再次表达了歉意。看到国航工作人员如此"忙碌"、工作态度如此积极,该旅客脸上露出了轻松的笑容,态度一转,大声说道:"I think the Air China's service is the best among all the airlines in China,and I'll write a letter to express my thankfully."

案例分析:对顾客的不满与抱怨应迅速做出反应。其目的是通过这种反应,重新建立顾客满意和忠诚。同时,一线服务人员的判断和决策对服务差错的补救有决定性的影响,只有全体工作人员坦诚面对服务差错,将一颗诚恳的心交给顾客,并通过细致入微的真诚服务,才能构建双方相互理解的桥梁。

服务中的失败不可避免,无论是员工服务态度,还是服务环境,亦或者服务本身的不足都有可能导致服务失败和顾客不满。要获得并维持服务企业的竞争优势,必须正视顾客的抱怨,善用"回复抱怨"策略,将顾客的负面情绪转化为顾客满意。实施"回复抱怨"策略必须做到以下几点。

1. 鼓励抱怨

在现实生活中,单纯因为顾客个人原因造成的抱怨并不占多数,更多时候都是由于服务本身存在的缺陷引起了顾客的不满。因此,顾客抱怨对企业改善服务、加强管理十分有帮助。企业要鼓励顾客抱怨,经常向顾客征求意见,尤其是重点顾客。除此之外,还要经常监督检查服务提供系统,确保顾客满意。

2. 确定改正要求

企业要了解顾客需要哪些改正,在哪些方面改善,服务失败的原因是什么,哪些环节容易造成服务失败等。只有了解这些,才可能采取相应措施。

3. 快速反应

服务失败后,企业反应越快,传递给顾客的资讯越好,越可能产生好的结果。研究显示,如果立刻处理顾客的抱怨,企业可以留住95%的顾客,相反,如果企业不理睬顾客的抱怨,会有50%的顾客离去。反应速度和时间是回复抱怨的关键。

4. 员工培训

希望员工能够自动掌握回复抱怨的技巧是不切实际的,所以应对员工进行"回复抱怨"培训。培训可分为两个层次,第一个层次是培养员工的顾客意识,让员工站在顾客的立场上,体验顾客的感觉和心情。第二个层次是教会员工从管理者的角度去考虑应该如何挽救失败。挽救失败并立刻决策,需要员工有权变行事的权力,承担一定的风险。

5. 前线员工授权

挽救失败可能需要成本,需要变通企业的规定,需要前线人员的判断和决策。各部门经理可能忙于其他事务,无法了解每一次抱怨的细节,进而影响企业对失误的反应,使顾客增加新的挫败感,因此要给前线员工授权。

6. 合理补偿

在处理顾客抱怨时,既需要口头上的赔礼道歉,也需要合理的补偿来进行服务补救。具体的做法包括:

(1) 道歉,企业向顾客以不同的方式表达歉意,口头的、书面的、私下的、公开的等均是可选的方式。

(2) 替换,如果顾客对过去的服务或正在进行的服务不满意,那么可以在企业提供的现有服务中选择,以替换过去的有缺陷的服务。

(3) 折扣,即在价格上作出让步,同意服务打折以补偿因服务失败给顾客带来的损失与不便。

(4) 超值纠正,企业不仅纠正服务缺陷,而且采用其他方式给予顾客奖励或补偿,如向顾客提供优惠卡,承诺在下一次服务中为顾客提供优惠。这种方法适用于那些服务能保留、

调换的情况。

（5）退款，企业在判明服务失败确实属于自己的原因后，向顾客退费，这也是一种比较常用的方式。

第三节 旅游业的服务创新及其应用

新时代下的体验经济在带来全新的社会经济模式和全新的社会生活模式的同时，也带来了新的旅游消费需求和新的旅游消费模式，这就要求旅游业必须开发新的旅游产品、构建新的旅游管理方式、更新旅游营销模式、创新旅游服务形式，以不断满足人们多元化、高品质、个性化的消费需求。

旅游业作为一个特殊产业，其提供的主要产品就是服务。如果只讲发展而不求创新，只能是简单服务的低水平重复与扩大，不能满足消费者不断变化的需求，无法实现可持续发展。只有大力实施创新，摆脱思维定式，不断深化服务创新，才能提高服务水平，增强优质服务对游客的吸引力，获得在市场中的竞争优势，获得可持续发展的永久"通行证"。

案例 11-9

7天连锁酒店牵手保险黑板擦推出"失眠乐"

失眠也能得到补偿？这种"稀罕"事儿也许让很多人都想不到，但它确实是出现了。

2015年暑假期间，凡入住7天酒店的顾客可享受酒店推出的一项额外免费服务——凡是在出行过程中入住7天连锁酒店的住客，便可获得一份"失眠乐"保险，失眠、没睡好的住客可以获得一定数额的补偿金，这项服务由7天连锁酒店与互联网保险品牌"保险黑板擦"联手推出。

房客只需拿出手机扫码进入H5页面，按页面提示输入手机号码及短信验证码，即可领取到一份"失眠乐"保险。在领取成功后，该项补偿服务并不立刻生效，需要房客点击页面"立即使用"按钮，下载保险黑板擦APP，用领取"失眠乐"的手机号码注册新账号并登录，在APP"权卡菜单栏"选择失眠乐，点击"使用"即生效。当然，如果不想马上使用，不进行任何操作即可，已领取的"失眠乐"将以权卡形式继续存在，直至任何你想让其生效的时候。权卡提供给用户一种灵活的选择，用户可随意支配其在APP上领取的产品，还可将其转赠给好友。

在"保险黑板擦"APP上，不止是"失眠乐"，还有许多让你觉得新奇的补偿服务类产品。当你打开APP，你会发现还有手机屏幕碎了给保修的"碎乐险"、长了痘痘获得补偿的"痘痘乐"、飞机延误获得延误补偿的"极致延乐服务"等新奇险种。"保险黑板擦"迎合了年轻消费群体好奇、主动、积极参与的特征，不再让互联网保险停留在简单的销售渠道的迁移,而是向更具个性化的产品开发和服务保障发展。值得一提的是,保险黑板擦 APP 上推出这些补偿服务条款简单,理赔迅速方便,从购买到补偿基本都在线上完成。

(来源:旅游圈,www.dotour.cn)

案例分析:"保险黑板擦"通过观念创新、技术创新、产品创新等多种创新手段,借助了移动互联网的低成本推广优势,"擦掉"中间高额的利润部分,不仅简化了中间的渠道销售过程,而且通过互联网改变了服务流程,让服务过程更快、更简单轻松,极大地提升了用户体验。

一、旅游服务创新体系框架

图 11-5 所示为旅游服务创新体系框架。

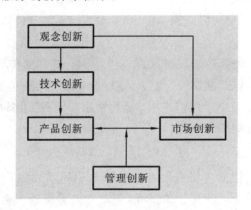

图 11-5　旅游服务创新体系框架图

(一)旅游服务观念创新

观念是人们对客观世界的理性认识,观念一旦形成,对人们的行为就具有驱动、导向和制约作用。旅游服务观念的创新也对旅游企业产生导向作用,是旅游服务创新的基础。其中,最核心的服务观念应该是树立"人性化"的服务观念。

旅游服务的人性化要以满足消费者需求为目的,一切从消费者的要求出发,对每一位消费者开展差异性服务。现代旅游经济已经是体验经济,体验经济是旅游企业与消费者交流、信息和情感要素的集合。也就是说,体验存在于旅游企业与消费者接触的所有时刻。人性化服务正是符合了体验经济的要求,让消费者感到整个企业都是特别地在为自己服务。

(二)旅游服务技术创新

服务技术创新是一种技术思想或技术方法在服务业领域的首次应用,从而带来服务提供方式的现代化、自动化、智能化、特色化、市场化和产品化的过程。旅游服务技术创新就是要将各种新兴技术应用于旅游服务,从而实现现代化、自动化、智能化、特色化的旅游服务。

旅游服务技术的创新应用包括信息技术、通信技术和计算机技术的整合应用,具体包括计算机预订系统、网络营销、酒店管理自动化系统、智能大厦、智能卡、智能门锁等一系列创

新技术。

(三) 旅游服务产品创新

从整体服务产品的概念和消费者的观点出发,凡是为市场所接受,在消费者心目中被认为是"新"的,并能从中获得"新"的满足的产品,都是创新产品。由此可见,所谓旅游服务产品创新,可以是创造全新的产品,也可以是对现有服务产品组成的某一部分进行改造、组合或提高的过程。依照此分析思路,可以总结出服务产品创新的几种常见类型。

1. 创造全新产品

创造全新产品是指在新观念的指导下,创造新的产品。例如,同城旅游在其移动 APP 上推出全新的"一元景点门票",超低价的电子门票就是创造全新产品的体现。

2. 创造换代新产品

创造换代新产品是指在产品进入生命周期衰退阶段后,对其进行改进,不断推陈出新,延长生命周期,增强市场适应力。例如,酒店不断更换客房门锁,从普通门锁到密码锁到磁卡式电脑门锁,以及指纹识别智能门锁,就是创造换代新产品的体现。

3. 开发极端产品

极端产品是超个性化产品的表现形式。它以新、奇、特刺激市场需求。例如,近年来兴起的监狱饭店,从入住到离店,都要履行犯人入狱和出狱的手续,体验犯人的真实感受;死人饭店,住的是棺材,看的是鬼片,与骷髅同坐;动物饭店,"服务员"都是经过培训的各种动物,顾客可体验人与动物交流的感受等等。

(四) 旅游服务市场创新

旅游服务市场创新是指通过研究潜在市场以及利用不同的营销组合去积极地引导消费,创造需求,从而为旅游企业开辟新的市场,创造新的客源的一系列活动。旅游服务市场创新的方式包括:

1. 寻找空白地带

即在各种现有市场的基础上,寻找空白,填补缝隙。例如,广州一家酒店发现,下午时段,很多老年人无固定休闲场所,就将下午餐厅空闲期改为午后茶点供应时间,结果生意兴隆,开辟了稳定的老年人餐饮市场。

2. 创造全新地带

即通过自主创新,开辟新的客源市场。例如,沙特的 Luthan 酒店瞄准女性市场,创造出了全沙特地区唯一一家女性专用酒店。该酒店于 2008 年开张,那一年,沙特王国首次允许女性在没有男性监护人陪同的情况下入住酒店,本国及外国女性可以在酒店里不穿长袍(一种带头巾的黑色长袍)自由活动。这一新兴市场(专门给女性提供稀缺的酒店客房)在沙特这个对女性出行与行为有严格限制的国度里,实属了不起的进步。

(五) 旅游服务管理创新

无论是产品创新、技术创新还是市场创新,可以说都属于广义上的技术层面创新的范畴,任何技术层面的创新都离不开管理创新的基础。在市场经济体制中,企业只有通过管理创新,才能使各项工作处于有机的动态协调发展状态。

在买方市场环境中,只有创新旅游服务管理模式,才能做到迅速反应,优化服务,获得竞争优势。旅游服务管理创新的内容具体包括:

1. 服务组织创新——等级化到柔性化

传统的旅游企业组织结构往往遵循严格的等级制度。老总在最顶层,部门中层管理人员在下面紧随,基层管理人员和操作人员在最底层,组织结构呈现金字塔形式。这种组织结构并不能调动服务人员的工作热情,不利于旅游企业效率的提高。因此,旅游企业应该创新其组织结构,通过减少管理层次,加强各职能部门之间的沟通,培养掌握柔性技术的人才来实现人本管理。

2. 管理模式创新——从 CS、ES 到 EL、HL

CS(customer satisfaction)是指顾客满意或顾客满意度,其思考角度是以外部顾客为中心,倡导"顾客第一",重视顾客利益而相对忽略内部员工及其利益。ES(employee satisfaction)是指员工满意或员工满意度。相对于 CS,ES 更强调以员工为中心,倡导"员工第一",信奉"只有满意的员工,才有满意的顾客"的管理哲学,强化员工在企业经营中的沟通协调作用。

EL(employee loyalty)是指员工对企业的忠诚或忠诚度,其主导思想是通过关心员工、爱护员工而获得员工对企业的忠诚,使员工视企业为家,把自己的奋斗目标和前途、命运与企业紧密联系起来。HL(hotel loyalty)是指酒店忠诚,指酒店对员工(顾客)的忠诚,主导思想是酒店为获得忠诚员工(顾客)而采取的各种服务于员工(顾客)和忠诚于员工(顾客)的措施、策略和承诺。

从 CS、ES 到 EL 和 HL 的演进体现了旅游企业管理模式创新的发展历程。EL、HL 模式更加强调旅游企业与服务人员的有效沟通,对服务人员的计划性培训和对服务人员的适当授权。这种管理模式更有利于调动服务人员的主观能动性,对提高旅游企业服务水平意义重大。

延伸阅读　香格里拉的管理创新成功之路

香格里拉集团的组织结构是按职能部门划分。集团总部设 1 名执行总裁,若干执行副总裁和房务、餐饮、发展、财务、销售、人力资源 6 个职能部门,执行副总裁下设地区经理,管辖各自地区内的酒店。下属酒店设总经理、副总经理和相应的各职能部门,并在集团制定的统一政策下,相对独立经营、核算和管理。集团总部则通过财务、人事、市场以及技术等环节监督、控制和管理下属酒店。集团总部还定期派巡视员到所属酒店检查。他们的主要职责是监督所属酒店是否达到各项经营指标,并在检查过程中对酒店经营中存在的问题和不合格服务提出意见、建议和指导。

在组织创新方面,为保持组织的灵活和弹性,避免官僚和僵化,把所有管理人员和员工分为宾客服务行政经理级、高级宾客服务经理级、宾客服务经理级、宾客

服务主管级和宾客服务员等五个行政级别，在打破传统的服务与管理人为对立的同时，缩短层级差别，创造有利的沟通氛围。

有效的组织结构、健全的管理制度、独特的组织创新是其卓越地进行经营管理的根本，也是香格里拉之所以能在激烈的竞争中脱颖而出，逐渐成长为亚洲以及世界上知名的酒店集团的关键因素。

二、旅游业服务创新的应用

旅游业服务创新的具体应用体现在食宿服务、交通服务、导游服务、通讯服务、文体服务、营销服务、购物服务七大服务项目上。其中导游服务创新尤为重要，本节将以导游服务创新、酒店服务创新（因酒店服务包括上述服务项目的若干）和营销服务创新为重点，论述旅游业的服务创新及其应用。

（一）导游服务创新

导游服务促进了旅游者与旅游地之间自然、文化、居民的沟通，旅游者与旅游者之间的沟通以及旅游行业内企业与企业之间的沟通。毫无疑问，集向导、讲解与生活照料等服务于一身的导游处于旅游接待工作的中心位置。导游服务创新自然成了旅游业服务创新的核心。

在导游服务创新中，"智慧导游"以一种全新的姿态进入广大游客的视野。

1. 技术层面

智慧导游是物联网、云计算、下一代通信网络、高性能信息处理、智能数据挖掘等技术在旅游体验、产业发展、行政管理等方面的应用。它使旅游物理资源和信息资源得到高度系统化整合和深度开发激活，并服务于公众、企业、政府等方方面面。

2. 能力层面

智慧导游通过便携式移动互联终端，结合城市交通、景区、酒店、餐饮、商铺、特产、民俗文化、投诉管理等旅游资源和管理，搭建起一个一体化、智能化、专业化的综合服务平台。使游客能够不依赖于传统导游人员，自由选择行程及路线，提升游客在食、住、行、游、购、娱每个旅游消费环节中的附加值，使游客在旅游前、旅游中、旅游后，都能够轻松地获取资讯、规划出行、预订票务、安排食宿、消费支出等，极大改善旅游体验，真正做到不用做功课，背起行囊来一次"说走就走的旅行"。

3. 服务层面

智慧导游能够为游客提供三维实景导游、旅游攻略、语音讲解、地图导航、酒店订房、优惠券信息、特价商城、娱乐中心、赠品广场、一键式投诉等贴心、便捷的服务。

智慧导游将打破传统导游服务模式，将新技术应用于导游服务创新，做到"无人导游"，是旅游服务产品创新的代表。这一创新应用，既提高了游客的服务体验质量，又解放了导游人力成本，体现了服务产品创新的未来趋势，即智能化趋势。

知识链接　全国首个智慧导游服务平台在广东上线

2014年7月18日,全国首个全语音电子导游旅游平台——"广东智慧导游服务平台"正式上线运行。"广东智慧导游服务平台"分电脑端和手机端,具备三个功能亮点:

(1) 手持智能手机的游客通过下载"广东智慧导游服务平台"APP,就可以随时随地免费享受到覆盖全省A级景区、全国3000余个景点的中英文等多语言语音导游服务;

(2) 利用手机定位和电子地图,游客可快速查询到景区周边吃住行游购娱信息;

(3) 整合景区的门票及周边的酒店、餐饮、旅游手信等旅游电子商务信息,方便游客随时比价、订购。

此外,广州市的地标景点广州塔也在当天正式发布了官方微信公众服务号,并率先利用该平台的数据和技术实现了中、英、日、法、西班牙5种语言智能导游、游记分享、优惠信息发布、微信购票等智慧功能,有效提升了游客的旅游体验。

(资料来源:全国首个智慧导游服务平台在广东上线 http://finance.chinanews.com/life/2014/07-19/6403327.shtml)

(二) 酒店服务创新

案例 11-10

百花齐放的酒店服务创新

1. 四季酒店提供的车内个性化服务

四季酒店将在旗下酒店的所有房车和豪华租用轿车上提供无线上网免费服务,同时计划在部分轿车内配备可查找酒店信息的iPad以及充电器;部分酒店驾驶员可代客办理入住手续登记服务;洛杉矶的四季酒店还推出"车内会议"服务。

2. 三星GALAXY S3在假日酒店的应用

假日酒店联手三星、Fingi饭店应用软件开发商,打造出了酒店行业的又一次高科技惊喜。

在假日酒店入住时,接待人员会附上一部GALAXY S3手机给房客(不是免费送),因为S3是用来打开房门的钥匙,同时也是控制房间的遥控器,它可以控制电视、冷气等开关与调整,甚至还有呼叫客房服务、洗衣服务和酒店设施预订的服务功能,而且GALAXY S3也是酒店房间的分机。

3. 真正意义上的家外之家

在美国曼哈顿的 Benjamin Hotel，你可以在每一间房间里迅速卸下疲惫。酒店非常重视客人的睡眠，希望能够提供像家一样的感觉。它的助眠设施一应俱全，甚至提供睡前点心，如：牛奶、饼干、安定茶等。它的睡眠菜单里准备了12款枕头，你还可以申请催眠音效。酒店甚至有安眠保证：如果你没睡好，酒店将退还当晚房费。

案例分析：住宿是酒店提供的最基本的服务，也是旅游的六大基本要素之一。随着客人对酒店服务的要求越来越高，服务需求的变化越来越快，单纯的规范服务已经难以满足客人的需求。这要求酒店必须敏锐探知客人的服务要求及变化，做到因时而变、因人而变，在服务细节上独具匠心，使客人感受到个性化服务、宾至如归的服务。

酒店商战愈演愈烈，让经营者们也越来越注重做"服务"的文章。酒店的服务范围在不断扩大，服务细节在不断创新，精细化服务管理也成为各大酒店共同奉行的准则。这些创新的服务，更好地迎合了顾客的核心需求，为酒店核心竞争力注入了新的血液。

（三）营销服务创新

旅游企业经营者在此过程中通过市场调研，了解市场环境和顾客需要，通过市场细分，选择特定的市场，找准特定的位置，提供适合市场需要的产品和服务，使顾客满足、企业获利。因此，旅游营销的成功与否直接关乎旅游企业是否能够获利，是否能够获得竞争优势。

在信息化社会，要想吸引消费者的眼球，使营销信息得到有效传递，必须与时俱进，依托最新营销平台与手段。即充分利用互联网、移动电子商务、移动手机客户端等，建立新的旅游服务营销模式。

无论是微博、微信、微电影，还是特色节事活动、特别策划活动，创新的旅游营销方式总是能够以各种形式出现在游客眼前，刺激游客的视觉、听觉甚至嗅觉等各种感官，激发游客蠢蠢欲动的旅游需求。在日新月异的时代，旅游企业要想时刻走在行业前列，获取并保持竞争优势，就必须不断创新旅游营销手段，使旅游信息"无处不在、无时不在"。

延伸阅读   天台山——将"私奔"进行到底

适逢"519中国旅游日"和"520天台山旅游日"，作为中国旅游日发源地的天台山双节同庆，打出"将私奔进行到底"的口号，通过微博实时互动（5200层微博高楼）实现了一次完美的旅游营销。

天台山推出"私奔"造句活动，简单的参与机制获得了网友快速的转播点评。顺势，天台山进一步简化参与机制，推出了"私奔天台山宣言"活动，让网友集合私奔的热点尽情发挥。一瞬间，"王功权和王琴私奔了"、"奥特曼和PP猪私奔了"、"一切皆可私奔"、"我爱你，爱着你，就像私私爱奔奔"、"私奔是大奔的兄弟"等话题占满了微博。

在微主和博主互动配合的同时,知名动漫红星 PP 猪漫画配合话题创作了"漫画版中国十大私奔胜地",可爱的形象、美丽的风景深受网友喜爱,获得了腾讯博客及动漫频道的首页推荐。同时 PP 猪漫画在百万博客和名人微博中与网友互动,获得了腾讯动漫微博大力推荐和网友热评,很多网友纷纷加入天台山私奔群,咨询入团、组团方式,增强了天台山旅游的口碑传播效果。

随着人们对私奔话题的持续挖掘,天台山彻底打响了中国旅游日的金名片。重走霞客路、阮籍入仙故事、和合二仙得道、活佛济公济世救人等历史典故,国清寺、石梁飞瀑、琼台仙谷、桃源春晓等独特美景,云雾茶、技工酥饼等当地特产深深地烙印在网友的心中。不少网友留言大呼:求中国旅游日三天假,去天台山私奔赏花!

实践活动

以某景区为例,谈谈如何改善该景区的竞争策略?

第十二章

现代旅游服务管理中的信息技术

本章导读

从全球的经济发展趋势来看,服务业对经济的影响力越来越大。人类社会正在从工业社会转变为服务经济社会。服务业在发展的过程中,运用了各种新技术,为提高服务效率和提供个性化服务提供了支撑。旅游服务业中信息技术的开发与创新是时代发展的潮流,信息技术的不断进步和推广应用可以有效地为旅游可持续发展的决策提供依据和手段,促进可持续发展管理水平的提高,开拓新的可利用的旅游资源领域,提高旅游资源综合利用效率和经济效益,提供保护旅游资源和生态环境的有效手段,提高酒店、旅行社的经营管理质量,推动旅游业向规范化、高质量、效益型方向发展,促进旅游产业化、一体化进程。这些做法对于实现旅游业可持续发展的战略尤为重要。本章分析了服务业,特别是旅游行业中信息技术的应用及特点,并重点介绍了旅游业中信息技术应用的相关案例。

学习目标

1. 知识目标:通过本章的学习,理解并掌握智慧旅游等核心概念,了解信息技术在服务业尤其是旅游业中的应用,学习认识现代旅游服务管理中最常见的信息技术。

2. 能力目标:分析现代服务管理与信息技术的关系,建立对旅游管理与旅游活动信息化的认识。

案例 12-1

信息化为 7 天酒店插上腾飞的翅膀

2009 年 12 月,Alexa 网站发布的最新数据显示,7 天连锁酒店网站的流量排名首度超越全球经济型酒店领头羊——宜必思,成为全球第一流量的酒店网站。7 天连锁酒店集团,仅用了 3 年的时间就跻身经济型酒店行业的第一阵营,并始终保持着其领头羊的位置。这一成功得益于其创新的"鼠标+水泥"商业模式,即强大的技术平台建设和全国分店规模的快速扩张。其中,电子商务是 7 天酒店区别于其他经济型酒店的核心竞争力之一。

1. 电商服务"四步走"

图 12-1 所示为 7 天酒店电商服务的"四步走"示意图。

图 12-1　7 天酒店电商服务"四步走"示意图

7 天酒店通过"接待中心—前端延伸—信息整合—建立社区"四个阶段,将电商服务对旅游的影响从信息管理上升到消费影响层面。而国内大多数酒店都停留在"第一+第二"混合运用的阶段,7 天酒店与它们相比较,所提供的产品与服务更全面,更能够满足市场需求。

2. 成本优势打造低价服务

传统酒店平台依赖其他分销平台,每卖出一间房,分销代理商要抽走 20% 甚至更多的交易额。酒店因此要支付越来越高的利润比例,消费者成为中间环节高昂成本的买单人。而 7 天酒店是经济型酒店中唯一一家实现企业门户网站和数据库完全对接的商务平台;也是唯一一家能同时提供互联网络、呼叫中心、短信、手机 WAP 等 4 种便利预订方式的酒店。电子商务平台使分销环节减少,所以成本更低、流程更简单。通过技术手段优化能够有效地降低成本,一方面最大程度地优化订房模式,方便来自不同渠道的客商订房需求,使客人真正享受透明、便捷的服务;另一方面减轻了前台、呼叫中心的人员,压缩了销售成本和人员成本,保证以优惠的价格回馈消费者。

在同一城市,如果如家酒店的价格在 180~210 元之间,那么 7 天酒店只需要 130~150 元。而且对于首次入住的会员,7 天的价格最低为 77 元。正是应用了电子商务等 IT 手段以及独特的管理方式,7 天酒店的成本控制和运营效率比同行更具有比较优势。

案例分析:成立于 2005 年的 7 天连锁酒店,相比于如家、锦江之星等经济型酒店,算是市场的后来者。但短短 3 年,凭借电子商务所锻造的低成本优势,就晋身经济型酒店行业的第一阵营。其发展速度之快,发展规模之大,发展前景之远,都足以证明信息化发展战略的正确性和优势性。

第一节 服务业中的信息技术应用

信息技术是计算机硬件、软件技术及通信技术的统称,也称 IT 技术,它包括了通信技术、计算机技术、微电子技术和自动化技术在内的一类技术。信息技术也可以定义为"扩展人类信息器官功能的一类技术"。这一定义从信息技术功能的角度,将所有扩展人类感觉器官、神经系统、思维器官和效应器官功能的技术统称为信息技术。概括来说,信息技术就是对信息资源进行开发和利用的技术。

一、服务业中的信息技术

(一)服务业信息化背景

人类在经历了农业社会、工业社会之后,进入信息社会。不同于农业社会的自给自足经济和工业社会的工业化大生产经济,信息社会的经济形态是服务经济和体验经济。传统的自然资源(如煤、石油、矿石和木材等)优势与资本可利用性优势不再是创造经济优势的主要动力。新时代,人类的生活和成就越来越多地取决于知识信息的产生与运用。信息同物质、能源一样,是人类生存和社会发展的三大基本资源之一。

20 世纪技术发展的核心和主流都有一个共同本质:它们都是人类信息器官功能的扩展和延长。因此,它们共同的名称便是"现代信息技术"。所有这些技术在服务业中都得到了广泛应用。

(二)服务业信息化含义

服务业信息化是指利用计算机网络技术为用户提供及时、满意的服务,提升服务业整体社会价值的过程,涉及企业的各个部门,包括企业的生产、经营、设计、制造、管理等职能部门。通过对信息的收集、传输、加工、存储、更新和维护,将关键、准确的数据及时地传输到相应的决策人手中,为企业的运作决策提供数据支持。

现实生活中,不同的服务业中的信息技术应用多种多样,如表 12-1 所示。

表 12-1　服务业中技术应用范例

行　　业	范　　例
金融服务业	借记卡(电子资金划拨)、自动取款机、电子成像、磁墨水身份识别
教育	多媒体教学、电子公告板、图书目录系统、网络教育、网上招生、网上选课
政府公用事业	电子政务、光电邮件扫描仪
餐饮业	电子点菜、光电账单扫描仪
通信业	可视电话、语音信箱、移动电话、彩信
酒店业	电子登记、网上预订、结账系统、电子门锁、电子监控
批发/零售业	电子收银机终端(POS)、自动安检系统、电子数据交换系统(EDI)、电子商务(B2B)
运输业	自动收费系统、卫星定位系统
医疗卫生	磁共振图像扫描仪、声谱仪、患者监控系统、在线医疗信息系统
航空业	网络订票系统、计算机航班安排系统

随着信息技术的不断发展,服务业中所应用的信息技术也在发生着日新月异的变化。

案例 12-2

京东奶茶店:不做咖啡做孵化器

2015 年 5 月 8 日,位于北京中关村创业大街的"JD＋智能奶茶馆"正式开业,奶茶馆充分利用了各种信息化手段。

1. 产品信息化

智能奶茶馆的业务内容将包含三个部分:一方面加入 JD＋平台的部分,智能硬件产品可以在奶茶馆内得到实体展示机会;其次,随着京东金融业务中产品众筹、股权众筹的展开,随后还将充当着创业孵化器的作用;最后,智能奶茶馆同样会提供奶茶、咖啡等餐饮服务。

2. 体验信息化

京东奶茶店打出"不只是一个奶茶店"的旗号,将现场体验智能产品作为其服务亮点。根据店长的介绍,顾客一走近奶茶店就会分流,而很多用户会不由自主地被中间展台的智能产品所吸引,包括一些还不为大众所知但是却很有特色的体验型产品,比如大疆科技的精灵无人机,来自科大讯飞的识别率高达 99% 的讯飞人脸识别系统,能听会说、能走会跳的讯飞小柔机器人,猫王收音机和能够通过京东微联 APP 进行互联互通的智能水杯、智能豆浆机、智能体脂秤等。而每款智能产品的下边都有一个微信二维码,如果用户对产品感兴趣的话,可以微信扫二维码,然后在京东等线上平台实现购买。这样就可以把线下的体验和线上的购买有机结合,打通线上与线下的关联。

3. 装潢信息化

奶茶店在装潢设计上也颇具现代科技特色。店内的玻璃、窗帘还有天花板上面的灯泡以及在创业者区域每个桌子上安放的台灯等,这些都可以在京东研发的一个控制系统中,通过移动手机实现控制。

"牵手"现代信息技术,"JD+智能奶茶馆"所提供的产品与服务是包括数据分析、技术支持、上下游资源整合、投资渠道、服务、社区等全面的智能生态服务。

案例分析:"JD+智能奶茶馆"是京东集团旗下的经营实体,既是奶茶馆又是京东JD+孵化器,承载着智能新品首发、体验,以及创业者交流、融资洽谈、行业权威信息发布等功能。它是现代综合性服务企业的典型代表,类似"JD+智能奶茶馆"的案例不计其数,无数服务型企业正披上信息化的铠甲,变得更全能、更强大、更具市场竞争力。

(三)服务业中信息技术分类

不同类型的服务业在不同时期运用的信息技术不尽相同,但总结起来可以分为以下类型,如图12-2所示。

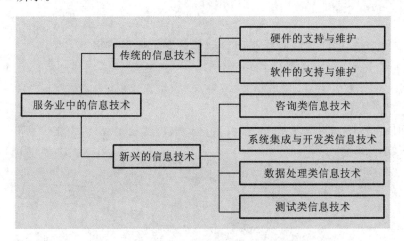

图 12-2　服务业中信息技术的类型汇总图

1. 服务业中的传统信息技术

服务业中运用的传统信息技术主要是指对硬件产品和软件产品的支持与维护技术。

(1) 对硬件产品的支持和维护主要是指对信息传递硬件设施的维修和优化。包括基本安装、依照服务条款进行的日常维护以及故障维修。电话热线解决问题和收费的升级维护也包括在硬件产品支持范围内。

(2) 对软件产品的支持和维护主要是指对信息传递软件设施的维护和更新。包括依照服务协议进行的软件产品的安装、调试、维护、更新升级等。

2. 服务业中的新兴信息技术

服务业中运用的新兴信息技术主要包括咨询类、系统集成与开发类、数据处理类、测试类等。

(1) 咨询类信息技术主要指协助客户对各种技术策略进行评估,从而将技术策略同用户的商业及生产策略结合起来,为用户提供具备可实施性的规则。如信息技术战略规划、信息技术工程管理及监理等都属于咨询类信息技术。

(2) 系统集成与开发类信息技术主要指信息技术服务提供者为客户专门开发定制,将不同的软硬件产品集成起来,最终完成满足客户需要的信息技术应用系统,如定制软件开发、应用软件平台转换、新增功能的开发等。

(3) 数据处理类信息技术主要指向客户提供的数据(包括数值的和非数值的)分析、整理、计算、编辑、恢复等加工和处理服务。

(4) 测试类信息技术主要指信息技术服务提供者(包括第三方测试机构)提供的对软件、硬件、网络及信息安全等是否满足规定要求而进行的测试和检验服务,如网络测试服务、信息安全测试服务等。

二、信息技术在服务业中的作用

案例 12-3

信息技术为在线旅游创造巨大价值

全球在线旅游公司(OTA)经过多年发展,已经形成较为成熟的商业模式,各大巨头跑马圈地,格局初现,经梳理后,现按市值(截至 2014 年 2 月 21 日)排出全球六大在线旅游公司。

1. Priceline:客户反向定价,在线旅游 C2B 模式开创者

Priceline 创立于 1998 年,Priceline 旗下包括 Booking.com、Agoda.com、Priceline.com、Rentalcars.com、Kayak.com 等多个品牌,向全球用户提供酒店、机票、租车、旅游打包产品等在线预订服务。Priceline 是在线旅游 C2B 商业模式的开创者,它为买卖双方提供了一个信息平台,以便交易,同时提取一定佣金。对希望按照某一种住宿条件或某指定品牌入住的客人,Priceline 也提供传统的酒店预订服务,消费者可以根据图片、说明、地图和客户评论来做出选择,并且按照公布的价格付款。Priceline 所创立的"Name Your Own Price"模式(客户反向定价)自创立以来一直是

其竞争优势,艺龙后来推出的"酒店杀价"模式有异曲同工之妙,但更符合中国实际情况。Priceline 市值 676.60 亿美元,排名全球第一。

2. TripAdvisor:全球最受欢迎的旅游社区和旅游评论网站,以打造社区为中心

TripAdvisor 创建于 2000 年,是全球最大、最受欢迎的旅游社区,以为旅行者提供酒店评论、酒店受欢迎程度索引、高级酒店选择工具、酒店房价比价搜索以及社会化的旅途图片分享和在线"驴友"交流等服务为核心内容。TripAdvisor 免费向用户提供大部分旅游内容,用户围绕内容建立社区。TripAdvisor 鼓励用户分享、创造内容,逐步形成以内容和用户为核心的旅游社区,主要收入靠商业广告。TripAdvisor 旗下拥有 TripAdvisor、Cruise Critic、Family Vacation Critic、Smartertravel、VirtualTourist 等 17 个旅游品牌,在全世界 33 个国家开有站点,中国网站叫"到到网"。市值 151.00 亿美元,世界排名第二。

3. Expedia:代理＋批发商模式为主,业务庞杂,品牌多元化

Expedia 1996 年诞生于微软,Expedia 是一家在线旅游产品预订服务商,它自己并不提供旅游产品,主要靠"代理＋批发商"模式来销售旅游产品供应商的产品并获取佣金。佣金的获取方式可以是 Expedia 以供应商规定的价格出售产品后按一定比例收取,即代理(agency)模式;也可以是 Expedia 从供应商处以固定价格获取产品,然后赚取销售差价,即批发商(merchant)模式,后者使 Expedia 拥有产品定价权。

Expedia 旗下拥有 Expedia.com、Hotels.com、Classic Vacations、Expedia Local Expert、eLong 等 11 个品牌,旗下品牌多元化发展,涵盖酒店、机票、租车、豪华游轮、目的地旅游服务、商旅服务及旅游媒体服务等,业务庞杂。Expedia 市值 103.70 亿美元,世界排名第三。

4. 携程旅行网：OTA（在线旅游）+传统旅游，转型"鼠标+水泥"

携程旅行网创立于1999年，是中国最大的在线旅游公司，总部在上海。携程共有四大产品线：机票、酒店、旅游度假、商旅。从模式上来看，携程分为OTA（在线旅游）和传统旅游。携程构筑的"鼠标+水泥"模式即以网站、会员体系以及庞大呼叫中心为基础的运营模式。"鼠标"是指呼叫中心员工为客人在网上实现酒店和机票的预订；而"水泥"是指携程负责线下销售、商旅管理等业务的线下团队。另外携程地面产品也有团队游、一日游、接送机、导游服务及票券类服务。2013年2月21日，携程开始在产品移动端预订、APP打造、旅游信息移动端展示、开放平台合作等旅游大数据应用研究方面全面转型。市值63.78亿美元，世界排名第四。

5. HomeAway：全球最大的假日房屋租赁在线服务提供商，"民宿一哥"

HomeAway创立于2005年2月，总部位于美国得克萨斯州奥斯汀，是目前全球最大的假日房屋租赁在线服务提供商。截至2013年底，HomeAway在全球190个国家拥有超过89万个假日租赁房源。旅游地业主可以通过HomeAway运营平台发布不动产信息供游客临时租赁，从而可以把业主的房产空闲时间价值充分发挥出来。HomeAway则通过收取房源信息发布费及相应增值服务获得收入，HomeAway大部分营收来自房屋信息展示收费。

此外，HomeAway还采用广告收入分成模式与第三方合作。同时，HomeAway还向游客提供信用卡商业账户、旅游保险、房屋损坏保护、退税等服务。并与在线旅游公司合作，将一些待租赁的房屋及相关信息推荐给他们，然后参与收入分成或直接收取一定费用。截至2014年2月14日，其市值38.5亿美元，排名世界第五位。

6. 去哪儿：从旅游垂直搜索、平台到TTS

去哪儿于2005年5月创立，总部位于北京。作为中国第一个旅游搜索引擎，去哪儿为旅游者提供国内外机票、酒店、度假和签证服务的深度搜索，帮助中国旅游者做出更好的旅行选择。

去哪儿网（QUNR）成立之初是一家纯旅游搜索公司，它将各大小OTA销售的机票、酒店信息汇集到其网站上，让用户可以很方便地找到低价的机票、酒店产品，以及冷门产品信息，之后又引入航空公司和酒店官方网站，直接在上面销售产品。随着接入产品的积累，吸引的用户也不断增长，去哪儿开始向OTA网站收取流量导入费，即CPC点击付费收入，去哪儿变成了一个旅游产品平台。为了提升用户体验，截留用户，去哪儿引入了TTS系统，让用户能够在去哪儿的网站内完成下单和支付的环节,这样一方面让预订流程简化,优化了用户体验;另一方面又可引进担保机制更好地防止欺骗用户的行为发生。其市值35.84亿美元,排名世界第六位。

案例分析:在旅游消费成为新常态、旅游业发展逆势上扬的今天,不断推陈出新的信息技术与企业家创新精神对接,催生出了一大批OTA企业,创造出了巨大的服务价值。

如果说,传统服务业是实现社会分配机制的一个中介,那么,现代服务业则是有效调节社会资源的重要杠杆。因此,我们发展服务业,不仅要看数量,更重要的是要看质量;不仅要提高服务业在整个GDP中的比重,更要提高能够高效配置社会资源的现代服务业的比重。而信息技术就是现代服务业发展的最佳加速器。

在第一时间合理地选择使用信息技术能够加快服务速度、增加服务项目、提高服务质量并通过提高服务效率降低价格,使一家服务企业获得领先竞争优势,使其区别于其他竞争对手,成为市场的引导者。具体来讲,运用信息技术对服务业的促进作用主要包括以下几个方面。

(一)变信息资源为直接收益

在现代服务业中,有一部分产业本身的产品就是信息资源。因此,利用信息技术加快信息资源的开发整合,研究客户的消费行为以及进行客户关系管理,成了一些服务行业收益的生命线。以信息咨询和中介行业为例,使用信息技术对信息资源进行整合开发,实现对信息资源的有效利用能直接为企业带来收益。

(二)推动服务业结构优化升级

案例 12-4

信息技术催生的淘宝电商帝国

2014年6月16日,阿里巴巴集团披露旗下C2C平台淘宝的财务数据。数据显示,2014年淘宝GMV(gross merchandise volume,网站成交金额)高达1.172万亿元(包括用户点击立即购买并确认无误;拍卖成功并确认无误;可能未向支付宝付款,但金额仍记为网站成交金额),成为最炙手可热的电商服务企业。

探究淘宝帝国成功的原因,最根本在于其成功地把握了时代潮流,有效运用信息技术,从众多竞争对手中脱颖而出。淘宝的核心技术包括:

(1)拥有全国最大的分布式Hadoop集群(云梯,2000左右节点,24000核CPU,48000GB内存,40PB存储容量);

(2)全国分布80+CDN节点,能够自动寻找最近的节点提供服务,支持流量超过800Gbps,足以拖垮一个城市的流量;

(3) 不逊于百度的搜索引擎，对数十亿商品进行搜索，全球最大的电商平台；

(4) 顶尖的负载均衡系统，顶尖的分布式系统，顶尖的互联网思想，功能多样，运行极其稳定；

(5) 丰富的生态产业以及先进的数据挖掘技术。

不止步于做卖家和买家之间的交易网站，淘宝建立起一个完善的第三方体系——支付宝来保证买家和卖家之间的交易安全；为了便于用户交流，淘宝开发了自己的 IM 软件——旺旺，不仅给买卖双方使用，也提供给阿里内部的员工交流。

随着淘宝的发展壮大，其对技术的更新换代也从未止步。HSF（高性能服务框架）、Notify（消息中间件）、TDDL（分布式数据访问层）等新的信息技术不断被应用到淘宝服务中去，更好地为电商服务效力。

信息技术的应用能够使服务业功能更为丰富，内容更为广泛，分工更为细致、专业，形成更多新兴行业和就业机会。如网上购物使商品配送业大大发展，并已可以脱离传统商店式经营而独立存在，使商品买卖服务更为周到和人性化、个性化，适应城市生活快节奏的需要。

（三）服务管理向精准化转变

信息技术的应用使服务业管理方式从粗放型向精准化转变，提高了服务业的知识技术含量，能实实在在地为企业带来效益，增强企业竞争实力。例如，大型商场在使用条形码技术和库存管理系统后，商场的营业额大幅度增加。专家指出，沃尔玛之所以能够成功，关键是应用了先进的信息系统对供应链进行实时动态的管理。沃尔玛主导了整个供应链，产品从下线起就被条形码、RFID 技术注册了终身的、唯一的"身份证"，企业实现了实时的供应链管理。

（四）提高服务能力与效率

案例 12-5

O2O 微服务开启酒店业下一场革命

通过手机微信，就能预订酒店的客房，点餐，订会议室，购买当地的免税品和土特产，查看周边的餐饮和旅游景点信息，查询航班，预约租车……近日入住北京五洲皇冠国际酒店的客人会惊奇地发现，该酒店与安美数字合作推行的 O2O 微服务已将这种"指尖"消费变为现实。

"现在很多客人一到酒店大堂，第一件事就是寻找酒店的 wifi 信号，当客人连接酒店 wifi 时，客人的手机就会自动跳转到我们的微信微服务平台，然后指尖上的'体验'和消费便开始了。"北京五洲皇冠国际酒店的工作人员告诉记者，到店客人还可以拿起手机在酒店大堂现场扫描一下二维码，也可以直接跳转到包含"酒店信息、店内服务、客房预订、用车服务、机票/火车票、会议/婚庆预订、其他服务、我的订单"的微信页面。

在该页面,客人可以随时发出需求指令,比如,房内点餐、洗衣服务,2分钟内就会有服务人员联系客人提供服务。客人还可以通过该微信平台,随时查看自己的消费账单,在电子商城购物、通过微信支付等。

O2O微服务还极大地简化了酒店的登记入住和退房环节,客人不需要排长队等候办理入住和退房,也不需要找酒店服务人员询问周边的景点、土特产店、美食餐饮等信息,这些信息咨询类服务都可以通过酒店的O2O微服务平台完成。一切的功能实现只需要几个按键而已。这也极大地解放了酒店的人力资源,革新了酒店传统的服务理念,对酒店和客人而言,都是一种技术推动着的进步。

(资料来源:劲旅网微信公共平台)

信息技术的应用能够大大提高服务业的服务能力。信息化促进服务企业的营销范围扩大,而且营销的针对性更强,促进了企业的客户关系管理。例如,商场可以把购买者的需求特征进行整合分析,及时补充货源,并且对消费者行为进行分析,利用手机等网络渠道把新产品信息、优惠打折信息发送给消费者,提高了主动营销的针对性。

(五)降低服务成本

案例 12-6

信息技术助力低价航空降低成本

网络推广降低营销成本。数据显示,亚洲航空(长航线)公司超过90%以上的销售都是用户直接通过公司网站和手机平台完成的,网络途径成为亚航销售和推广的最大平台,此举大大降低了公司的运营成本,为低成本的运营打下了坚实的基础。在市场方面,亚洲航空(长航线)公司使用电子直投、搜索引擎、社交网站等多种方式,实现品牌建立和推广,大大降低了广告投入。

自助工具降低客服成本。亚洲航空(长航线)公司通过奖励和促进乘客使用诸如"航班管理"等在线自助工具,同时大力推广自助值机。多种信息手段的使用,不仅创新了自助服务的模式,也极大地降低了公司客服、值机等环节的人力成本。

飞行计划降低油耗成本。通过信息技术的应用,亚洲航空(长航线)公司采用了先进的飞行计划和燃油供给工具,从而能够让公司精确地管理并指导飞机运行和工程维护,并能有效降低燃油率。"基于此,我们拥有全球最低的油耗率。"阿兹兰十分自豪地说道,"正是有了信息技术的支撑,我们才能实现公司低成本、持续发展。"

(资料来源:中新网《信息技术降低成本,助力低价航空发展》http://www.chinanews.com/it/2011/04-28/3003771.html)

信息技术应用可以大大节约交易成本,促进产品创新,为客户提供更好的服务,从整体上提高运营效率。例如,金融行业作为一个知识、技术密集程度较高的行业,通过信息化手段进行金融产品创新、为客户提供更为便利的服务,从而提高了经营效率和客户占有率。

(六)为跨国服务创造条件

随着世界经济的一体化,作为联系空间分散的经济活动和生产行为纽带的服务业日益成为经济全球化的核心,现代信息技术的进步又为服务业贸易边界的扩展和经营手段的变革提供了广阔的空间。通过先进的通信工具、电子计算机网络,服务的供应者和消费者之间建立起密切的网络联系。网络化不仅能够更有效、更方便地提供服务,而且也使规模较小、处于边远地区的服务商克服地域的局限,极大地扩展自身的服务市场。

知识链接 Opera PMS 系统在我国酒店业中的应用

1. Opera PMS 系统概述

Opera 系统是由 Micros-Fidelio 公司研发的一套企业解决方案软件,该系统涵盖 PMS(物业管理系统)、S&C(宴会销售系统)、ORS(中央预订系统)、CIS(客户信息管理)、RMS(收益管理)、GDS(全球分销系统)、OXI(外接接口系统)、OCM(渠道管理)等子系统,其中 Opera PMS 是其核心部分,Opera PMS 也特指酒店的前台操作系统。

Opera PMS 能满足不同规模酒店以及酒店集团的需求,为酒店管理层和员工提供全方位系统工具,以便其快捷高效地处理客户资料、顾客预订、入住退房、客房分配、房内设施管理以及账户账单管理等日常工作。同时,其强大的外接接口系统可以与 POS(point of sales)机、PSB 公安系统、BMP 支付卡系统、Vincard 门锁系统等相连接。

2. Opera PMS 系统的主要功能

(1) 客户资料管理。Opera PMS 提供客户资料记录功能,全面记录统计包括个人客户、公司、联系人、旅行社、团队、预订源以及零售商等各方面的资料,这些资料是整个 Opera PMS 工作的基础。可以帮助酒店改善服务质量,提供个性化服务;帮助酒店分析客源市场及利润来源并制定具有竞争力的市场营销策略。

(2) 客房预订功能。Opera PMS 提供了强大的预订功能,可以进行建立、查询、更新客人预订和团队订房等操作,并提供了确认订房、等候名单、房间分配、押金收取、房间共享、团队客房控制以及批房预留等功能。该功能可用来:帮助酒店简单快速地制定团队计划;实时监控可用房数并进行房价管理;自我控制预订以达到最佳出租率。

(3) 前台服务功能。前台服务功能是整个酒店运作的焦点,主要用于为预抵店者和住店客人提供服务。该模块功能极其强大,可以处理个人客户、公司、旅行社,以及无预订客户的入住服务,还设有房间分配、客户留言、叫醒服务以及部门间内部沟通跟进服务等功能。其应用大大缩短了办理入住的时间,使客人的满意度得到提高,同时便捷的操作也获得了前台员工的满意。

(4) 收银服务功能。Opera PMS 的收银服务功能包括:客人账单录入、转账分账、押金管理、费用结算、退房及账单打印等功能。该功能简单、易懂、高效,可以减少账目错误,保证交易安全。

(5) 房间管理功能。Opera PMS 中的房间管理功能,能宏观掌握房态的整体情况,有效监督实时房态信息,包括:可用房、脏房、住客房、维修房等,这些信息将帮助酒店把房态冲突的可能性降到最低,有效地提高出租率和收入,同时可以有效地安排客房的清洁工作。

此外,Opera PMS 系统还包括应收账款、佣金管理、报表、后台接口、功能设置等功能。

(资料来源:http://www.xzbu.com/2/view-5469913.htm)

第二节　新技术应用与智慧旅游服务

信息时代,信息技术已经融入旅游业的方方面面,技术创新更是成为了旅游业发展的动力之一。随着消费者对旅游品质的高要求化,如何通过新技术运用使旅游服务更透明、更方便、更安全成为现代旅游服务的突破点。

一、智慧旅游概念

智慧旅游一词源于"智慧地球"(smarter planter)及在中国实践的"智慧城市"(smarter cities)。在国外,严格来说并无"智慧旅游"这一专业术语。[①] 在国内,关于智慧旅游概念的界定,长期以来,不同学者曾做过许多探讨和研究,但学术界尚未形成统一定论。各位学者从不同侧重点着手,表达了各自对"智慧旅游"定义的观点。其中具有代表性的几种观点如表 12-2 所示。

表 12-2　具有代表性的智慧旅游概念一览表

作者	时间	概　　念
叶铁伟	2011.5	利用云计算、物联网等新技术,通过互联网或移动互联网,借助便携的终端上网设备,主要感知旅游资源、经济、活动和旅游者等方面的信息并及时发布,让人们能够及时了解这些信息,及时安排和调整工作与旅游计划,从而达到对各类旅游信息的智能感知、方便利用的效果,通过便利手段实现更加优质的服务

① 张凌云.智慧旅游的基本概念与理论体系[J].旅游学刊,2012(5).

续表

作者	时间	概念
黄超 李云鹏	2011.5	智慧旅游也被称为智能旅游，就是利用云计算、物联网等新技术，通过互联网或移动互联网，借助便携式的上网终端，主动感知旅游资源、旅游经济、旅游活动等方面的信息，达到及时发布、及时了解、安排和调整工作与计划，从而实现对各类旅游信息的智能感知和利用
刘军林 范云峰	2011.10	智慧旅游系统是智慧旅游的技术支撑体，它以在线服务为基础，通过云计算中心海量信息存储和智能运算服务的提供，满足服务端和使用端便捷地处理掌控旅游综合信息的需求

不同学者站在不同的视角，对智慧旅游的内涵进行了阐释，具体如表12-3所示。

表12-3 基于不同视角的智慧旅游概念一览表

视角	概念
游客视角	利用智能识别、移动计算、物联网等技术，借助便携的终端上网设备，主动感知旅游相关信息，并及时安排和调整旅游计划。简单地说，就是游客与网络实时互动，让整个游程安排进入"触摸时代"
管理者视角	对相关政府和旅游企业这样的旅游管理者而言，智慧旅游就是利用智能识别、移动计算、信息融合、云计算等信息技术，通过构建旅游服务平台，实现全面、透彻、精准、便捷和无处不在的旅游信息应用，为游客提供餐饮、交通、住宿、旅游、购物等全方位的旅游服务，提高管理效率
技术视角	是一种以物联网、云计算、下一代通信网络、高性能信息处理、智能数据挖掘等技术在旅游体验、产业发展、行政管理等方面的应用，使旅游物理资源和信息资源得到高度系统化整合和深度开发激活，并服务于公众、企业、政府等的面向未来的全新的旅游形态。智慧旅游建设的核心就是采用更智慧的办法，利用移动云计算、互联网等新技术，借助便携的终端上网设备，主动感知旅游相关信息，以便为即时安排和调整旅游计划提供依据

总结起来，智慧旅游具有"全面物联、充分整合、协同运作、激励创新"四大特点。它综合利用各项信息技术，使旅游物理资源和信息资源得到高度系统化整合和深度开发激活，服务于公众、企业、政府等，并始终以融合的现代化信息技术为基础，以游客互动体验为中心，以一体化的行业信息管理为保障，以激励产业创新、促进产业结构升级为特色。

二、智慧旅游服务的体系架构

智慧旅游服务的体系架构主要包括四个方面的内容：智慧旅游运营服务、智慧旅游云服务平台、智慧旅游感知服务以及智慧旅游产业联盟。其中，前三者构成智慧旅游服务中心，是智慧旅游的主体部分，具体见图12-3。

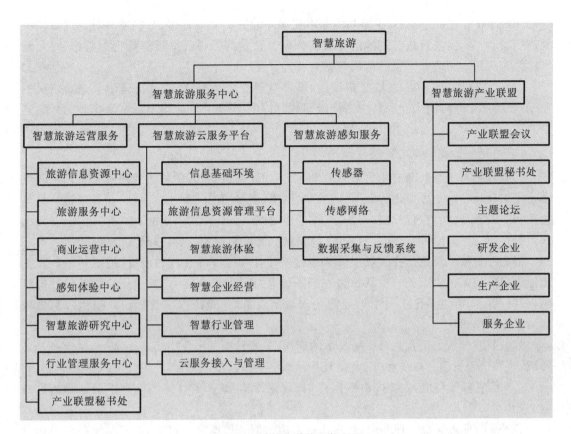

图 12-3 智慧旅游体系框架图

(一) 智慧旅游运营服务

智慧旅游运营服务是智慧旅游服务中心的一部分,由旅游信息资源中心、旅游服务中心、商业运营中心、感知体验中心、智慧旅游研究中心、行业管理服务中心和产业联盟秘书处组成。

(1) 旅游信息资源中心,汇集了数据采集系统采集的各种旅游资源、游客、旅游交通等方面的信息,为旅游服务以及商业运营提供基础数据,是智慧旅游运营中心的重要信息采集汇聚中心。

(2) 旅游服务中心,即旅游综合信息发布中心。它通过现场服务、电话服务、网络服务等多种形式,无偿为游客提供旅游景区、路线、交通、气象、住宿、安全、医疗急救等必要信息和咨询服务。

(3) 商业运营中心,主要对旅游企业进行运营和管理,促进旅游电子商务的健康发展,使得旅游市场有序、高效运作。

(4) 感知体验中心,一方面可以让游客感受到轻松、顺畅的旅游行程安排,另一方面可以让游客提前体验旅游的感受。

(5) 智慧旅游研究中心,旨在从技术和管理等角度研究智慧旅游规划、建设以及服务过程中所遇到的问题及其解决方法,力争推动智慧旅游在国内健康发展。

(6)行业管理服务中心,主要功能是对旅游企业进行诚信管理、市场监测、服务管理、视频监控、预警等,实现对旅游资源的全方位评定。评定的结果既是行业管理的数据基准,还可以作为旅游电子商务平台的信用数据来源。

(7)产业联盟秘书处,发展联盟成员,举办联盟会议及主题论坛,促进服务企业之间的交流,以协助企业解决生产经营中遇到的问题,也有利于提升联盟企业或联盟区域的旅游竞争力。

(二)智慧旅游云服务平台

云服务是基于互联网的相关服务的增加、使用和交付模式,通常涉及通过互联网来提供动态易扩展且经常是虚拟化的资源。"云"是网络、互联网的一种比喻说法,简单来说就是将企业所需的软硬件、资料都放在网络上,在任何时间、地点、使用不同的IT设备互相连接,实现数据存取、运筹等目的。这种服务可以和软件、互联网相关,也可以是其他服务。

云服务的核心思想是将大量用网络连接的计算资源统一管理和调度,构成一个计算资源池为用户按需提供服务。也就是通过不断提高"云"的处理能力,减少用户终端的处理负担,最终使用户终端简化成一个单纯的输入输出设备,并能按需享受"云"的强大计算处理能力。

智慧旅游云服务平台是云服务技术的运用,是智慧旅游服务中心的一部分,由信息基础环境、旅游信息资源管理平台、三大类服务、云服务接入与管理四部分组成。

(1)信息基础环境,主要提供数据存储、数据传输、数据的计算和处理以及保障信息安全功能。

(2)旅游信息资源管理平台,是指通过对旅游服务资源进行调动,为不同服务对象提供个性化服务,以实现旅游交易和提供公共服务目标。

(3)三大类服务,是指为游客提供的智慧旅游体验服务,为旅游企业提供的智慧企业经营服务,为政府及协会提供的智慧行业管理服务。

(4)云服务接入与管理,通常"云"的资源是从基础架构服务、平台服务和软件服务三个方面提供给使用者。其中基础架构服务提供的是虚拟化服务器、存储服务器及网络资源;平台服务提供的是优化的中间件,包括应用服务器、数据库服务器、portal服务器等;软件服务提供的是应用、流程和信息服务等。

智慧旅游云服务平台借助云计算技术,自动地管理和动态地分配、部署、配置、重新配置、回收云资源,动态安装软件和应用,最终将强大的计算能力分布到终端用户手中。

(三)智慧旅游感知服务

智慧旅游感知服务是智慧旅游的基础体系,是智慧旅游服务中心的一部分。它通过传感器、传感网络以及数据采集与反馈系统,实时测量并采集游客、文物、环境等对象的相关信息,实现信息的近距离、高效、安全传送,接收并执行系统的远程指令。

(四)智慧旅游产业联盟

按照智慧旅游企业的性质不同,可以分为研发企业、生产企业以及服务企业。不同性质企业可以建立智慧旅游产业联盟。联盟也可以在某地区不同性质企业之间建立。联盟企业之间通过智慧旅游产业联盟会议、主题论坛进行交流。区域之间的联盟可以整合旅游资源、丰富旅游产品,拓展旅游市场。

三、智慧旅游服务中的新技术应用

信息社会的需求促进了现代信息技术的发展和应用,以现代移动通信技术、物联网技术、GIS技术、移动定位技术、虚拟现实技术、云计算技术和现代智能技术等为代表的现代信息技术如雨后春笋般蓬勃发展,为旅游业的发展创造了新的历史契机。在旅游业中有机融合、集成应用这些新技术,旅游电子商务将呈现即时化、智能化、精细化和个性化等新特征,从而改善游客旅游体验、提高旅游服务品质,为现代旅游业的快速健康发展提供优越的信息环境并打下坚实的技术基础。

(一)移动通信技术应用

移动通信泛指移动体(人或移动中的物体)之间的通信,或移动体与固定体之间的通信,广义上包括一切无线电通信、个人通信及卫星移动通信。移动通信技术自20世纪80年代诞生以来,先后经历了四个发展阶段,即从1G(1st-generation)到4G(4st-generation)的不断进步。越来越完美的无限世界,为旅游消费者创造了许多难以想象的应用。

1. 移动支付

> **案例 12-7**
>
> **同程网机票预订服务"牵手"微信支付**
>
> 2014年2月14日,同程网宣布获得腾讯的第二轮5亿人民币投资,成为作为旅游行业首家接入微信银行卡的企业。4月15日,同程网机票预订服务正式入驻微信。在微信"我的银行卡"新增机票服务,服务提供商为同程旅游。
>
> 同时,同程旅游推出促销活动,凡是2014年2月11日—2014年12月31日期间,在同程旅游收银台通过微信支付完成付款的,每张订单享有立减5元的优惠。
>
> 同程网竞争对手携程的门票业务即将在PC和移动APP上接入微信支付,并将对使用微信支付预订门票的用户给予大力度的价格"返现"优惠。
>
> **案例分析:** 随着在线旅游竞争的白热化,在线旅游企业向移动端迁移中,加大产品品类的扩张、对服务进行不断升级和扩大市场推广的影响都成为重要的竞争手段。移动支付技术的出现顺应了市场的需求,为游客带来了极其流畅的使用感受,对旅游企业和旅游市场都具有重要意义。

移动支付也称为手机支付,就是用户使用其移动终端(通常是手机)对所消费的商品或服务进行账务支付的一种服务方式。它主要分为近场支付和远程支付两种,所谓近场支付,就是用手机刷卡的方式坐车、买东西等;远程支付是指通过发送支付指令(如网银、电话银行、手机支付等)或借助支付工具(如通过邮寄、汇款)进行的支付方式。

在智慧旅游服务中应用较多的移动支付方式主要包括短信支付、扫码支付。短信支付是兴起较早的一种移动支付方式,它将用户手机SIM卡与用户本人的银行卡账号建立一一对应的关系,用短信的方式在系统短信指令的引导下完成交易支付请求。扫码支付是一种基于账户体系搭建起来的新一代无线支付方案。在该支付方案下,商家可把账号、商品价格等交易信息汇编成一个二维码,用户通过手机客户端扫描二维码,便可实现与商家支付宝账户的支付结算。最后,商家根据支付交易信息中的用户收货、联系资料,就可以进行商品配送,完成交易。

2. 手机上的数字导游服务

> **案例 12-8**
>
> ### 带上手机,任性游南京
>
> 2011年11月28日,"南京智慧旅游"一期平台正式上线。游客只需用手机下载"游客助手",就可以自助预订旅游线路和酒店;进入景区,通过手机就能浏览3D实景地图,甚至能播放语音介绍,就像有了一个"揣在口袋里的贴身导游"……
>
> 该平台系统不仅能将"吃、住、行、游、购、娱"相关信息一网打尽,还能帮助游客谋划最合理的行程,让游客真正实现"带上手机,任性游南京"。
>
> 手机上数字导游服务是指广泛适用于手机、pad等便携式设备的,以多媒体为表现形式的旅游导览内容。它通过全程动画演示、专业主播讲解,将旅游景区的特色看点、旅游攻略、景点导览、出行指南等信息综合在一起,便于游人制定合理的旅游规划。
>
> 数字导游安装在智能手机上,能够实现自助导游、规划路线、快速查询、指引导航等各种旅游服务,极大地方便了游客的旅游体验。

(二)物联网技术应用

物联网是现代信息技术的重要组成部分。它是通过射频识别(RFID)、红外感应器、全球定位系统、激光扫描等信息传感设备,按约定的协议,把任何物品与互联网连接,进行信息交换和通信,以实现对物品的智能化识别、定位、跟踪、监控和管理的一种网络。

物联网技术是互联网的应用扩展,从技术架构上来看,物联网可以分为三层,具体见表12-4。

表12-4 物联网的技术架构层次表

层次	内容
感知层	物联网识别物体、采集信息的来源,主要功能是识别物体,由采集信息的各种传感器以及传感器网关构成,包括气体浓度传感器、温度传感器、湿度传感器、红外传感器、RFID标签和读写器、二维码标签、摄像头、GPS等感知终端
网络层	负责传递和处理感知层获取的信息,由各种私有网络、互联网、有线和无线通信网、网络管理系统等组成
应用层	是物联网和用户(包括人、组织和其他系统)的接口,它与行业需求结合,实现物联网的智能应用

物联网技术具体来说就是将感应器嵌入和装备到旅游活动相关的各种物体中,然后将物联网与现有的互联网整合起来,实现游客活动与物理系统的整合,并在此基础上更加精细和动态地管理旅游经营和活动,达到"智慧旅游"状态。作为基础性技术,它是电子导游、二维码技术、掌上景区、地图导航、景区车辆定位等服务的技术基础。

(三) GIS/TGIS 技术应用

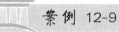
案例 12-9

GIS 技术让旅游开发更生态、低碳

DAO 陆道股份有限公司是一家集咨询、规划、设计、实施、资本为一体的国际工程设计咨询管理公司,为客户提供专业化、系统化的全程解决方案及实施。

该公司在规划设计旅游景区时曾多次运用 GIS 技术。在上海嘉定蕴藻浜沿线空间设计中,DAO 借助 GIS 技术,对基地进行环境分析,包括水资源环境敏感度、植被环境敏感度、城市环境敏感度、综合环境敏感度、综合开发适宜性、土地人口承载力、生态系统服务功能价值评估等,通过叠加分析,得到最优化的规划设计方案。在成都成华区昭觉寺旅游文化商贸区的设计中,DAO 应用 GIS 技术,进行规划道路综合交通压力、规划道路承载力、道路拥挤度分析等服务。

运用 GIS 技术,通过三维场景模拟、地形分析、景观视域分析、设施服务区分析、设施优化布局分析、交通可达性分析、空间格局分析、用地适宜性评价等,抽丝剥茧,一层层地厘清这些要素之间的关系。再进行 GIS 叠加分析,从而找出适宜的发展地块,为方案设计提供依据。大大提高了 DAO 景区规划分析的技术水平,同时更为旅游开发降低了成本。

GIS(geographic information system),即地理信息系统,是在计算机硬、软件系统支持下,对现实世界(资源与环境)的研究和变迁的各类空间数据及描述这些空间数据特性的属性进行采集、储存、管理、运算、分析、显示和描述的技术系统。

TGIS(travel geographic information system),即旅游地理信息系统,是以旅游地理信息数据库为基础,在计算机软件、硬件的支持下,运用系统工程和信息科学的理论和方法,综合地、动态地获取、存储、管理、分析和应用旅游地理信息的多媒体信息系统。旅游信息系统的建立,将以其快速高效收集、存储、整理、输出、查询、检索等功能来提高旅游决策效率,更以其优越的空间分析功能使旅游规划更为科学。

目前,GIS/TGIS 在智慧旅游管理与开发中的应用主要包括旅游信息查询、旅游专题地图的制作以及辅助旅游开发决策三方面。

(四)移动定位技术应用

案例 12-10

移动定位技术在去哪儿网的应用

2010年11月,作为全球最大的中文在线旅行网站之一的去哪儿网,它的无线WAP网站增加了目的地搜索功能,非智能手机可以通过输入目的地城市查询国内外2.4万个景点,而拥有移动定位系统的智能手机可以随时随地搜索身边的景点,并通过实时移动定位搜索到附近的酒店、餐饮等各种信息。

移动定位技术是移动定位服务的核心技术,是利用无线移动通信网络,通过对接收到的无线电波的一些参数进行测量,根据特定的算法对某一移动终端或个人在某一时间所处的地理位置进行精确测定,以便为移动终端用户提供相关的位置信息服务,或进行实时的监测和跟踪。

根据移动定位的基本原理,移动定位大致可分为:基于移动网络的定位技术、基于移动终端的定位技术和两者混合的无线辅助全球定位技术。基于移动网络的定位由多个基站同时检测移动终端发射的信号,通过处理各接收信号中携带的与移动终端位置有关的特征信号,计算出移动终端的位置。基于移动终端的定位现在普遍应用全球定位系统(global positioning system,GPS)。移动终端接收多个(通常3个以上)GPS卫星发射的信号,根据这些信号中携带的与移动终端位置有关的特征信号确定其与各卫星之间的位置关系,再通过某种算法对自身位置进行定位估计。

(五)虚拟现实技术应用

案例 12-11

故宫博物院推出"超越时空的紫禁城"

2008年,北京故宫博物院推出了一个名为"超越时空"的虚拟旅游项目,利用3D技术,为那些不能实地到紫禁城的游客在网上打造了一个虚拟的环境。在这个虚拟环境中,游客不仅能任意挑选某种身份游览,如公主、侍从等,还会有"网络导游"为网友带路游览。另外,如果网友对其中某个景点感兴趣,还可以通过点击鼠标的方式让网络中的"我"在景点前拍照留念,截至2009年5月13日,已有近27万名访问者在该网站注册。

虚拟现实技术(virtual reality,VR),是指利用计算机发展中的高科技手段构造的,使参与者获得与现实一样感觉的虚拟境界。虚拟现实技术又称为灵境技术,是以沉浸性、交互性和构想性为基本特征的计算机高级人机界面。它综合利用计算机图形学、仿真技术、多媒体技术、人工智能技术、计算机网络技术、并行处理技术和多传感器技术,模拟产生一个三维空间的虚拟世界,给用户提供关于视觉、听觉、触觉等感官的模拟,让用户如同身临其境,可以即时、无限制地观察三度空间内的事物。

虚拟现实技术同旅游的结合,诞生了全新的旅游服务——虚拟旅游。所谓虚拟旅游,是指建立在现实旅游景观基础上,应用计算机技术实现场景的三维模拟,构建一个虚拟旅游环境,使操作者能够身临其境般地观看体验。

随着虚拟现实技术的不断更新发展,足不出户式的桌面虚拟旅游也有了新的发展方向,坐舱式虚拟现实系统和沉浸式虚拟现实系统开始投入虚拟旅游服务。

坐舱式虚拟现实系统将用户置身于一个特制的坐舱之中,舱内有一个可以向外看虚拟世界的屏幕,转动坐舱就可以从不同的角度观察虚拟世界,用户不需要佩戴其他特殊装置,从而无负担地与虚拟世界交互。

沉浸式虚拟现实系统有着较强的沉浸感,它往往配备有头盔式显示器或是全方位的监视器,使用户能自由地环顾虚拟空间。

虚拟旅游方便了那些受时间、金钱限制的旅游者,解决了他们"有钱没时间,有时间没钱"无法旅游的问题。同时,对于那些身体不宜长途旅行的中老年旅游爱好者们,它更是最佳的旅游方式。这种个性化的旅游方式正改变着人们的旅游观念,成为完善旅游格局的新兴补充方式。

延伸阅读 坐舱式虚拟现实技术带你"飞越湖北"

2014年12月,全球唯一的室内电影主题乐园——武汉市楚河汉街万达电影乐园开门营业。其中,"全球最大的飞行剧场"——飞越湖北区闪亮登场。

飞越湖北主题区可谓相当"高大上",游客乘坐在"会飞的座椅"里,感受被环形球幕完全包围的浸入式体验。通过90度旋转、上下1米垂直运动等动作,观众便可双足悬空飞行,"一路"从樱花灿烂的暖春到白雪飘零的寒冬,从神秘的神农架到道教文化圣地武当山,从惊涛拍岸的三国赤壁到白云千载空悠悠的黄鹤楼,感受灵秀湖北的全新魅力。

(六)云计算技术应用

云计算是网格计算、分布式计算、并行计算、效用计算、网络存储、虚拟化、负载均衡等传统计算机和网络技术发展融合的产物。其核心思想,是将大量用网络连接的计算资源统一管理和调度,构成一个计算资源池向用户提供按需服务。提供资源的网络被称为"云"。这个"云"由各类计算机、存储设备、通信设备,以及在这些硬件设备上运行的软件系统构成。它重新部署了网络资源,实现了动态可伸缩的拓展,提高了使用者的体验,降低了个人信息的处理负担。

云计算引领着技术变革、改变着我们的生活方式,这其中当然包括旅游。旅游方式因云计算的到来而拓展出新的方式,这种新方式的旅游称之为"云旅游"。

当你坐在咖啡厅和朋友讨论假期去德国游玩时,你可以做到:

(1) 拿出手机找到旅游应用程序,选定德国,就能在电子地图上看到很多小镇的图片、视频链接、网友的评论;

(2) 选定某个小镇并定好当地的住宿,页面下方就会出现各个航空公司的出行信息,选择合适的时间和航空公司点击预定;

(3) 马上分享自己的出行信息,就会有网友立即做出评论,你可以根据网友的反馈对游览路线进行更改,并提出或接受和网友一起同去的邀请;

(4) 提出或接受邀请并参与团购机票活动(这些操作可在半小时内完成)。

云计算技术将互联网关于小镇的信息实时进行了整合,当你来到德国小镇,可以做到:

(1) 可以在手持设备的地图程序、旅游程序等多个应用找到同在这个小镇的游客,挑选自己的老乡,联系并邀约一同浏览;

(2) 走在中世纪的石板路上,拍下这些照片发到微博上,马上有人评论;

(3) 坐下休息时,打开公司的协作平台,看看同事对于某项目的工作进度和文档的修改情况。

云计算通过网络让你和其他人分享快乐;讨论你脚下青石板的历史;它即时地告诉你什么地方有好吃的;你还可以即时地嘲笑某个人在青石板路上闹出的大笑话,并告诉他你曾经也在这里走过;它通过网络应用实现了导航、导游、导览和导购的四大基本功能。这就是云旅游,让旅游的方方面面都能提前、即时、过后分享、讨论甚至回忆。

基于云计算的云旅游概念,网络应用更深入地植入到旅游的吃、住、行、游、购、娱当中。它开辟了游客旅游的一种新的方式,促进了旅游相关产业的结构调整与发展,引起一种新的行为方式,促进旅游活动向更加个性化的方向发展。

案例 12-12

酒店精益运营管理的信息化工具

蓝豆(Landow)酒店智能化管理系统是一套支持智慧酒店运营管理的系统。该系统从管理层到基层员工,从前线营销到后台营运,从电脑桌面到移动终端,为客户提供从管理咨询顾问到搭建智能云端运营管理平台的一站式解决方案,进一步帮助酒店集团实现品牌的精益化管理和品牌的标准化运营。

蓝豆智能化云端管理平台,可概括为"两助手一管家,支持后台五系统",如图12-4所示。

图 12-4　蓝豆智能化云端管理平台

统计助手：高品质的报表浏览平台，透析酒店经营管理各个关键环节，让管理者随时随地了解酒店的运作情况。

移动管理助手：酒店内每一个员工的随身秘书。以智能手机或平板电脑为载体，具有任务收发、实时反馈、自动提醒等多种功能（见图 12-5）。

图 12-5　移动管理助手

微信公众平台管家：对接蓝豆住客服务管理系统，客人可以通过微信提出服务需求，反馈服务建议，大大增强酒店微信公众平台的互动性和实用性。

工程事务管理系统：集即时维修、定期维保、维修耗材、能耗管理和人员管理于一体，科学分解任务，优化工作流程。

客房事务管理系统：快速处理客房的日常性任务，全面落实周期性事务，实现对人力、物料的系统管理。

住客服务管理系统：系统自动统计客人的相关数据，生成客人偏好档案，为酒店的个性化服务建立数据基础（见图12-6）。

图12-6　住客服务管理系统

员工培训管理系统：每个岗位需要学习的知识点分类细化为培训点，将培训任务量化，规范各部门的培训活动，落实培训工作，自动生成员工培训档案。

消防安全管理系统：定时提醒执行消防设施设备检修与消防安全巡查等周期性工作。

广州南沙大酒店2012年12月开始使用蓝豆酒店智能化管理系统，应用效果体现在：(1)工作效率提升。工程部效率提升超过30%，客房部效率提升超过35%。(2)投诉率大幅下降。客人的服务等待时间有效下降30%～80%；在OTA等网络平台上，差评下降超过60%。(3)每天超过3000张任务单分配到达员工的智能手机，轻松量化工作量。(4)工作全面量化，淡旺季人力资源分配更加合理，每年节省过百万人力成本。(5)形成强大培训体系，基于6800多个培训要点对全酒店员工进行培训，服务质量显著提升。(6)管理人员通过智能手机实时了解酒店运营状况，及时发现并解决问题。

实践活动

对某酒店进行调研,了解酒店宾客信息流程经历的几个阶段?在预订阶段,宾客有哪几种预订方式?

Answers

一、第一章

【实践活动】(略)

二、第二章

【实践活动】(略)

三、第三章

【实践活动】

针对如何改进服务经历,优化顾客感知,根据自己的观察,提出自己的合理化建议。

答:提供优质的面对面服务;向顾客传递真实信息;在力所能及的范围内提供标准化服务;做出质量承诺;树立良好的品牌形象;帮助顾客规避感知风险。

四、第四章

【延伸阅读】

1. 里兹·卡尔顿酒店是怎样超过客人的期望的?

答:里兹·卡尔顿酒店集团(Ritz—Carlton Hotel),是世界一流的酒店和国际服务业著名的 Malcolm Baldrige Quality Award 获得者。酒店训练和要求每一个员工记录客人的喜好和厌恶,并将有关资料输入至电脑里的顾客档案库。根据客人以往的消费偏好以预测其未来的需求。

2. 里兹·卡尔顿酒店的回头客信息系统中,最关键的环节在哪里?

答:最关键的环节是面对客人信息的共享。当酒店的一位回头客用电话与酒店预订中心联系时,预订人员可以从电脑里找出有关这位客人个人偏好的信息,并将信息通过电子邮件发往客人预订的那家酒店。服务人员了解信息后可以在酒店登记处非常个性化地接待那位回头客。确保回头客的需要和偏好一定能在酒店得到关注和满足。

五、第五章

【实践活动】

结合案例谈谈如何培养顾客的忠诚。

答：顾客忠诚是企业取得长期利润增长的途径。企业可以从以下几个方面来提高顾客的忠诚度。

第一，赢得企业员工的忠诚；

第二，与顾客有意接触并发现他们的需求；

第三，赢得顾客的满意和信赖；

第四，服务第一，销售第二；

第五，化解顾客的抱怨；

第六，获得和保留顾客反馈；

第七，主动提供顾客感兴趣的新信息。

正如这家日本公司所做的，它先是针对即将毕业的少女这个目标顾客群，通过服装展示会及美容教学等方法主动将其拉向自己，然后利用申请表收集新顾客的信息以便提供更优质的产品及服务，通过公司的各种优待将顾客牢牢"锁住"，耐心将其培养成为企业的忠诚顾客。

六、第六章

【实践活动】

选择一家你熟悉的企业，描述一下你将如何为该公司设计一项理想的服务补救策略。

答：可从以下几个方面着手处理服务补救策略。

预防服务失误；积极鼓励顾客抱怨和投诉；重视顾客问题并及时反馈；建立服务补救预警系统；测算补救的成本和收益；适当授权，提高补救效率。

七、第七章

【实践活动】

讨论有没有必要对顾客进行培训？为什么？

答：十分有必要。对顾客进行教育和培训能使顾客更好地配合服务人员，从而增加服务容量，平衡服务需求。许多专业型服务在传统上总认为要让顾客对服务保持无知状态，以体现出服务的价值，但其实如果对消费者进行了教育和培训，反而会增加消费机会。另外，培训过的消费者还可充当质检员的角色。

八、第八章

【实践活动】

一家雪橇制造商和提供山地滑雪服务的企业，在夏季如何影响和调节相关的服务需求？

答：调节目标主要为：多购买雪橇；多使用滑雪场地（不一定有积雪）；多使用闲置的滑雪

设施(缆车)。

雪橇制造商——在夏季既可以生产并库存起来,又可以以一定的折扣促销。如果雪橇折扣足够低,有的顾客为了省钱会在滑雪季节前购买。

山地滑雪服务企业——如果没有滑雪的机会,价格再低也没有人会在夏天购买缆车票。所以为了鼓励顾客在夏天使用缆车,管理者必须设法改变服务内容。

(1) 鼓励游客乘坐缆车上山,观看风景、徒步旅行、在山顶的餐厅就餐。

(2) 一些滑雪胜地正在吸引山地自行车爱好者。

(3) 有条件的滑雪场还在夏季提供"滑草"服务。

(4) 吸引游客夏季到滑雪胜地的宾馆和出租小屋,如举办高尔夫球比赛、网球比赛或夏令营等活动。

九、第九章

【思考题】

1. 简述旅游企业精细化管理的必要性。

答:精细化管理的本质意义就在于它是一种对战略和目标分解细化和落实的过程,是让企业的战略规划能有效贯彻到每个环节并发挥作用的过程,同时也是提升企业整体执行能力的一个重要途径。旅游企业管理更重要的是以实现提高企业运营绩效为目的,实现这一目的的手段就是向科学管理、要效益、要能力。要全面、协调和可持续发展,必然要求企业有强大的执行能力和高超的运作水平,所有这些都依赖于精细化管理的强大支撑。

旅游竞争日趋激烈,在这种新形势下,只有全力抓好精细化管理,提高管理服务质量,树立良好的旅游形象,才能在旅游发展中取得领先优势。通过推进旅游精细化管理、提升旅游管理水平,打造优质软环境、提供更优质高效的服务。

2. 简述个性化服务的概念及其作用。

答:个性化服务是一种有针对性的服务方式,根据用户的设定来实现,依据各种渠道对资源进行收集、整理和分类,向用户提供和推荐相关信息,以满足用户的需求。从整体上来说,个性化服务打破了传统的被动服务模式,能够充分利用各种资源优势,主动开展以满足用户个性化需求为目的的全方位服务。

作用(要点):(1)个性化服务发挥了服务的灵活性,做到有的放矢。(2)个性化服务强调服务的主动性,企业形象更加突出,经济效益更加长远。(3)个性化服务追求超常服务,使旅游服务锦上添花。(4)个性化服务充满浓厚的感情因素,确保服务过程的连贯性和完整性。

3. 什么是收益管理?收益管理适用于哪些行业?

答:收益管理可简单概括为企业制定合理的策略,把适当的产品和服务,在适当的时间,以适当的价格,出售给适当的客人。

收益管理开始是由民航开发,目的是以最大赢利的方式分配一趟航班的座位,以达到固定能力来匹配各细分市场的潜在需求。目前其应用领域逐步向酒店、银行、汽车租赁、交通运输、电信、电力等服务性行业拓展。

十、第十章

【实践活动】

1. 四季度假酒店的哪些措施体现了服务营销组合中人员这个要素？对人员进行管理的意义何在？

答：在6项服务措施中，措施1、6体现了对人的管理。人员包括服务人员、顾客和处于服务环境中的其他顾客。

意义：(1)服务人员是服务营销的人格化，主要体现在服务人员就是服务、服务人员就是顾客眼中服务机构的化身、服务人员就是营销者，服务人员直接影响服务质量；(2)由于服务的不可分性，顾客是服务的参与者，且顾客的参与行为直接影响服务质量；(3)处于服务环境中的其他顾客在服务提供过程中虽然不直接参与生产过程，但其行为同样会影响处于服务过程中的顾客对服务的感知。因此，对于以上三类人员进行必要的管理，对于提高服务质量具有非常重要的意义。

2. 四季度假酒店的哪些措施体现了服务营销组合中"有形展示"这个要素？

答：措施2中的签名卡片、措施3中的观光旅游指南、措施4中的商务设施、措施5中的家居和服等都是有形展示的具体体现。

十一、第十一章

【实践活动】

以某景区为例，谈谈如何改善旅游景点的竞争策略？

答：旅游景点经营者除了需要做好内部的管理工作之外，必须重视以下几项长远性外部环境因素的影响：(1)竞争状况。一方面是地处统一地域内的同类景点之间的竞争；另一方面则是与周边相邻地区同类景点的竞争。(2)顾客需求层次的变化。随着顾客需求层次的提高，过去曾经令人满意的接待条件和服务安排将会变得不再能够令其满意。因此，旅游景点经营者必须注意观察和了解旅游消费者需求层次的变化，及时更新旅游景点的接待条件和服务质量水准。(3)新型应用技术的发展。一些新型应用技术的出现会为旅游景点的建设和更新改造带来新的机会。

十二、第十二章

【实践活动】

对某酒店进行调研，了解酒店宾客信息流程经历的几个阶段？在预订阶段，宾客有哪几种预订方式？

答：从信息处理的角度分析，酒店宾客信息流程主要经历预订阶段、接待阶段、住宿阶段和结账离店阶段，这是直接信息处理发生的几个阶段。在营销管理方面还有维系客户关系等信息处理的阶段。

在预订阶段，宾客一般可以通过传统和非传统等方式预订，传统方式就是电话与传真等预订方式，非传统方式就是通过网络预订或电子邮件的方式预订。现在电话预订和网络预订的方式居多。

References 参考文献

[1] (美)菲茨西蒙斯.服务管理:运作、战略与信息技术[M].7版.张金成,杨坤,译.北京:机械工业出版社,2013.

[2] 陈祝平.服务营销管理[M].3版.北京:电子工业出版社,2011.

[3] Nimit Chowdhary.服务管理[M].盛伟忠,马可云,等,译.上海:上海财经大学出版社,2007.

[4] (德)施密特.顾客体验管理:实施体验经济的工具[M].冯玲,邱礼新,译.北京:机械工业出版社,2004.

[5] (英)Johnson M D.忠诚效应——如何建立客户综合衡量与管理体系[M].施重凌,译.上海:上海交通大学出版社,2002.

[6] (美)蒂姆.客服圣经:如何成功打造顾客忠诚度[M].韦福祥,等,译.北京:机械工业出版社,2015.

[7] Arnie Lund.用户体验,求胜之道[M].UXRen,译.北京:电子工业出版社,2014.

[8] 胡静,舒伯阳.2013中国旅游业发展报告[M].北京:中国旅游出版社,2014.

[9] 汪纯孝,蔡浩然.服务营销与服务质量管理[M].广州:中山大学出版社,1996.

[10] 沈晓雨.大数据时代下的服务需求管理新思路[J].商场现代化,2013(20).

[11] 李琪.现代服务学导论[M].北京:机械工业出版社,2008.

[12] 杨丽华,邓德胜.服务营销理论与实务[M].北京:中国农业大学出版社,2009.

[13] 杨慧.餐饮服务与管理[M].成都:电子科技大学出版社,2009.

[14] 陈秋玲,李怀勇.中国服务产业研究[M].北京:经济管理出版社,2010.

[15] 黄晶.旅游服务管理[M].天津:南开大学出版社,2006.

[16] 屈云波,程曼丽.建立顾客忠诚[M].北京:企业管理出版社,1996.

[17] 黄磊.顾客忠诚[M].上海:上海财经大学出版社,2000.

[18] 刘清峰.顾客满意、顾客忠诚的消费情感[M].广州:中山大学出版社,2008.

[19] 梁彦明.服务营销管理[M].广州:暨南大学出版社,2004.

[20] 舒伯阳.服务创新与盈利成长[M].武汉:武汉出版社,2006.

[21] 汪纯孝,韩小芸,温碧燕.顾客满意感与忠诚感关系的实证研究[J].南开管理评论,2003(4).

[22] 李晓.服务营销[M].武汉:武汉大学出版社,2004.

[23] 胡质健.收益管理[M].北京:旅游教育出版社,2009.
[24] 王晓文,田新,李凯,等.收益管理决策行为及绩效水平的影响因素研究——以中国高星级酒店为例[J].旅游学刊,2013(9).
[25] 蔺雷,吴贵生.服务创新[M].北京:清华大学出版社,2003.
[26] 汪涛,蔺雷.服务创新研究:二十年回顾与展望[J].软科学,2010(5).
[27] 魏江,MarkBoden.知识密集型服务业与创新[M].北京:科学出版社,2004.
[28] 王琳,魏江,胡胜蓉.服务创新分类研究[J].技术经济,2009(2).
[29] (美)派恩,(美)吉尔摩.体验经济(更新版)[M].华崇毅,译.北京:机械工业出版社,2012.
[30] 特里·A.布里顿,戴安娜·拉萨利.体验:从平凡到卓越的产品策略[M].北京:中信出版社,2003.
[31] 齐善鸿.饭店管理创新理论与实践[M].北京:人民邮电出版社,2006.
[32] (美)杰弗瑞·戈比.21世纪的休闲与休闲服务——休闲研究译丛[M].张春波,等,译.昆明:云南人民出版社,2000.
[33] 易钟.海底捞的秘密[M].广州:广东经济出版社,2011.
[34] 戴斌,李仲广.游客满意论[M].北京:商务印书馆,2015.
[35] (美)提姆.对客服务艺术:成功源自顾客的满意[M].2版.肖洪根,李洪波,等,译.北京:旅游教育出版社,2002.
[36] 胡卫红.服务业员工行为细节规范训练:提升顾客满意度和忠诚度的121个服务细节[M].北京:企业管理出版社,2005.
[37] (德)索斯顿·亨尼格-索罗.关系营销:建立顾客满意和顾客忠诚赢得竞争优势[M].罗磊,译.广州:广东经济出版社,2003.
[38] 朱立恩.顾客满意:服务企业理解GB/19000—2000族标准的新视角[M].北京:中国标准出版社,2004.
[39] 皮平凡.基于体验层面的旅游产品创新设计[J].商讯商业经济文荟,2006(3).
[40] 阿拉斯塔·莫里森.旅游服务营销[M].3版.朱虹,党宁,吴冬青,等,译.北京:电子工业出版社,2004.
[41] 戴斌,束菊萍.经济型饭店:国际经验与中国的实践[M].北京:旅游教育出版社,2007.
[42] 汪若菡,朱瑛石.微笑力(如家创造服务的方法)[M].北京:中信出版社,2010.
[43] 魏江,陶颜,王琳.知识密集型服务业的概念与分类研究[J].中国软科学,2007(1).
[44] (日)新川义弘.服务的细节:新川服务圣经[M].周智,译.北京:东方出版社,2012.
[45] 朱玉华.客户服务与客户投诉,抱怨处理技巧[M].北京:民主与建设出版社,2013.
[46] (美)埃文森.完美服务:确保完美服务的101个方法[M].牛海鹏,谢爱丽,译.北京:企业管理出版社,2012.
[47] 郭馨梅.客户投诉管理[M].北京:中国经济出版社,2012.
[48] (美)米歇利.金牌标准:丽思卡尔顿酒店如何打造传奇客户体验[M].徐臻真,译.北京:中信出版社,2009.

[49] 苏朝晖.客户关系管理——客户关系的建立与维护[M].北京:清华大学出版社,2014.

[50] 李桂华.客户服务质量管理[M].北京:中国经济出版社,2012.

教学支持说明

普通高等院校旅游管理专业类"十三五"规划教材系华中科技大学出版社"十三五"规划重点教材。

为了改善教学效果,提高教材的使用效率,满足高校授课教师的教学需求,本套教材备有与纸质教材配套的教学课件和拓展资源。

为保证本教学课件及相关教学资料仅为教材使用者所得,我们将向使用本套教材的高校授课教师免费赠送教学课件或者相关教学资料,烦请授课教师通过电话、邮件或加入旅游专家俱乐部QQ群等方式与我们联系,获取"电子资源申请表"文档并认真准确填写后发给我们,我们的联系方式如下:

地址:湖北省武汉市东湖新技术开发区华工科技园华工园六路

邮编:430223

电话:027-81321911

E-mail:lyzjjlb@163.com

旅游专家俱乐部 QQ 群号:758712998

旅游专家俱乐部 QQ 群二维码:

群名称:旅游专家俱乐部
群　号:306110199

电子资源申请表

填表时间：_____年___月___日

1. 以下内容请教师按实际情况写，★为必填项。
2. 相关内容可以酌情调整提交。

★姓名		★性别	□男 □女	出生年月		★职务	
						★职称	□教授 □副教授 □讲师 □助教

★学校		★院/系	
★教研室		★专业	
★办公电话		家庭电话		★移动电话	
★E-mail（请填写清晰）				★QQ号/微信号	
★联系地址				★邮编	

★现在主授课程情况	学生人数	教材所属出版社	教材满意度
课程一			□满意 □一般 □不满意
课程二			□满意 □一般 □不满意
课程三			□满意 □一般 □不满意
其 他			□满意 □一般 □不满意

教 材 出 版 信 息					
方向一	□准备写	□写作中	□已成稿	□已出版待修订	□有讲义
方向二	□准备写	□写作中	□已成稿	□已出版待修订	□有讲义
方向三	□准备写	□写作中	□已成稿	□已出版待修订	□有讲义

请教师认真填写表格下列内容，提供索取课件配套教材的相关信息，我社根据每位教师填表信息的完整性、授课情况与索取课件的相关性，以及教材使用的情况赠送教材的配套课件及相关教学资源。

ISBN（书号）	书名	作者	索取课件简要说明	学生人数（如选作教材）
			□教学 □参考	
			□教学 □参考	

★您对与课件配套的纸质教材的意见和建议，希望提供哪些配套教学资源：